Manuscripta et fragmenta 01

Srednjeveški rokopisi in rokopisni fragmenti
Arhiv Republike Slovenije

Srednjeveški rokopisi in rokopisni fragmenti

Arhiv Republike Slovenije

Nataša Golob

ACADEMIA OPEROSORUM · MDCXCIII
SLOVENSKA AKADEMIJA ZNANOSTI IN UMETNOSTI
SLOVENIAN ACADEMY OF SCIENCES AND ARTS

REPUBLIKA SLOVENIJA
MINISTRSTVO ZA KULTURO
ARHIV REPUBLIKE SLOVENIJE

Ljubljana
2018

VSEBINA

KNJIGI IN ZBIRKI NA POT

Peter Štih

Rokopisne knjige ali kodeksi nam nemara najbolje odpirajo pogled v duhovni svet srednjeveškega človeka. Razkrivajo nam, kaj so tedanji ljudje brali, o čem so razmišljali, kaj jih je vznemirjalo, kaj jim je bilo pomembno in tudi, kaj se jim je zdelo vredno ohraniti v spominu. To še zdaleč niso bile samo knjige, ki so se nanašale na Boga, vero in sploh liturgično ter cerkveno prakso, čeprav je bilo teh največ, ampak najdemo v njih literarne, filozofske, zgodovinske, memorialne, slavilne, pravne, medicinske, farmacevtske, matematične, astronomske, astrološke, slovarske, pedagoške, prirodoslovne, enciklopedične, humanistične in druge vsebine.

Prvi sistematični pregled srednjeveške rokopisne knjižne zapuščine, ki se je ohranila v naših javnih knjižnicah, smo dobili leta 1931 s knjigo *Srednjeveški rokopisi v Sloveniji*. Ob sodelovanju Franceta Steleta jo je pripravil Milko Kos, v svojem času najpomembnejši slovenski paleograf in kodikolog, v njej pa je evidentiral in opisal 159 kodeksov ali njihovih ohranjenih delov, večkrat pa omenja tudi njihove najmanjše preostanke – fragmente. Kosova in Steletova knjiga je še vedno temeljni priročnik za vsakogar, ki se želi seznaniti s srednjeveškimi knjgami slovenskih fondov. Nadaljnje raziskave so seveda popravile ali dopolnile marsikatero njuno ugotovitev, odkrito pa je bilo tudi novo gradivo. V največji meri je to zasluga Nataše Golob, danes nedvomno najboljše poznavalke rokopisnih knjig, ki se hranijo v Sloveniji ali so se nekoč tu nahajale in bile kasneje prenešene v tujino.

Kot prva pri nas je začela Nataša Golob tudi sistematično evidentirati in preučevati njihove fragmente; to je bolj ali manj skromne ostanke nekdanjih kodeksov, ki so se v največji meri ohranili kot polnilo platnic mlajših knjig in so bili praviloma odkriti ob njihovem restavriranju. Pokazalo se je, da je tega gradiva veliko več, kot bi si morda mislili – samo Arhiv Republike Slovenije jih hrani več kot 190 – in da pomembno dopolnjuje sliko slovenske duhovne pokrajine v srednjem veku.

Zato je še kako pomembno, da je to gradivo, kolikor je le mogoče seveda, evidentirano, opisano, datirano in vsebinsko opredeljeno. Gre namreč za temeljno znanstveno delo, primerljivo z objavami zgodovinskih in drugih virov, ki bo trdna osnova za vse nadaljnje raziskave slovenskih srednjeveških knjižnih fondov. Prvi korak v tej smeri je pričujoča knjiga s popisom srednjeveških rokopisov in rokopisnih fragmentov, ki jih hrani Arhiv Republike Slovenije. Z njo začenja avtorica tudi serijo *Manuscripta et fragmenta*, v kateri bo na enak oziroma podoben način obdelala in predstavila srednjeveške rokopise in njihove fragmente, ki se hranijo v ostalih slovenskih arhivih in knjižnicah. Slovenska akademija znanosti in umetnosti, ki je pričujočo knjigo izdala skupaj z Arhivom Republike Slovenije, prepoznava pomen teh raziskav za slovensko kulturno zgodovino in dediščino in podpira nadaljnje izhajanje serije v okviru njenih publikacij.

IZHODIŠČNA POJASNILA

Pričujoči popis srednjeveških rokopisov in rokopisnih fragmentov, ki so hranjeni v Arhivu Republike Slovenije (poslej ARS), je prvi zaokrožen pogled na te spomenike, posamezni pa so bili v strokovnih publikacijah večkrat navedeni. Naj opozorim na razstavni katalog iz leta 1990,[1] navedbe fragmentov v arhivskih popisih[2] in knjigah iz serije vodnikov po posameznih zbirkah oz. fondih ARS. Sleherna omemba je dragocena, saj so bile zlasti v publikacijah ARS enote srednjeveškega rokopisnega gradiva podrejene načelom natančnega in celovitega pregleda. Da bi fragmente, to posebno skupino pisnih spomenikov, zaokroženo predstavil samostojen katalog, je bil potreben seznam. Izhodišče je bil popis glasbenih fragmentov, ki ga je sestavil Jurij Snoj, dokončni seznam znanih srednjeveških rokopisnih fragmentov na pergamentu pa sta pripravila Lilijana Žnidaršič Golec in Andrej Nared. V njem so zapisane vse enote, ki jih na naslednjih straneh obravnava katalog in ta popis želi s časovnimi, regionalnimi, kodikološkimi in vsebinskimi opredelitvami celoviteje predstaviti in jih z manjšo reprodukcijo približati bralcu.

Upoštevani so samo fragmenti v latinični pisavi.

Urejeni so po naraščajočih signaturah, kakor so tudi urejeni fondi in zbirke v ARS. V nekaterih fondih oz. zbirkah pa je pod eno signaturo v škatli, fasciklu, knjigi, mapi itd. zbranih več fragmentov in ti so v katalogu zaznamovani s črkami abecede, zapisanimi v oklepaju, ter – kadar je tako narekovalo gradivo – po približnem časovnem zaporedju.

Pri delu me je spremljala prijateljska naklonjenost kolegic in kolegov iz Arhiva Republike Slovenije, ki so si zame vselej vzeli čas in mi pomagali premagati odprta vprašanja. Vsem sem iskreno hvaležna.

1 Dolinar, Kološa, Trpin, *Rokopisi Arhiva Republike Slovenije*. Ustrezni podatki o straneh in kataloških številkah enot, ki so bile vključene v katalog in na razstavo, so navedeni v nadaljevanju.
2 Nared, *Zbirka Muzejskega društva*.

SEZNAM SREDNJEVEŠKIH ROKOPISOV IN ROKOPISNIH FRAGMENTOV

UVOD

Proučevanje starejših pisnih spomenikov sega daleč v preteklost in vsako obdobje je imelo svoje cilje, prepisi in komentarji so ohranjali zapisano in dodajali so svoje misli, tako da so se pogosto prekrivale plasti izvirnih zapisov in poznejših interpolacij. Šele od 16. stoletja dalje so sorazmerno zanesljivo raziskovalno oporo dajale natisnjene razprave, vse več je bilo sistematično pripravljenih katalogov, opremljenih s kritičnim aparatom in z ustreznimi bakroreznimi kopijami ključnih rokopisnih spomenikov, s čimer je slikovna dokumentacija prispevala vzporeden vir informacij.[3] Že v teh publikacijah je čedalje pogosteje najti podatke o merah rokopisov in fragmentov, o lastnostih pisnih nosilcev in pisnih medijev, ob analizah vsebin so zapisane tudi ugotovitve o spremembah besednih pomenov, najti je opise paleografskih značilnosti in sporočila, ki osvetljujejo zgodovino in okolje rokopisa oz. rokopisnega fragmenta. Že v 16. stoletju so se oblikovali temelji znanstvenih disciplin, katerih os je bil rokopis ali rokopisni fragment. Izhodiščne raziskovalne vidike, usmerjene k literarnim, jezikoslovnim in paleografskim lastnostim, so dopolnile sorodne vede in razširile opredelitve srednjeveških pisnih spomenikov.[4] Nova humanistična veda je bila vse do sredine 20. stoletja imenovana »arheologija knjige«, potem pa se je uveljavil izraz kodikologija. Nekatere prvine – opredelitev pisnega nosilca, dimenzij, ureditve strani (zrcala), pisave, okrasnih prvin, vezave, vsebine – so postale samoumevne in pogoj za študije o posameznih rokopisnih spomenikih ali izbranih vidikih.

3 Še vedno so – ali celo čedalje bolj – dragoceni bakrorezni prerisi rokopisov in fragmentov iz pozne antike in zgodnjega srednjega veka, ki so bili objavljeni kot vizualna podpora k specifični znanstveni razpravi. Kot tipično delo, ki sicer nadaljuje že izpiljeno prakso, navajam v NUK dosegljivo delo: Bianchini / Blanchino, *Evangeliarium quadruplex, 2*; v knjigi so mdr. bakrorezi z reprodukcijami strani iz rokopisa *Evangeliarium Forojuliense*, str. DXLII, večje število predkarolinških rokopisov je reproduciranih med str. DXCIX in DC itd.

4 Derolez, Codicologie ou archéologie du livre?, str. 49.

Z leti se je pogled nanje poglobil in postal natančnejši.[5] Razprave iz zgodnjega novega veka, npr. spisi italijanskih in staronizozemskih humanistov, so materialni plati obravnavanega spomenika namenili bodisi manjšo pozornost bodisi jo postavili v osredje zaradi materialne in umetniške odličnosti. Zapisane ugotovitve so obvladovali specifični znanstveni, raziskovalni cilji, zanimanje za posebna, npr. zgodovinska, liturgična ipd. vprašanja. Prepoznane kodikološke danosti so posredovale informacije o pripadnosti rokopisnega spomenika času in okolju, natančni podatki so dodali detajle v razumevanju posameznega rokopisa in po drugi plati so pokazali povezanost različnih spomenikov. V 19. stoletju je izšlo veliko publikacij, ki so ustregle zahtevam po podatkovni natančnosti in so s svojo zanesljivostjo odprle nove poti, npr. k rekonstrukcijam rokopisnih celot, knjižnic itd.

Seznam naslovov, ki govorijo o posebnih študijah in sistematičnih popisih rokopisnih fragmentov, je v primerjavi z objavami srednjeveških rokopisov bistveno krajši, prevladujejo študije izbranih primerov. Najprej so obravnavo in natis doživeli spomeniki posebne zgodovinske, literarne, glasbene, liturgične vrednosti. Predstavitve večjih skupin fragmentov so bile natisnjene že v zgodnjem 20. stoletju, a podroben pogled pove, da so se te publikacije sprva posvetile izboru po osebni presoji, da so zvečine izbrale za občinstvo privlačne fragmente, ki so bili zgodovinsko pomembni, včasih je bil izbor prilagojen političnemu trenutku, v katalogih so opisali imenitnosti iz samostanskih knjižnic, iz zasebnih zbirk, avtorji so predstavili (in pogosto postavili v razstavne vitrine) fragmente, ki so zastopali t. im. eksotizme, pa take, ki so povezovali zunajevropske tradicije z zahodnoevropskimi itd. V teh odločitvah je duh tistega časa in vse te objave so hvalevredne. V sredini 20. stoletja se je s potrebami po poznavanju izvirnih dokumentov število publikacij naglo povečalo, kvalitativni preskok pomeni oblikovanje posebnih raziskovalnih skupin in velikih državnih projektov, osredotočenih na fragmente, ki so okoli leta 1990 v nekaterih evropskih državah prispevali sistematično pripravljene znanstvene kataloge. – Poleg vsem umljive državne politike, da morajo biti zgodovinski spomeniki dokumentirani in

5 Golob, *Srednjeveški in renesančni rokopisi*, posebej str. 229 dalje s poglavjem Katalogi rokopisnega gradiva.

ovrednoteni, je v nekaterih državah raziskovanje rokopisnih fragmentov nadomestilo druge poti v osvetljevanju narodove oz. državne preteklosti: ob odsotnosti rokopisnih fondov (ki so propadli) so na temelju ohranjenih fragmentov pričeli sestavljati preglede svoje knjižne preteklosti.[6] Iz zadnjih dveh desetletij je vse več spletnih objav[7] in znanstvenih srečanj, namenjenih prav vidikom vsestranskega obravnavanja fragmentov. Razumljivo je, da je raziskovalno delo katalogizatorjev srednjeveških knjižničnih fondov namenjeno opredelitvam rokopisov, a vanje so enakovredno vključeni fragmenti in so enote, obravnavane z isto mero znanstvene pozornosti.[8]

❧

Ko je leta 1914 Avguštin Stegenšek v reviji Ljubitelj krščanske umetnosti objavil katalog umetnin v hrambi Lavantinskega škofijskega muzeja, je navedel tudi podatke o rokopisih, ki jih muzej hrani. Podatki so skopi in zadoščajo samo za potrditev istovetnosti nekega rokopisnega spomenika,[9] fragmentov ni omenjal. Kmalu po 1. svetovni vojni je Milko Kos ob sodelovanju Franceta Steleta pripravil zaporedje člankov s popisi srednjeveških rokopisov, ki so jih hranile javne knjižnice v Sloveniji; vsi popisi so nato izšli kot monografija pod naslovom Srednjeveški rokopisi v Sloveniji / Codices aetatis mediae manu scripti qui in Slovenia reperiuntur[10] in s tem je bilo opravljeno veliko, temeljno delo. To je bil prvi sistematični in na modernem raziskovalnem temelju zastavljen pregled srednjeveških rokopisnih spomenikov, ki so ohranili knjižno obliko. Kosov katalog našteva 159 kodeksov in delnih kodeksov iz devetih zbirk, v katerih so številna besedila,

6 Skandinavske države so zgodaj prepoznale pomen fragmentov; prim. tri Haapanenove kataloge (Missalia, Gradualia, Breviaria) iz let 1922–1932; programski koncept Finske: Heikkilä, *Research on parchment fragments*, ali Švedske: Brunius, *A Catalogue Project*, str. 157–165; na nadomeščanju izginulih rokopisov s pomočjo fragmentov temeljijo tudi madžarski državni projekti.

7 Fragmentarium. Digital Research Laboratory for Medieval Manuscript Fragments. https://fragmentarium.ms/

8 Lackner, *Streubestände,* 2000.

9 Rokopis, sedaj Maribor, UK, Ms 136, je v Stegenškovem katalogu popisan z naslednjimi podatki: »Petri Lombardi Quatuor libri sententuarum, rokopis na pergamenu, 209 listov, 298 x 197 mm, vezan v usnje v 17. stol. Z lepo poslikanimi začetnicami, približno 14. stol.« Stegenšek, *Lavantinski škofijski muzej*, kat. 48.

10 Kos, Stelè, *Srednjeveški rokopisi.*

vmes pa je večkrat omenil tudi fragmente, tiste, ki so bili del rokopisov v vlogi, ki so jim jo namenili knjigovezi. Podobno so dragocena opozorila na fragmente zapisana tudi v katalogu prvotiskov, ki sta ga pripravila Alfonz Gspan in Josip Badalić z naslovom Inkunabule v Sloveniji / Incunabula quae in Slovenia asservantur;[11] to so fragmenti, ki so postali deli vezav od 15. stoletja dalje. Navedeni fragmenti so v obeh monografijah po potrebi dobili dodatno kratko oznako kot sestavni deli obravnavanih enot, vendar brez posebnega namena ali pogleda na časovne, jezikovne, vsebinske, paleografske ali umetniške lastnosti. Ugotovitve, da je v naših cerkvenih in javnih knjižnicah in arhivih najti fragmente srednjeveških rokopisov kot knjigoveške prvine pri mnogih tiskih vsaj do sredine 18. stoletja, se ujemajo s splošno veljavnimi spoznanji o tokovih knjižne kulture in pragmatičnim odnosom do starejših del v srednjeevropskih krajih. Medtem ko so fragmenti v vezavah tiskov praviloma preostanki rokopisov, ki nimajo z našo srednjeveško preteklostjo nič skupnega, ampak z okoljem, kjer so knjigo tiskali in zvezali, pa fragmenti, ki so jih za prevleko ali okrepitev knjižnega gradiva potrebovali v samostanih, župnijskih uradih, gospostvih, dvorcih itd., izvirajo iz naših lokacij in so jih prevzeli najpogosteje ljubljanski knjigovezi.[12] Te enote vsebujejo veliko podatkov iz zgodovine rokopisa, ki je postal fragment, vendar so v nadaljevanju te prvine samo skicirane in je pozornost namenjena pergamentnim kosom.

Fragmentom iz slovenskih zbirk so pozornost namenili posamezni raziskovalci in strokovnjaki različnih znanstvenih disciplin: Janez Zor je objavil številne razprave o glagolskih rokopisih in fragmentih, katerih večje število hrani ARS, ter v njih med drugim razgrnil vživetje glagolske pismenosti v okolju dežele Kranjske.[13] Tudi fragmenti glasbenih rokopisov so zlasti s študijami Janeza Höflerja in Jurija Snoja dobili več odličnih objav.[14] Kot posamezni spomeniki so največ pozornosti pritegnili tisti fragmenti, ki so izstopali zaradi zgodovinskega pomena,[15] so zrcalili kulturne tradicije,[16]

11 Gspan, Badalić, *Inkunabule v Sloveniji.*
12 Dular, The Ljubljana Bookbinders of the Sixteenth and Seventeenth Centuries, str. 51–66.
13 Obsežna bibliografija Janeza Zora o glagolskih rokopisih in fragmentih obravnava to gradivo z več vidikov, ki pa jim je kodikološka plat podrejena.
14 Samo opozarjam na dela Janeza Höflerja, Jurija Snoja in drugih, vsi z bogato bibliografijo.
15 Kos, Odlomki stiškega nekrologija, str. 63–69.
16 Npr. Stanonik, *Ostanki srednjeveškega nemškega slovstva.*

so kvalitetna literarna dela,[17] so pomembni jezikovni spomeniki[18] itd. Med fragmenti iz ARS je tudi nekaj takih, ki so pozornosti vredni zaradi knjižnega slikarstva.[19]

Podatkovni okvir

Srednjeveški rokopis je v primerjavi s fragmentom prava zakladnica podatkov, čeprav tudi rokopisi pogosto ne dajo zaželenih odgovorov. Že z materialnega vidika omogoča število folijev kateregakoli kodeksa večjo zanesljivost pri prepoznavanju časovnega in regionalnega izvora rokopisa, ne da bi posebej poudarjali, da je kakih deset odstotkov rokopisov podpisanih in datiranih, fragmenti pa niso skoraj nikoli, rokopisi imajo incipite z naslovi in imenovanjem avtorja ter zaključne fraze, take podatke najdemo na fragmentih le izjemoma. Tudi mnenje o prevladujoči kompozicijski ureditvi besedila pušča po pregledu več deset folijev manj dvomov, enako je bolj veljavno sklepanje o razmerju med pisnim poljem in prostimi robovi, o postopku pripravljanja zrcal, o enovitosti pisave ali menjavah rok, o obsegu dnevno opravljenega dela, menjavah delovnih pripomočkov in pisnih medijev, pomožnih prvinah (kot so glose, foliacija, paginacija, kustode, reklamanti, paragrafi, korekturni znaki, številke itd.), o kartušah, tipih inicial, vezavah, več je zgodovinskih sledov in seveda je pri rokopisu, kodeksu več možnosti za vsebinsko opredelitev celote, ki je lahko bodisi eno samo besedilo bodisi zbornik (Sammelband, Collectar) več spisov, nastajajoč tudi več let in v različnih okoljih. T. im. popolni opis rokopisa je cilj, h kateremu stremijo raziskovalci rokopisov, ki pripravljajo znanstvene kataloge.[20] Tudi pri delnih rokopisih – trije so vključeni v kataloški del (kat. 72, 73 in 122) – nekateri podatki preprosto niso več dosegljivi, a še vedno je prepoznavanje prvotne podobe in vsebine rokopisa dovolj zanesljivo, je usmerjevalno, predvsem je mogoče priti na sled tekstovni tradiciji in ohranjeni besedilni redakciji.

---

17 Siller, Die »Krainer Marienklage«, str. 219–232; Janko, Zwei Wigalois-Fragmente aus Ljubljana, str. 3–15 itd.

18 Šorn, Glossarien Fragmente, str. 100–117.

19 Veliko fragmentov ima kakšen slikarski detajl: Golob, *S črnilom in zlatom*; navajam samo nekaj fragmentov s prvinami knjižnega slikarstva npr. str. 62–63, 64–65, 66–67, 68–69, 154–155 itd.

20 Golob, *Srednjeveški in renesančni rokopisi*, str. 234–236.

Popisovanje rokopisnih fragmentov sledi istim načelom, vendar v mejah možnega, saj je z vidika materialnih danosti pogosto le malo skupnega: na razpolago so nosilec zapisa, pisni medij, nekaj vrstic zapisa, kakšna kodikološka in še redkeje kakšna likovna prvina, od čitljivosti besed je odvisna opredelitev vsebine. Fragment pravzaprav posreduje samo vtis o nekdanjem rokopisu.

Seznam podatkov, ki sem jih hotela pridobiti pri popisu vsakega fragmenta, je naslednji:

- Sedanja signatura
- Starejše signature, knjižnični vpisi in evidence starejših dokumentacijskih sklopov, zgodovinske notice
- Provenienca, kronološka in regionalna opredelitev
- Nosilec (znan / neznan, snet fragment)
- Mesto fragmenta v drugotni rabi, opis uporabe v knjigoveške namene (tip vezave: trda, usnjena, polusnjena, pergamentna, polpergamentna, kartonasta, mehka, enoslojna, koperta, preklopna vezava; šivalni način, vreznine za trakove)
- Dodatno uporabljeni materiali (za podloge, vezice, šivanje in zavezovanje: papir, tekstil, usnje, lan, konoplja)
- Opis fragmenta / fragmentov
- Dimenzije vidnega dela
- Izmera celotnega fragmenta
- Domnevne dimenzije osnovnega kodeksa
- Kodikološke prvine (dimenzije pisnega polja, tip zrcala, pikiranje, vrstična višina, paragrafi, reklamanti, kustode, foliiranje, naslovi v živi pagini, sekundarni pripisi itd.)
- Paleografska oznaka; menjave rok
- Okrasne prvine
- Pisne snovi
- Vsebina, incipiti, ekspliciti, rubrike, liturgične oznake
- Lastnosti pergamenta in ohranjenost (intaktno stanje, restavrirano, poravnano, pomečkano, zatrgano, umazano, politje, madeži voska, plesen, črvojedine, kemični procesi, površinska poškodovanost itd.)

- Zgodovina fragmenta
- Zgodovina in lastništvo nosilca, ekslibrisi
- Literatura in objave
- Drugi zaznamki.

Povezovanje podatkov

Vsi navedeni podatki so umestni, ker pripomorejo k predlogu časovne, regionalne in vsebinske identifikacije ter posredujejo informacijo o zgodovini prvotnega (srednjeveškega) kodeksa in o drugotni rabi. V nekem obdobju so kodekse razdrli in posamezni pergamentni fragmenti so zaradi trpežnosti, enostavne rabe in dostopne cene končali v delavnicah različnih rokodelcev, mizarjev, rezbarjev, graverjev, uporabljali so jih za ovojnine itd. Fragmenti iz ARS so dobili pri knjigovezih novo vlogo, spet znotraj knjižne rabe, a to je zadnja stopnja v življenju srednjeveškega kodeksa.[21] Ker je fragment edini materialni dokument o obstoju razdrtega rokopisa, je umesten natančen pogled nanje. V nadaljevanju se ustavljam ob nekaterih sklopih.

Zgodovina gradiva s srednjeveškimi fragmenti v ARS je v veliki meri opredeljena s signaturami, ki povedo, iz katerega starejšega fonda izvirajo nosilci. Zabeležila sem samostanske in župnijske provenience (Cistercijanski samostan in državno gospostvo Kostanjevica, Jezuitska rezidenca in državno gospostvo Pleterje, Cistercijanski samostan in državno gospostvo Stična, Ljubljanski jezuitski kolegij, Župnija Ihan, Kaplanija Stara Loka), zbirke urbarjev in arhivskih knjig za različna gospostva in graščine (Bled, Bokalce, Boštanj pri Grosuplju, Dol, Ig, Križ in Mekinje, Krumperk, Lurnsko polje, Medija, Ortnek, Pilštajn, Polhov Gradec, Škofja Loka, Turjak, Turn ob Ljubljanici, Višnja gora, Vurberk, Zalog pri Moravčah), fragmente iz fonda Vicedomskega urada za Kranjsko, Zbirke zapuščinskih inventarjev Deželnega sodišča v Ljubljani ter fragmente, ki so povezani z enotami v Zbirki rokopisov in Zbirki Muzejskega društva za Kranjsko, Muzejskega društva za Slovenijo in Historičnega društva za Kranjsko. Medtem ko je za

21 Pickwoad, The Interpretation of Bookbinding Structure, str. 210–215; Pickwoad, The Use of Fragments, str. 1–7.

delna rokopisa s pridigami (kat. 72 in 73) in nekaj posameznih fragmentov (npr. kat. 95–96, 97–100 in 123) upravičena domneva o njihovem prehodu iz zasebne zbirke v državno, pa je pri drugih enotah več odprtih poti. Oporo za zgodovino pergamentnih kodeksov, ki so jih razdrli in prepustili knjigovezom in drugim rokodelcem, dajejo letnice s pravno-upravnih del: na tem seznamu je približno deset enot, ki so dobile platnice ali drugačne okrepitve iz fragmentov in so nesporno bile v uporabi že v 16. stoletju, vsaj šestdeset enot je bilo vezanih v fragmente v 17. stoletju, v 18. stoletju pa vsaj devet. Približno ena tretjina fragmentov nosi liturgične vsebine, kar bi lahko razumeli tudi tako, da so rokopise z liturgijo iz predtridentinskega časa namerno odstranili iz cerkvenega okolja. A obenem je med njimi veliko svetopisemskih fragmentov, kar pa nakazuje, da gre za pergamentne folije iz kodeksov, ki so bili bodisi poškodovani ali pa so se – ob takrat cenovno dostopnih tiskanih knjigah – rokopisom odrekli. Vsekakor nas preostanki kodeksov v vlogi knjigoveških makulatur opozarjajo, da se je vrednotenje knjig spremenilo,[22] da je zgodovina snela s piedestala srednjeveške rokopise, svoje čase nosilce najsvetejših misli in pobožnih napevov, od njih pa ohranila samo materialno, še vedno uporabno plat: liturgične vrednote je v valovih reformacijskih prečiščevanj spodnesla preprosta ekonomska računica.

V katalogu je navedenih 132 enot, vendar je fragmentov več, posamično jih je opisanih več kot 190. Pod eno zaporedno številko je najti večje število fragmentov, če so bili po tradiciji zbrani v eni mapi ali pa je ena vezava sestavljena iz več fragmentov istega rokopisa. V pojasnilo k prvi situaciji navajam dobro dokumentiran primer: Jože Šorn je s petih računskih knjig iz mestne hiše snel pergamentne ovitke, jih vsebinsko uredil, identificiral in objavil. Odtlej, od leta 1892 so fragmenti v dveh mapah z naslovom Abavus maior in Liber glossarium, ker so pripadali dvema slovarskima kodeksoma; v celoti gre za 20 fragmentov oz. dve skupini in v vsaki je deset fragmentov (kat. 120 in 121). V vsaki skupini imajo foliji enake kodikološke lastnosti, zato so posamezni fragmenti zapisani pod dvema zaporednima kataloškima številkama (znotraj teh imajo podoznake) in ne pod dvajsetimi. – Kot ena kataloška enota je vpisanih tudi petero fragmentov, ki so služili kot okrepitve hrbtišča in vogalov, so pa bili del ene geografsko-slikovne celote,

22 Nanni, Spehr, *Ein Kleid aus Noten*, str. 21 dalje.

znane kot Češki cestopis (kat. 128), in so prešli v javno zbirko kot pet kosov ene celote; isto velja za tri fragmente Stiškega nekrologija (kat. 104). Kot nedeljivi enoti sta obravnavana tudi urbarja, ki imata za označke (signacula) trakove, narezane iz rokopisnih fragmentov (kat. 68 in 114) in teh drobcev je 86.[23] – Precej je fragmentov (kot npr. pet delcev Češkega cestopisa), pri katerih pogrešamo podatke oz. dokumentacijo, ki bi povedala, s katere knjige so sneli fragmente, manjkajo torej naslovi njihovih nosilcev. Poseben razmislek je zahteval konvolut z bifoliji in foliji, ki pa so fragmenti iz štirih različnih glasbenih rokopisov beneškega sloga: zbiralec jih je obrezane dal sešiti v en zvezek. Sedaj so zapisani kot štiri kataloške enote, ker so kodikološko – in vsebinsko – različni (kat. 97–100). To niso edini primeri.

Samostojne kataloške enote so ostali tisti sneti, odlepljeni fragmenti, ki so v srednjem veku sicer bili del istega rokopisa, a so pozneje postali ovitki različnih knjig in so dobili različne signature (npr. dva delna bifolija romanskega glosiranega psaltra, kat. 87 in 88). Na samostojne enote pa so v popisu razdeljeni tisti fragmenti na eni vezavi, ki so bili deli različnih srednjeveških rokopisov. Primer naj bo knjiga št. 72 iz Kostanjevice, ki ima platnice prekrite s štirimi fragmenti iz enega rokopisa (to je kat. 34), hrbtišče pa je polepljeno z odrezkom iz drugega (kat. 35).

Med fragmenti je bilo najti tudi nekaj nepopisanih, praznih kosov pergamentnih folijev in ti niso vključeni v katalog. Približno ob istem času, kot so uporabili rokopisne folije za knjigoveške namene, so za enake namene uporabili tudi folije pergamentne inkunabule in folije na pergamentu tiskanega kanonskega dela misala iz 16. stoletja, a tudi tiski niso vključeni v razvid.[24]

Na temelju knjižnih vezav je mogoče sklepati, da so samostani in gospostva za svoje administrativne potrebe pri knjigovezih kupovali že izdelane notese in zvezane knjige. Ljubljanski knjigovezi[25] so preostanke rokopisov prevzemali iz bližnjih lokacij in so sodelovali z naročniki.[26] Vtis, da je

23 Trakovi za (abecedne ali številčne) oznake so drobci, ki jih vsaj v tem primeru ni mogoče podrobneje opredeliti; podobno enigmatični so tudi trakovi, s katerimi so polepili notranjo stran usnjenih zapiral; gl. Golob, Srednjeveški pergamentni fragmenti v knjižnih vezavah, str. 100.

24 Ti fragmenti niso navedeni v Gspan-Badalićevi monografiji o prvotiskih.

25 Gl. Dular, The Ljubljana Bookbinders of the Sixteenth and Seventeenth Centuries, str. 51–66.

26 Nekaj predlogov je navedenih v: Golob, Srednjeveški pergamentni fragmenti v knjižnih vezavah; opozarjam na vezave rokopisnih zvezkov s predavanj, ki jih je stolni kanonik Jurij Andrej

mogoče sestaviti zaokrožene in časovno zamejene skupine zaradi skladnih knjigoveških tehnik in estetskih značilnosti, se je izkazal za napačnega. Knjigoveške tehnike se niso spreminjale tako naglo, da bi lahko pregledani kosi predstavljali osnovo za oris razvoja knjigoveštva v Ljubljani in za zaokroženo predstavitev knjigoveških oblik: podobni knjigoveški izdelki in malone enake krasilne odločitve so vztrajali dolgo časa. V spomin so se zaradi progastega, rdeče-modrega vzorca na obrezah vtisnile nekatere vezave, za katere se je zdelo, da so si dovolj podobne, da bi okraševanje knjižnega bloka kazalo na nastanek v isti knjigoveški delavnici in v obdobju nekaj let. Takih vezav je vsaj 18, knjige in zvezki so približno enakih dimenzij – eden je tudi prečnega formata –, tako da je na mere nedvomno vplival format papirja.[27] Knjige in zvezke so uporabili za urbarje, registre, dajatve, sodne protokole, kopialne knjige itd., za prevleke pa so uporabili pergamentne folije različnih rokopisov.[28] Ker so zapisi v teh knjigah z modro-rdečo obrezo nastavljeni od leta 1622 do 1737, nas to privede do drugačnega pogleda: krašenje obrez z dvobarvnimi progami je bilo v knjigoveški veščini sprejemljivo kar dobro stoletje in torej v njih ne smemo videti vezav enega mojstra. Brez širše in podrobnejše analize,[29] v kateri bi bili upoštevani tudi drugi knjigoveški primerki sorodnega tipa, ni mogoče pričakovati zanesljivega sklepa o tem vidiku pri ljubljanskih rokodelcih. To so bili nedvomno izdelki poklicnega knjigoveza ali knjigovezov. Nekaj povsem drugega so notesi, knjižice z majhnim številom listov, ki imajo enoslojne platnice, prav tako iz fragmentov. Prav pri njih se zastavlja vprašanje, ali niso potrebnega števila preganjenih papirnih pol sešili kar v samostanu in so s preprostimi pergamentnimi ovitki, vzetimi iz zaloge folijev, kakršno je nudila domača shramba oz. samostanski depozitorij, zavarovali zapise, ki jim nemara niti niso namenili dolgega življenja.[30]

Fragmenti, ki so še danes ohranjeni kot prevleke notesov, zvezkov, knjig, za delno ali popolno prekritje platnic, za notranje okrepitve polj

---

Gladič po vsem sodeč dal zvezati pri Joannesu Helmu oz. Helmbu, zlasti str. 78–79; Wolfgang Engelbert Auersperg pa je dajal vezati vsaj nekatere knjige pri Georgu Sixtu Schafferju, str. 82.

27 Dimenzije ok. 200 x 155 mm imajo 4 enote, 300 / 325 x 175 / 210 mm pa 10 enot.

28 Med njimi je petnajst romanskih fragmentov, ki so nastali v rokopisni delavnici v Stični v času opata Folknanda, torej do ok. 1180.

29 Vanjo bi bilo potrebno vključiti vsaj knjižne vezave iz NŠAL, SKL in ZAL.

30 Prim. kat. 20 dalje.

med vezicami na hrbtišču itd., so ostali povezani s svojimi nosilci. Njihovi naslovi oz. vsebine so prav tako dokumentarna prvina, ki pa se nanaša na antropologijo knjige in zgodovino knjižnega gradiva v celoti. Knjižne celote iz časa od potridentinskega 16. do poznega 18. stoletja so priče kulturne zgodovine knjige.

Kodikologija nosilcev zapisa raziskuje proces nastanka srednjeveškega rokopisa do zadnje faze, dokončanega dela, podrobneje se ukvarja z njegovo strukturo, oblikovanjem in beleži vse sestavne prvine. Natančne meritve materialnih danosti so prvi pogoj dokumentarno zasnovanih popisov, evidenc: fragmenti redkokdaj omogočijo, da bi zabeležili vse ali večino podatkov. Pri obravnavanih kataloških enotah je bilo zvečine mogoče izmeriti dimenzije fragmenta – temu se je bilo treba odreči takrat, ko so bili fragmenti kot okrepitve med vezicami prekriti z drugim materialom – in marsikdaj vsaj sklepati o prvotnem videzu folija oz. kodeksa. Kadar je bilo možno izmeriti tudi zavihke in ugotoviti, ali je bil folij obrezan, sem take podatke tudi zapisala.

Misli, kakšen je bil izvirni rokopis, je bilo mogoče utemeljeno zapisati zlasti takrat, kadar so znani tudi drugi spomeniki iz istega sklopa. V tem pogledu so fragmenti iz ARS dopolnili nakazane ugotovitve o rokopisih iz Stične v času opata Folknanda okoli 1175–1180; z njimi se je povečalo védenje o nekdanjem bibliotečnem fondu, o procesu nastajanja posameznih kodeksov in o estetskih odločitvah. Z nekaterimi fragmenti pridobivamo manjkajoče vmesne, povezovalne podatke o vsebinah, kodikologiji in o splošnem, knjigi in znanju naklonjenem okolju v Stični. Naslednji večji sklop fragmentov, kjer se da sorazmerno zanesljivo govoriti o izvirnem videzu srednjeveških kodeksov, predstavljajo kosi, ki so preostanki rokopisov iz delavnic v južni Nemčiji, zlasti iz Augsburga in Nürnberga. Dobra osnova za rekonstrukcije videza predstavljajo rokopisi, ki so kot velikoserijski izdelek in v večjem številu našli pot v naše kraje, poleg tega pa se lahko zaradi množice podobnih kodeksov opremo tudi na rokopise iz drugih zbirk.

Med kodikološkimi podatki, ki jih je mogoče dovolj natančno izmeriti vedno, če sta se ohranili vsaj dve višinsko neokrnjeni vrstici, je vrstična višina: kadar so bila besedila napisana na urejenem zrcalu, z mrežo naslonilnih in prečnih črt, je praviloma ostala enaka oblika pisnega polja za celotno besedilo, torej predvidoma za eno kodikološko enoto. Zato podatek o vrstičnih višinah ni zanemarljiv, vtis, da sta dva na videz enako popisana fragmenta pripadala istemu rokopisu, lahko potrdi ali ovrže prav taka meritev. Fragmenta s svetopisemskimi besedili, domnevno avstrijski deli pod francoskim vplivom (kat. 112 in 113), sta tak primer: v enem rokopisu je vrstična višina nekaj manj kot 4 mm, v drugem pa skoraj 4,5 mm in tako velikostno razliko oko težko prepozna. – Višina vrstic tudi pove, kdo se je sklanjal nad knjigo: drobna pisava je bila namenjena enemu bralcu, velike črke pa branju več ljudi z daljave.

Tudi ob podatkih o dimenzijah rokopisov se redkokdaj ustavimo, vendar so več kot zgovorni. Tako so npr. za srednjeveško življenje pogoste knjige, ki so opredeljene kot psalter, brevir, molitvenik, horarij, liber precum itd., vsem pa je skupno, da vsebujejo besedila, ki izvirajo iz Svetega pisma in te knjige so predstavljale tudi izven samostanskega in cerkvenega okolja središče pobožnega življenja, bile so samoumevne na dvorih, v mestih, na deželi. A vzemimo za primer psalter: kadar je kodeks visok 250 mm ali več – kot kat. 91, ki meri 300 mm – potem je šlo za rokopis, ki je spadal v samostansko liturgijo, in če je dosegal kakih 200 mm, je šlo po vsej verjetnosti za rokopis, namenjen zasebni pobožnosti (kat. 70).[31] In glosirani psaltri (kat. 87, 88) so ob svojih zapletenih kodikoloških podatkih predvsem dokument učene skupnosti: izmerjeni podatki so hkrati antropološki dokumenti.

Pomembne kodikološke podatke posredujejo sheme zrcal, ker narisi potrjujejo ali zavrnejo predloge o času in kraju nastanka: slepa zrcala, običajna v karolinškem obdobju (kat. 85), so pozneje izjeme in kažejo na navezanost tradiciji (kat. 19), kombinirana zrcala z dvema tipoma pisal so pogostejša v samostanskem okolju kot mestnih ateljejih (kat. 6, 106) itd. Včasih celo naris zrcala nakazuje kopista, njegov estetski slog: takšna primera, ko zaradi vzporejanja z drugimi rokopisi lahko potrdimo, da je Heinrich Aurhaym ob naročnikovi podpori ohranjal prefinjen občutek za lepoto popisane strani, so zrcala Klosterneuburške evangeljske pripovedi (kat. 129) in misala (kat. 25). O njegovi roki govorijo tenko risana zrcala z razredčeno tinto, medtem ko je njegov kranjski sodelavec »razglašene slave« Jacobus dictus Chaczpek pisal na izrazitem, močno narisanem črtnem sistemu.[32] Res je sleherna rokopisna enota

31 Wolf, Psalter und Gebetbuch am Hof, str. 139.

32 Prim. rokopis NŠAL, Ms 10, Gregor Veliki: *Moralia in Job*: do fol. 99r je besedilo na fino risanem zrcalu prepisal Heinrich Aurhaym, od 99v pa kopist, ki se je podpisal kot Jacobus dictus Chaczpek.

svoja kodikološko-estetska stvaritev, a vedno je postavljena pred zbor drugih zrcal enega avtorja, specifičnega časa, okolja ter namena, v katerih dobi potrditev.

Ker je Johannes Gutenberg prevzel oblike starejših rokopisov kot temelj za svoje odločitve pri tiskarskih kompozicijah,[33] se je zasnova rokopisne strani v tiskano nadaljevala brez prekinitev. Zato je toliko zanimivejša ugotovitev, da je tudi ureditev Ptolemajevih astronomskih tabel v Almagestu (kat. 37), ki je bila domišljena v rokopisnih izvodih, tako rekoč brez omembe vrednih sprememb prešla v tiske 16. stoletja. Čeprav je fragment površinsko poškodovan in kompozicije oz. pikiranja zrcala ni mogoče prepoznati, pa je to, kar je mogoče videti, pomemben dokument o funkcionalni in estetski dognanosti znanstvenega rokopisa, ki je v 13. stoletju na tem zapletenem tabelarnem narisu razrešil vse kodikološke zahteve.

Med kodikološkimi prvinami so tudi take, ki nedvoumno opozorijo na okolje, kateremu je bil rokopis namenjen. Take so npr. postavitve foliacij (prim. kat. 122 ter 125 in 126), pa oštevilčenje svetopisemskih odlomkov, citatno navajanje knjig itd., sicer pa so pomožne kodikološke prvine na fragmentih sorazmerno redke in le ob zaledju znanih bibliotečnih ali rokopisnih enot postanejo zgovorni dokumenti.[34]

Pisava na obravnavanih fragmentih kaže roke od 9. stoletja do okoli 1500. Le malo je spomenikov, ki pripadajo italijanskim in francoskim proveniencam ali pa je na podlagi ohranjenega fragmenta domneva o takem izvoru upravičena. Italijanski rokopisi so – posebno kadar gre za pravne vsebine – najbrž povezani z nakupi v padovanskem in bolonjskem univerzitetnem okolju. A hkrati ne smemo pozabiti, da je bila rokopisna umetnost vseskozi pod vplivom velikih središč. Tako so rokopisi v vzhodnoalpskih deželah v 2. polovici 13. stoletja posnemali estetska načela severnoitalijanskih mojstrov, ki so s svojim likovnim besednjakom in celovito estetiko rokopisnega dosežka očarali ljubitelje rokopisov. Dobro je znano, da se je iz severnoitalijanskih rokopisnih središč napotilo proti češkim deželam precej mojstrov, včasih so potovali v uradnih spremstvih cerkvene in svetne aristokracije, drugikrat iz osebnih nagibov. Na avstrijske rokopisne šole je močno vplival Giovanni da Gaibana, pomemben predstavnik

33 Rosarivo, Goldene Proportionen, str. 53–58.

34 Več fragmentov iz NUK in ZAL kaže npr. reklamante, kustode, kartuše, obrobe ob korekturah, a vselej gre za naključno ohranjene detajle.

tega italianizirajočega rokopisnega toka. Marsikateri avstrijski samostan je kupil rokopise iz njegove delavnice ali pa so jim knjigotržci priskrbeli rokopise iz delavnic s podobnim slogom. Ne samo knjižno slikarstvo, tudi pisava, okrogla knjižna gotica severnoitalijanskega tipa je postala ena od pisav v srednjeevropskem okolju in zato je pri fragmentih na temelju nekaj ohranjenih vrstic toliko težje trditi, da gre za italijansko delo ali delo pod italijanskim vplivom.

Nekaj je fragmentov, ki kažejo proti severovzhodni Franciji; če gre za dela iz severovzhodne Francije ali Burgundije, potem je mogoče, da so pridobitvam botrovali študijski in znanstveno specifični nameni. Vseskozi so francoska dela prihajala v srednjeevropske kraje zaradi političnih stikov, zaradi študijskih poti – tako živahnih od visokega srednjega veka dalje ter posebej zaradi študija v katedralnih šolah in na univerzah – in zaradi redovnih povezav, saj se poti do matičnih samostanov cistercijanskega in kartuzijanskega reda niso nikoli pretrgale. Prav tako je vsestranski vpliv francoskih rokopisov pustil sledove v delih, ki so nastajala v vzhodnoalpskih deželah, tako pisava kot okrasje z nitastimi inicialami in oblikovanje strani so pogosto dobri posnetki – širše vzeto – pariškega sloga.

Med 132 enotami iz seznama ARS so 3 enote iz obdobja do sredine 12. stoletja, 23 jih lahko datiramo v 2. polovico 12. stoletja, preostala dela pa so nastala v času med približno 1200 in zgodnjim 16. stoletjem, ko govorimo o gotskih pisavah. Pripomniti je treba, da je v gradivu iz ARS najti predvsem knjižno gotico, vse druge pisave so izjeme: za pripise so uporabili kurzivne pisave, gotska minuskula je v več različicah prisotna v Stiškem nekrologiju (kat. 104), v bastardi je napisan kodeks s pridigami, osnutki pridig itd. Johannesa de Brunsvico oz. Johannesa von Braunschweig (kat. 73), bastardo ali kurzivo bi poleg tega navedli še pri glosah in noticah osebne narave.

Knjižna gotica je po svoji naravi skrbno oblikovana, je kaligrafirana in je vsaka črka sestavljena iz posameznih, pretehtano potegnjenih linij. Kaligrafirane pisave zvečine niso individualizirane in se v oblikovanju črk podrejajo nekaterim pravilom, ki so jih kopisti morali obvladati in so se jih učili v tako rekoč vseh srednjeveških šolah.[35] Vpliv kaligrafirane knjižne gotice je segal zelo široko, tudi notacija glasbenih rokopisov je bila pod

35 Spilling, Zur Arbeitsweise, zlasti str. 473 dalje.

vplivom estetskih zahtev,[36] enako so druge umetniške stroke odličnost kaligrafirane pisave vključile v svoje slikarske, zlatarske, kiparske celote. Na pisni slog posameznega besedila so vplivali različni dejavniki; najprej okolje, v katerem se je pisec šolal, zatem okolje, v katerem je delal, in navsezadnje okolje, ki mu je narekovalo pisno obliko in namen rokopisnega dela: vse to je soustvarjalo mnogoobraznost pisav.

Paleografija ni eksaktna znanost, ker se pisave ne pojavijo, kot bi odrezal in nimajo jasnih in nezamenljivih, ne-ponavljajočih se potez, prav tako ne izginejo iz rabe na vsem lepem.[37] Pojav in razcvet posameznih paleografskih slogov sta bila odvisna od mnogih okoliščin, včasih so bile novosti naglo sprejete daleč od svojega izhodišča, vsekakor pa je v mestih in knjižnih središčih hkrati obstajalo veliko pisnih oblik. Ob novih prvinah je treba upoštevati še dolgotrajno življenje starejših pisnih slogov v specifičnih okoljih, kar je pogojevala bodisi odmaknjenost od zunanjih tokov ali geografska osamljenost (v zaprtih samostanih, posebej kartuzijanskih, ne moremo govoriti o dinamiki paleografskega razvoja), bodisi spomin na imenitne predhodnike. Prepisovalci so se držali značilnosti naučenih pisav še na stara leta in tudi poklicni prepisovalci so uporabljali ne le sodobne različice, ampak so se opirali na zavestno historizirane oblike, univerzitetne pisave so lahko v samostanu ali manjšem kraju vztrajale več desetletij itd., kar otežuje natančnejšo datacijo.

Zbrane rokopisne fragmente lahko že sedaj združimo v nekaj skupkov ter na paleografski, kodikološki in vsebinski skladnosti ugotovimo, če so iz enega rokopisa ali ne.[38] Precej nazoren primer so trije fragmenti iz kodeksa, ki je nastal v južnonemškem okolju v 1. polovici 13. stoletja ter vsebuje odlomek iz Bedovega besedila in dva odlomka iz cistercijanskega brevirja (kat. 12, 13 in 14); prav tako je nekaj primerov, kjer povezavo fragmentov podpirajo delci enako zasnovanih inicial z nitastim okrasom. Pričakovati je treba, da bo mogoče v prihodnosti marsikateri rokopisni fragment, ki je v tem trenutku en sam, povezati še s katerim drugim,[39] navzkrižno primerjanje pa je pomembno.

36 Hurm, Gotische Textur und Gotische Choralschrift, str. 37–43.

37 Schneider, *Paläographie und Handschriftenkunde*, str. 17.

38 Vizkelety, Fragmentenforschung, str. 75, navaja naslednje podatke: obravnaval je skupino 409 fragmentov, od tega je bilo 382 enot iz različnih rokopisov.

39 Golob, Srednjeveški pergamentni fragmenti v knjižnih vezavah, str. 103–104.

V virtualnem sestavljanju fragmentov iz več zbirk[40] bi lahko prišli do vsaj delnih rekonstrukcij kodeksov, ki bi v »fragmentnih klastrih« osvetlile nekatere procese, pojave in posebnosti, predvsem pa okvire knjižne kulture v visokem in poznem srednjem veku v naših krajih.

Da večina fragmentov kaže različne oblikovne variante knjižnih pisav, ne more biti presenečenje. V resnici je pozni srednji vek čas, ko so se naglo razvijale kurzivne pisave, a te je na fragmentih redkeje najti, ker so bile zaradi nižjih kaligrafskih zahtev namenjene tekstom, ki so bili po naravi študijski oz. niso imeli hierarhično visokega mesta, zanje pa niso uporabili pergamenta, ampak papir. Zaradi vsebinske oz. funkcionalne narave izvirnih rokopisov se pri gradivu iz ARS srečujemo s knjižno gotico v tipih, ki jih je Lieftinck označil za *litterae formatae* (za zelo formalizirane prepise) in *litterae librariae* (za hierarhično nekoliko manj zahtevne).[41] Oba termina dovoljujeta dodatne oznake,[42] ki jih lahko razširimo z imeni regij, samostanov, mest, posameznih kopistov, vendar pri fragmentih, ohranjenih le kot en kos, tvegamo, da zaradi odsotnosti drugih podatkov stopimo na negotov teren. Večina fragmentov iz ARS kaže značilnosti pisav, ki jih je najti v bližnjih regijah, v štajerskih samostanih in mestih, zaradi povezav pa na širšem območju vzhodnoalpskih in južnonemških dežel. To je povsem v skladu s situacijo v srednjem veku, ko so bile odločujoče politične, cerkvene in kulturne okoliščine. V opombah navedeni primerjalni rokopisi iz južnonemških, avstrijskih in čeških provenienc so opozorila na vzporedne paleografske dosežke, bralcu v oporo pri presoji, ali je zapisani časovni in regionalni predlog sprejemljiv ali ne.

Vsi fragmenti so nepodpisani in nedatirani. Naj preko besed Karin Schneider povzamem stališče Gerharda Powitza, da je časovna umestitev nedatiranega rokopisa, torej zgolj na temelju pisave in s paleografskim preverjanjem, v razpon polovice ali četrtine stoletja, vsekakor pa na obdobje ene generacije, optimalen dosežek.[43] Dodati je treba, da se lokalizacija in

40 V mislih imam predvsem zbirke, kjer je treba računati, da so fragmenti preostanki rokopisov iz lokacij na Kranjskem, to pa so ZAL, NŠAL, SKL in FSL.

41 Lieftinck, La nomenclature, str. 15–32.

42 Oeser, Das 'a' als Grundlage, str. 25–45: to je odlična utemeljitev knjižne gotice na visoki kaligrafski ravni, Oeser uporablja izraz *textus quadratus*, ki ga Julian Brown razčleni tudi v *textura semi-quadrata*.

43 Schneider, *Paläographie und Handschriftenkunde*, str. 17–18, njen citat se nanaša na članek Powitz, Datieren und Lokalisieren nach der Schrift, str. 124–136.

datacija marsikdaj zameglita zaradi potovanj prepisovalcev in tako je v novejših avstrijskih katalogih najti pogosto oznako »vzhodna Srednja Evropa«, pogojeno s tedanjimi političnimi in cerkvenimi razmejitvami; termin zaznamuje prehajanje paleografskih značilnosti med takrat povezanimi kraji. Nekaterim so botrovali dramatični zunanji dogodki,[44] pogosto pa je treba računati na potovanja ali preselitve oz. vrnitve rokopisnikov v domače okolje, na menjave krajev zaradi delovnih potreb;[45] prepisovalci so v spremstvu odličnikov prišli v stik z novostmi oz. so se selili tudi glede na redovno povezanost[46] ali priporočila.

Pisava je v dobršni meri povezana z vsebinami. Liturgični rokopisi so praviloma napisani v knjižni gotici in kot primer naj omenim bogat misal za kranjsko župnijsko cerkev sv. Kancijana, kjer je sodeloval Heinrich Aurhaym (1410–1412),[47] in skromneje okrašen misal, ki je videti v celoti Aurhaymovo delo (kat. 25). Obe mašni knjigi sta napisani v enaki pisavi in gre za delo ene roke, razlika v slikarskem okrasju pa je po vsej verjetnosti posledica tega, da je bil prvi kodeks namenjen domači župnijski cerkvi, preprosteje okrašen pa je bil rokopis, ki ga je bilo treba odnesti do podružnične cerkve. – Pod oznako »knjižna gotica« bi lahko uvrstili večji del fragmentov iz ARS in vendar so pisave različne. Opredeljevanje osebnega sloga ni enostavno rešljivo, saj so se pisave že v procesu prepisovanja enega obsežnejšega dela spreminjale, z leti še nekoliko bolj in kopist je lahko v trenutku prestopil iz enega sloga v drugega: nazoren primer je najti na straneh kodeksa De civitate Dei iz Bistre, kjer je kopist napisal nekaj vrstic v različici knjižne gotice, potem pa nadaljeval v »starem

44 Kot je znano, so zaradi pogromov nad husiti k nam prinesli iz čeških krajev nekaj rokopisov, nekateri rokopisniki pa so se umaknili v naše samostane. V večjem obsegu lahko tem tokovom, ki so se globoko zarezali v zgodovino in posledično tudi v zgodovino knjig, sledimo pri rokopisih, ki so sedaj v avstrijskih knjižnicah. Jenni, Theisen, *Mitteleuropäische Schulen III*, str. IX–X.

45 Oznaka je posebej veljavna za prepisovalske tokove potem, ko je dunajska univerza izoblikovala svoj paleografski in estetski duktus; enako jo je treba upoštevati tudi za rokopise, kjer je najti imena Gregorja iz (Slovenskih) Konjic, Mateja iz Kranja in drugih, ki so delali v različnih krajih. Beier, *Illuminierte Handschriften 1400 bis 1550*, kat. 50, sl. 379–382; Otto, *Commentarii critici*, str. 13–15.

46 Mathias Maselhart de Alczeya je bil po vsem sodeč s kartuzijanskim redom povezan prepisovalec, sijajen kaligraf, ki je od srednjerenskih kartuzij potoval prek avstrijskih, Žičke kartuzije in očitno je zadnje nesporno njegovo delo rokopis za kartuzijo Bistra, zdaj Ljubljana, NUK, Ms 147. Golob, *Manuscripta*, str. 134–141.

47 Zdaj NŠAL, Ms 11. Primerna ilustracija je v: Golob, *S črnilom in zlatom*, str. 140.

slogu«.[48] Če ne bi videli obeh tipov pisav v neposrednem zaporedju, ampak bi vrstice našli kot dva ločena fragmenta, ne bi mogli reči, da gre za eno roko, še manj, da gre za en rokopis. Celo v stolpcu povsem ohranjenega kodeksa se različnost, menjava sloga lahko skrije, če gre za zapis z enako rezanim pisalom in z eno tinto.

Vsebinsko so fragmenti sicer raznoteri, se pa najprej ustavim pri spoznanju, da je med enotami iz ARS več takih, ki jih je treba šteti za dokumente starejše, predtridentinske liturgije, drugi se ujemajo z rimsko. Pri poimenovanju liturgičnih del (misalov, lekcionarjev in brevirjev) sem upoštevala opredelitve, ki so zapisane v seznamih ARS; odlomkov liturgičnih del je približno 40 in nekatere poteze (npr. obsežni svetopisemski odlomki) izražajo skladnost z oglejskim obredjem.[49] To velja tudi za glasbene rokopise;[50] fragmentov glasbenih del je – vključno z liturgičnimi rokopisi z notacijo – približno 30[51] in v njih je sporočen peti del liturgije. – Najbolj logično se zdi, da so krajevno specifične liturgične knjige prepisali v okolju, kjer so bili na razpolago tudi ustrezni vzorčni kodeksi in besedila za posebne misale, torej na Kranjskem, a nespornega dokaza o takem delu ni. Če pa pomislimo, koliko je bilo v 11. in 12. stoletju župnijskih, samostanskih in grajskih cerkva,[52] ki so morale imeti vsaj temeljna liturgična dela, je misel o delovanju prepisovalcev v tem okolju glede na nekaj stoletni razvoj toliko verjetnejša. Nič manj pomembna ni primerjava z drugimi misali, ki so se ohranili v osrednji Sloveniji in je samo šest enot, pa še ti niso izključno oglejskega obredja.[53] Sedaj evidentirani odlomki liturgičnih rokopisov so gradivo, ki bo prispevalo k dopolnjevanju našega poznavanja obredja pred sredino 16. stoletja. – Med fragmenti iz ARS

48 Ljubljana, NUK, Ms 2, fol. 89v, spremembe v teku prepisovanja pa so sorazmerno pogoste, tako so npr. črke v nekaj vrsticah ožje kot sicer, npr. fol. 35v, 51v, 64v itd.

49 Prim. Ušeničnik, *Obrednik oglejske cerkve.*

50 Höfler, Gorenjski prispevki, str. 93.

51 Opredelitve glasbenih rokopisov je prispeval Jurij Snoj; v tem trenutku še ni dosegljivo njegovo najnovejše delo: *Gregorijanski koral v srednjeveških rokopisih na Slovenskem.*

52 Stopar, *Arhitektura predromanike in romanike v Sloveniji*, navaja za čas od Karolingov do konca 12. stoletja več kot 60 sakralnih arhitektur, ki bi zaradi svojega značaja morale imeti vsaj nekaj liturgičnih knjig.

53 Kos, Stelè, *Srednjeveški rokopisi*, kat. 32 (iz Kostanjevice), 68 (do vključno leta 1784 v lasti jezuitske rezidence v Millstattu), 98 (iz župnijske cerkve v Kranju), 140 (iz Šentandraža, v augsburški delavnici Johannesa Bämlerja prepisan salzburški misal), 157 (iz Čadrama) in 158 (11 listov misala, iz župnijske cerkve Stari trg pri Slovenj Gradcu).

sta se ohranila tudi dva fragmenta pontifikalne knjige; prvi (kat. 82), ki ga opredeljujem kot avstrijsko delo iz 1. polovice 14. stoletja, je – ob samo dveh ohranjenih vrsticah – dokaz imenitno izdelane liturgične knjige, ki bi lahko imela svojo vlogo v času prvega ljubljanskega škofa Žige Lamberga; drugi, enako majhen fragment, ki je iz ok. 1493, torej iz časa drugega ljubljanskega škofa Krištofa pl. Ravbarja pa je bil – ob poznavanju drugih del tega kopista – nedvomno odličen kodeks (kat. 132). Oba pontifikalna fragmenta bi lahko bila povezana z zgodnjim časom ljubljanske škofije, ustanovljene leta 1461.

Odlomkov iz Svetega pisma je 21; vedno znova je bilo mogoče ugotoviti, da so biblični teksti pripadali Vulgati oz. različnim redakcijam, ki se glede na uporabljene besede, izpuščene ali vrinjene odlomke ter svoj besedni red razlikujejo od sedaj veljavnih, vsebinskih razlik pa seveda ni. Posebej je opozorila vredno, da je za fragmente iz stiškega samostana sedaj mogoče reči, da skupaj s foliji iz Zgodovinskega arhiva Ljubljana in s kodeksom Pentatevha z Dunaja[54] oblikujejo prvotno podobo celotnega Svetega pisma v času opata Folknanda: bilo je delo v več volumnih različnih formatov, prepisalo ga je več rok, z rubrikami in lombardami so ga dopolnili različni mojstri in skupaj z dodatki knjižnih slikarjev je bilo celotno Sveto pismo prav monumentalen korpus. Imenitna je morala biti tudi Biblija (kat. 1), sedaj zastopana samo z enim folijem, tako zaradi lepe pisave kot impresivnih dimenzij. Ali so bili ohranjeni odlomki iz Klosterneuburške evangeljske pripovedi (kar je oblika poznosrednjeveških pripovednih Biblij) sprva del celotnega novozaveznega sklopa ali samo velikonočnega cikla, je odprto vprašanje. Teh pet obrezanih bifolijev je treba upoštevati kot dokument tovrstne literature, (zasebnega in javnega) branja in kot dopolnilo besedne umetnosti k slikarskim in kiparskim nabožnim stvaritvam. Že določanje odlomkov iz liturgičnih in svetopisemskih knjig povzroča zadrege, ker srednji vek ni poznal ene same besedilne oblike in so bile interpolacije, izpuščanja, zamenjave besed del kopističnega procesa, pri čemer so se prepisovalci sami jezili, da morajo prepisovati po vzorčnih kodeksih, ki niso kaj prida vredni.[55] Zato je pri nekaterih enotah upravičeno napisana opomba, da gre verjetno (!) za to in to delo: skromni odlomki dostikrat ne dovoljujejo večje zanesljivosti.

54 Fragmenti iz ZAL, ki so povezani s Stično, imajo več kot trideset arhivskih signatur; *Pentatevh*: Dunaj, ÖNB, Cod. 649.

55 Kittang, Authors, Authorship, and Work, str. 21.

S svetopisemskimi odlomki ali vsaj citati so povezana teološka in nabožna dela, navedke je najti v besedilih ali osnutkih pridig, molitvenikih, homilijarjih, legendarijih in drugod, pomembne so razlage svetopisemskih besedil z deli Avrelija Avguština, Gregorja Velikega in Bede Častitljivega itd., ker prav tako zastopajo sklop beril, ki bi jih v pretežni meri našli v samostanskem okolju. Fragmentov s tako vsebino je več kot 20, dodati pa je treba še množico pridig, ki posredno ali neposredno uporabljajo svetopisemske odlomke, zapisane na različnih fragmentih; v večjem obsegu pa so pridige in prek njih svetopisemska besedila ohranjena v dveh delnih kodeksih (kat. 72 in 73).

Folijev s koledarji, ki so bili kot prva lega vezani pred besedilom misalov, brevirjev in lekcionarjev, je pet. Navedbe svetnikov kažejo proti južnonemškim ali salzburškim krajem, kar nakazuje na nakupe v velikih rokopisnih središčih, na pridobitev rokopisov na prostem trgu pa še jasneje kažejo tiste koledarske strani, kjer so zapisani samo povsod veljavni, najpomembnejši prazniki in ne tudi tisti, ki so regionalno specifični.

V ARS so ohranjeni fragmenti treh zgodovinskih del, za katere nismo vedeli, da so obstajala v naših krajih tudi v rokopisni obliki; to so edini preostanki, v Kos-Steletovem katalogu namreč niso navedeni drugi rokopisni primerki. To so Židovske starožitnosti (Antiquitates Judaicae) Jožefa Flavija (kat. 75), obča zgodovina (seveda zgodovina po merilih srednjeveške Evrope: Historia scholastica), ki jo je Peter Komestor sestavil na temelju mnogih virov (kat. 36), in Zgodovina Cerkve (Historia ecclesiastica) Orderika Vitala (kat. 6). Medtem ko za delo Jožefa Flavija lahko rečemo, da so ga v Folknandovem času prepisali v Stični in nekaj desetletij pozneje najbrž še občo zgodovino Petra Komestorja, pa je iz fragmenta zgodovinskega dela Orderika Vitala videti, da gre za italijanski rokopis, ki je nastal okoli 1100 in je spadal med odlične izdelke. Lepo presenečenje predstavlja fragment Ptolemajevega Almagesta (kat. 37), ki je – po sedanjem poizvedovanju – najstarejši latinski prepis tega astronomskega dela iz toledanske šole. Slovnica, ki je bila v srednjem veku bistvena disciplina za vse drugo delo, je zastopana s fragmentom Priscijanovega temeljnega dela Institutiones grammaticae (kat. 19), ob tem pa je skupina folijev iz dveh slovarskih del z medvrstičnimi in marginalnimi glosami (kat. 120 in 121) še eno pomembno dokazilo o visokih intelektualnih zahtevah. Ko zaokrožimo zbirko teh del, pričnemo gledati na horizonte 12. stoletja s široke perspektive, saj ti fragmenti govorijo o vsestranskih bralnih potrebah.

Dve enoti ne predstavljata bralne kulture v neposrednem pomenu, sta pa nadomestka za veliko več kot le eno knjigo. To sta platnica knjige tržaškega vicedoma Andreasa Pace, ki je preostanek ene od mnogih njegovih uradnih knjig (kat. 121), in fragmenti Češkega cestopisa (kat. 128); zlasti slednja enota je odličen primer fragmentiranega likovnega dela, ki bi sprva lahko bila Mappa mundi. V celoti vzeto so likovne prvine od inicial dalje v veliko pomoč pri opredeljevanju gradiva, posebej takrat, ko so slogovno določljive – pri tem mislim najprej na osebni in nato pokrajinski slog – in primer predstavlja iniciala, ki jo prepoznamo kot delo Engilberta, vsestranskega rokopisnika iz Stične (kat. 33); slabo oporo pa dajejo likovne prvine nedefiniranih oblik, ki so takšne zaradi oblikovne posplošenosti (kat. 81) ali zaradi skromne ravni risarja. Tudi oblike inicial, polnila, obrobe, nitasti snopi v zunanjem inicialnem polju lahko pomagajo pri regionalni in časovni orientaciji, pri kakovostnih delih pa se zaradi slogovne izpiljenosti tako opredeljevanje bistveno zoži, lažje je najti vzporednice, s tem pa izvire fragmenta. Na splošno velja, da se najhitreje spreminjajo slogovne poteze knjiženega slikarstva in zatem sledijo spremembe v videzu risarskih prvin, nitastega okrasa, počasneje se nov slog izrazi v pisavah, še dalj pa je v srednjem veku trajalo, da so se spremenile knjigoveške strukture. – In vendar je treba vse videne in izmerjene podatke kritično ovrednotiti. Tudi risarska in/ali slikarska dopolnitev je lahko zavajajoča: niso redki primeri, ko so že pred leti dokončan rokopis vzeli v roke slikarji in dodali okras v svojem slogu. To pa je seveda druga faza v življenju rokopisa in na fragmentih – kjer je tako malo podatkov – je včasih težko ugotoviti, ali so likovna dopolnila poznejša in so nov podatek.

❧

Zgodovina knjig in knjižnic je pravzaprav zgodovina nepretrganega nastajanja in uničevanja ubesedenih misli.[56] Fragmenti srednjeveških rokopisov so skromni materialni dokazi o njihovem obstoju in nekateri dobesedno molčijo; iz ARS ni malo takih, ko je zunanjščina pravzaprav uničena,

56 Prim. Koppitz, Büchervernichtungen, str. 343–355.

notranje plati pa ni mogoče videti. A tudi tisto, kar je mogoče prepoznati, prispeva k razgrinjanju srednjeveškega kulturnega in intelektualnega substrata, tako da so viri za antropologijo srednjega veka. Vsak fragment je del nekdanje resničnosti, prek katerega si prizadevamo prepoznati sporočila o okoliščinah v času, ko je še bil neločljivi del rokopisnega kodeksa.[57]

V naslednjih letih bodo popisi nekaterih večjih zbirk fragmentov pokazali, da mora biti pogled na bralno kulturo teh stoletij precej drugačen od sedanjega ali včerajšnjega. Kos-Steletov katalog 159 rokopisnih celot se je zadnje čase sicer dopolnjeval z novimi enotami,[58] fragmenti pa niso bili nikjer upoštevani kot dokumenti o razdrtih srednjeveških kodeksih. Pričujoči popis (delnih) rokopisov in fragmentov iz ARS pove, da se bo dosedanje vedenje lahko obogatilo za več kot sto rokopisnih del, ki so bila v srednjem veku predvsem v deželi Kranjski. Pomembna osnova za to trditev je dejstvo, da se je večina fragmentov ohranila na vezavah, ki so delo predvsem ljubljanskih knjigovezov od 16. stoletja dalje in to povezuje rokopisne preostanke s prisotnostjo kodeksov v naših svetnih in cerkvenih okoljih.

Razvoj raziskav bo prinesel popravke k zapisanemu, vendar je bistvo kataloga v evidenci sedaj znanih rokopisnih fragmentov, ki niso več povsem anonimni in so označeni z vsaj okvirnimi podatki glede časa in kraja nastanka ter vsebine. Iz teh je mogoče izluščiti, da so nekateri rokopisi nastajali v našem okolju in v vzhodnoalpskih deželah, da so nedvomno nekateri prepisovalci k nam prišli od drugod, da so marsikateri rokopis izgotovili daleč od naših krajev in vse to je v skladu s tedanjimi razmerami. Po moji presoji pa je poleg že omenjenega dopolnila k vsebinam iz knjižnice cistercijanskega samostana v Stični pozornosti vredno veliko število fragmentov liturgičnih knjig iz časa pred tridentinskim koncilom kot pomembno gradivo za raziskovanje liturgije po oglejskem obredju. In presenečenje so fragmenti, ki so preostanki znanstvenih del ter na eni

---

57 Hundsbischler, Puzzles aus Fragmenten?, str. 21.

58 Nedvomno je skupina rokopisov iz primorskih krajev bistveno povečala pogled na ta patrimonij, v minulih letih pa so urejanja knjižnic in arhivov pridala nove enote (npr. NŠAL, Ms 8 in 12). Pri zaokroževanju pogleda pa ne bi smeli pozabiti na rokopise, ki so sedaj v zbirkah v tujini, a so s kolofoni zaznamovani kot dela, ki so bila v srednjem veku pri nas.

strani kažejo, da so bili tukaj zahtevni bralci z visokimi intelektualnimi standardi, na drugi strani pa jih je treba upoštevati kot dokazila o nekdaj prestižnih stvaritvah. In del te odličnosti je ostal v ARS.

KATALOG SREDNJEVEŠKIH ROKOPISOV IN ROKOPISNIH FRAGMENTOV

1. SI AS 1, Vicedomski urad za Kranjsko, šk. 2, fasc. I/2, Lit. B – IV, 18, Register tedenskega denariča kaplanije sv. Janeza v župniji Stara Loka, 1595–1597
1. in 2. pismo Korinčanom. Srednjeevropska šola (Klosterneuburg?), 3. četrtina 13. stoletja

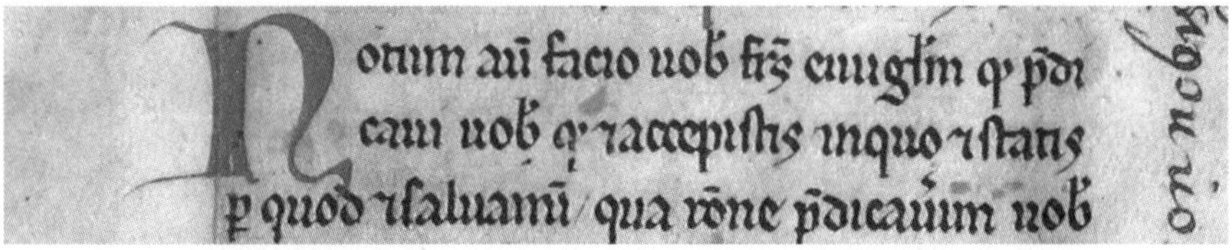

Register tedenskega denariča je bil samo ovit v folij; odvečni pergament so zgolj preganili in s tem okrepili robove, ne da bi folij dodatno poškodovali. Na nekdanji zunanji strani je videti vsakovrstne pripise, seštevek, sedaj nečitljiv zaznamek, v medstolpičnem prostoru je zapisan verz iz psalma (113, 9) *Non nobis Domine, non nobis sed nomini tuo da gloriam.*[59] Na robu je pripis, ki se nanaša na starejšo evidenco: *N. 18. orig. Z. 17.* in pod tem še: *16. Janez.*[60] Ob robu sta z mokrim pečatom odtisnjeni številki *444* in *413*, nedvomno iz 20. stoletja, a ju ni mogoče pojasniti.

Dobro ohranjen fragment kaže sledove nekdanjih pregibov folija okoli knjižnega bloka kodeksa, ki je služil za vpisovanje tedenskega denariča. Ta knjiga je merila 212 x 160 x 7 mm. Folij, ki je bil del lepega rokopisa z apostolskimi pismi, je ohranjen v celoti, meri 440 x 283 mm, morebiti je bil pred razrezom kakšen milimeter širši. Na pisnem polju 323 x 178 mm

59 Na mestu pike je bilka s trilistnim cvetom.
60 Zaradi obledelosti tinte ime ni zanesljivo.

je 49 vrstic besedila z višino 6,7 mm. Zrcalo je urejeno dvostolpično in meri: v = 0 – 36 – 357 – 440 mm, š = 0 – 38 – 118 – 136 – 216 – 283 mm. Vsi vbodi za naris zrcala so ohranjeni, črte so potegnjene z zelo tenkim pisalom.

Na zunanji (nekdanji recto) strani je mogoče prebrati del 1. pisma Korinčanom (14, 30): *[Si quis] autem ignorat ignorabitur* ..., sledi 15. poglavje v celoti [*Notum autem (vobis) facio nobis fratres euangelium* ...], ki se konča v desnem stolpcu spodaj, z začetkom 16. poglavja (2. in 3. verz): ... *collectae fiant. Cum autem praesens* ..., ki se nadaljuje na prvotni verso strani oz. notranji strani folija. Tako sledijo besede 3. verza ... *fuero quos probaveritis* ... do konca 16. poglavja. Po rubriki *Incipiunt capitulationes in epistolam secundam ad corinthios* sledi kapitularij od začetka do konca 15 poglavja.

Za prepis sta uporabljeni zelo kakovostna črna in rdeča tinta, slednja za paragrafe, rimske številke, ubesedene številke, rubrike, naslov v živi pagini (*Corinthos . i .*) in lombarde; enovrstičnih je 15 in so visoke 8 mm, 3 so dvovrstične in merijo 14 mm. Lombarde so v poznoromanskem slogu; so visoke, vendar imajo izrazito okrogljene in odebeljene loke, ne pretirano dolge serife, zvečine so umeščene v polje pisnega stolpca, nekateri serifi pa izstopajo.

Pisava je skrbno oblikovana, oblikovanje v zgodnjegotskem slogu nakazuje na dobrega prepisovalca. Marsikatero potezo v oblikovanju posameznih črk bi opazili že nekaj desetletij poprej v središčih severovzhodne Francije,[61] ki so v vzhodnoalpske dežele prodrli šele v 1. polovici 13. stoletja.[62] Tako ima uncialni *d* izrazito diagonalno hasto, *e* ima v 12. stoletju oko zaključeno z nekoliko poševno potezo, sedaj pa se konča z zelo tenko potezo, ki energično seže v prostor kot lasnica. Steblo črke *p* je ravno zaključeno, *r* nastopa v obeh oblikah (okrogel, ki je podoben številki 2, in raven, a ni več karolinško podaljšan pod črto), tudi *s* ima obe obliki, kratek je zapisan na koncu besed in kaligrafirano spuščen, ravna stebla imajo *b, l* in *h*, koničene so črke *o*, enako trebuh pri *b* itd., odstavne črte (*m, n*) še ne pomenijo doslednega povezovanja, *a* nima dveh očes, *g* ima odprto zanko itd. Precej skupnih potez je najti s pisavo enega od kopistov v samostanu

61 Prim. Nilgen, Frankreich, sl. 17, 40, 42; Troyes, BM, Ms 900, rokopis iz verjetno pariškega rokopisnega okolja; Saint-Omer, BM, Ms 34 in Ms 12, rokopisa iz Saint-Bertina.

62 Derolez, *The Palaeography of Gothic Manuscript Books*, str. 60 dalje s posebnim ozirom na oblike predgotskih pisav.

avguštinskih korarjev Klosterneuburg pri Dunaju, kar je opora za časovno opredelitev nastanka v 3. četrtini 13. stoletja.[63]

Fragment je restavratorsko očiščen in poravnan; zunanja stran je bila izpostavljena prahu in drugim nečistočam, razlitje tekočine je povzročilo gubanje večjega dela folija.

2. SI AS 1, Vicedomski urad za Kranjsko, šk. 123, fasc. I/70a, Lit. W - XVII, 5, Urbarialni register gospostva Višnja gora (17. stoletje) *Evangelij po sv. Janezu. Avstrija, zgodnje 14. stoletje*

Zvezek (225 x 165 mm) s približno 40 listi je sešit z dolgimi šivi in ima na hrbtu okrepitev iz pergamentnega fragmenta; sedaj nima platnic. Videti je kot začasna dokumentacija, preganjeni papirni listi so bodisi za spoznanje različnih dimenzij oz. niso skrbno preganjeni in poravnani. Zvezek ni imel niti zapiral ne zavezovalnih trakov.

Na prvem listu je ob oznaki, da gre za urbarialni register za Višnjo goro, napisana številka 5.

Fragment za zunanjo okrepitev hrbtišča meri približno 45 x 215 mm, vidne so 4 vrstice besedila in nekaj prostega spodnjega roba. Zapis v teksturi s širokim peresom (vrstična višina 8 mm) in rdeče poteze v stavčnih začetnicah kažejo, da je bil skrbno izdelan kodeks. Pisava je knjižna gotica iz let okoli 1300, črke so sicer videti ločene, vendar se s spodnjimi odstavnimi črticami povezujejo (*e, c, m, n, t* itd.), jasna pa je ločitev besed. Značilno je, da ima *a* nad trebuhom že skoraj zaprt lok, v več črkah je prisotna heksagonalna oblika,

63 Haidinger, *Augustinerchorherrenstift Klosterneuburg*, CCl. 79; I. str. 171–176, Beiheft, Tafel 4. Kodeks je zbornik različnih redovnih besedil in kopist, ki kaže podobne poteze, je prepisal besedila na fol. 108r–136r.

odmev poševno-ovalne stopnje, zato je šesterokotne oblike uncialni *d*, pa tudi *o*, spodnji del *b* je nekoliko zašiljen, visoki *s* ima lok nad sosednjo črko itd.[64]

Tako črna kot rdeča tinta sta kakovostni. Sledov pikiranja ali črtnega narisa ni videti. Pergament je tenek in lepo pripravljen, tako da je moral biti izvirni kodeks kvalitetno delo. Na zunanji površini je precej temen zaradi zunanjih vplivov.

Niti ena vrstica ni v celoti ohranjena, vendar gre za besedilo iz evangelija po Janezu (2, 17–20): ... *zelus domus tuae comedit ... Respondit Iesus et dixit eis: Solvite templum hoc et in tribus diebus excitabo illud. Dixerunt ...*

Fragment je zanimiv, ker je sekundarno uporabljen; tako domnevo potrjuje spremenjena barva tinte ob pregibih, potrebnih pri prejšnji vezavi (obdrsano besedilo na mestih, ki so bila izpostavljena, in temnejše na notranji strani pregibov).

3. SI AS 309, Zbirka zapuščinskih inventarjev Deželnega sodišča v Ljubljani, šk. 31, Lit. G, 10, Zapuščinski inventar Franca Galla von Gallensteina, 1614

Pravno delo. Severnoitalijansko delo, 14. stoletje

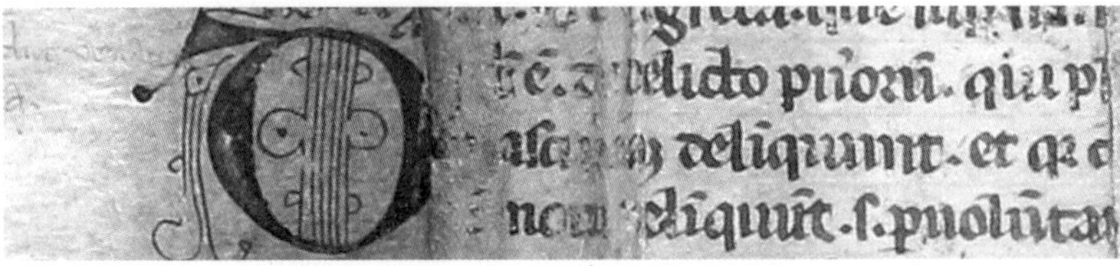

Popis imetja pokojnega Franca Galla iz Predjame je bil dokončan 26. 5. 1614. Ni nujno, da s to letnico povezujemo tudi knjigoveško delo, saj so za popis lahko uporabili kupljen (in zatorej vnaprej pripravljen) zvezek.

Knjiga (304 x 206 mm) šteje 138 strani; na sprednji platnici je zapis *obiit 22 april 1614,* z velikimi kaligrafiranimi črkami piše vsebina (*Inventarium*

---

64 Čeprav je dosti primerov zlasti iz avstrijskih cistercijanskih samostanov (Rein, Heiligenkreuz), pa je vseskozi možno, da se je ta paleografski slog uveljavil tudi v Stični in Kostanjevici. Za avstrijske primere gl.: Fingernagel , Roland, *Mitteleuropäische Schulen I*, kat. 51, sl. 164–167, ÖNB, Cod. 1599, rokopis iz Heiligenkreuza, datiran 1299; kat. 59, sl. 186–188, ÖNB, Cod. 987, rokopis iz cistercijanskega samostana Rein.

Herren Franzen Gallen Feliciter), zraven je starejša oznaka *Paquett No: 6*, na dnu platnice je evidenčna oznaka *R: 92* in novejša signatura *G 10*.

Platnici sta iz močnejšega papirja in sta lepo ohranjeni; knjiga je šivana na dve vezici iz rjavega usnja. To je polpergamentna vezava; hrbtišče je prelepljeno s pergamentnim fragmentom, ki sega delno na sprednjo in hrbtno platnico. Hrbtišče je debelo 14 mm, fragment pa v celoti meri 304 x 97 mm. Vendar je popisanega polja samo dobrih 60 mm, preostala širina je prazna, ker je bila zunanja margina. Gre za ozek trak, ki pa je trikrat preganjen in na teh pasovih je poškodovan, tako da je na teh delih zapis izginil.

Besedilo je pravnega značaja, o čemer govorijo nepoškodovane besede, npr. ...*signet... non pro pecunia* ... Na fragmentu je 56 vrstic, visokih po 5,3 mm, videti je del zgornje margine (18 mm), a na tej osnovi ni mogoče sklepati o prvotnem kodeksu. – Posamezne odstavke pričenjajo paragrafi z dolgimi zgornjimi serifi, ki so menjaje v rdeči in modri tinti, na hrbtišču so tri lombarde s preprostim strunskim okrasom, visoke po 3 vrstice (pribl. 16 mm). V vseh ozirih so značilne severnoitalijanske okrasne lombarde, katerih vloga je vizualno strukturirati besedila.

Pergament je odličen, je svetel in površinsko gladek, besedilo je napisano s temnorjavo tinto, ki pa se mestoma ni dobro sprijela s podlago. Pisava je značilna italijanska rotunda 14. stoletja in ni izključeno, da gre za pravno delo iz bolonjskih skriptorijev.

4. SI AS 721, Gospostvo Bled, knj. 16, Sodni protokol, 1627–1632
Misal. Avstrijsko ali južnonemško delo, 4. četrtina 14. stoletja

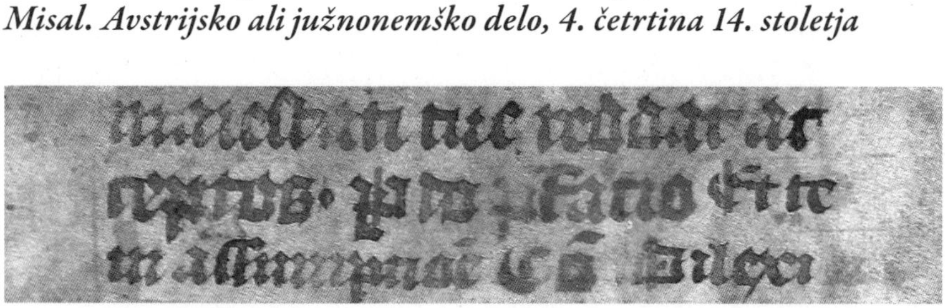

Na sprednji platnici je močno poškodovana papirna nalepka (75 x 170 mm), ki navaja kraj (*Der Herrschaft Veldes*), vsebino in letnico, na hrbtišču je manjša pergamentna (50 x 55 mm) z evidenčno številko *No. 6.* in še ena zelo poškodovana pergamentna etiketa, kjer je napisanih nekaj besed in letnici *..26* in *1632*. Na spodnji obrezi, ki ima modro-rdeč obrizg, piše *V: 1627 : B 163-*. Papirna etiketa v zgornjem levem kotu sprednje platnice navaja starejšo arhivsko signaturo *Gr A III št. 16*.

Knjižni blok (320 x 203 x 37 mm) je ovit v bifolij rokopisnega misala, ki razgrnjen meri 320 x 443 mm, oz. z zavihki vred 351 x 489 mm. Kot kažejo precej široki zavihi, niso bifolija nikjer obrezali, folije so samo primerno preganili, da se enoslojne platnice ujemajo z velikostjo knjižnega bloka in da notranji margini z veznikom vred tečeta po sredini hrbtišča. Platnice nimajo opore, saj so jih na notranji strani samo polepili s papirjem. Prav zato usnjeni zavezovalni trakovi niso prenesli obremenitev; eden od trakov je odtrgan s kosom platnice vred in je v pergamentno-papirni osnovi zazijala luknja.

Dimenzije knjižnega bloka misala so bile 351 x 245 mm, na vsaki strani sta po dva stolpca, vsak je širok pribl. 85 mm; pisno polje meri 249 x 180 mm; margine so široke (zgornja 37 mm, notranja 25 mm, spodnja 72 mm, zunanja pribl. 60 mm). V vsakem stolpcu je po 31 vrstic, visokih 8,2 mm.

Besedilo je pisano s širokim peresom. Serifi so poudarjeni z rombastimi zaključki (*quadrangula*) in minimi ustvarjajo vtis neprekinjenega zaporedja. Stebla (*b, h, l*) so viličasto razcepljena; črka *a* ima samo eno oko in ni zaprta, odprta je tudi zanka pri *g, s-corta* se na koncеh stika, vendar je to bolj posledica širokega peresa kot paleografskega razvoja; *s-longa* in *f* segata do črte in se le malo povezujeta z naslednjo črko, *h* se spušča naravnost pod črto in se ne spodvije. – Pisavo bi lahko datirali v zadnjo četrtino 14. stoletja, je pa vprašanje, ali je rokopis nastal npr. v okolju katerega avstrijskih samostanov, npr. St. Floriana ali kje drugje.[65]

Lombarde so širše kot visoke in brez okrasja; enovrstične (8 mm) prehajajo v funkcijo stavčnih začetnic, napisane so v rdeči, modri in svetlozeleni tinti. Mestoma je videti prečne črte narisanega zrcala, drugi kodikološki elementi pa niso razvidni.

Na sprednji strani besedilo pričenja odlomek iz Sirahove knjige: *Ego quasi vitis fructificavi* ... (24, 23). Na hrbtni strani se besedilo prične z odlomkom:

65 Prim. Fingernagel, Roland, *Mitteleuropäische Schulen II*, kat. 10, sl. 35: Dunaj, ÖNB, Cod. 13.647, rokopis iz St. Floriana oz. širšega dunajskega okolja.

... *Maiestati reddat acceptos* ..., ki je po rimskem misalu besedilo za praznik sv. Rufina.[66]

Bifolij je na zunanji strani precej umazan, vendar s svojo mehkobo in gibkostjo dokazuje odličnost, zapis je prav tako eleganten in po vsem sodeč je bil misal izdelek dobre rokopisne delavnice.

5. SI AS 721, Gospostvo Bled, knj. 17, Sodni protokol, 1632–1636
Antifonar. Avstrijsko-nemški prostor, 2. polovica 15. stoletja

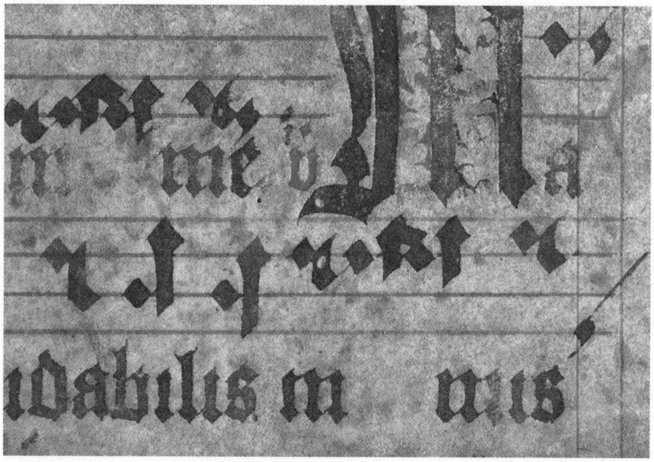

Na sprednji platnici je delno poškodovana papirna etiketa (93 x 150 mm), ki navaja kraj, vsebino in del letnice (*Der Herrschaft Veldes Gerichts Protokholl Von 1632..*), na manjši pergamentni etiketi (50 x 55 mm), delno nalepljeni

66 S. Rufin iz Assisija (30. julij) je mučenec, ki ga navaja rimski obrednik. Grotefend, *Taschenbuch der Zeitrechnung*, str. 94, navaja več svetnikov tega imena: Rufin, škof iz Metza (27. avgust), skupaj s svetim Valerijem ga častijo v Paderbornu in Metzu (14. junij), v severni Franciji ima praznik 28. novembra, sv. škofa Rufina častijo v južni Franciji 14. novembra, oz. 12. v Avignonu in 21. v Carcassonu; 11. maja častijo praznik sv. Rufina in Agatimbra v Metzu. Sklop treh mož po imenu Rufino, ki so delovali v Ogleju in krajih severovzhodne Italije in severnega Jadrana, navaja Schröckh, Christliche Kirchengeschichte, str. 152. V *Letu svetnikov* je naveden samo praznik sv. Rufina in Valerija, in sicer 14. junija. Miklavčič, Dolenc, *Leto svetnikov*, II, 1970, str. 599. Rufin iz Ogleja ni bil svetnik, ampak komentator starokrščanskih avtorjev, zlasti Origena in zato v sporu s sv. Hieronimom. Gl. *Lexikon der antiken christlichen Literatur*, str. 536–537.

na hrbtišče in delno na sprednjo platnico, piše *No. 7.*; napisa na etiketi, ki je nalepljena na hrbet, pa zaradi poškodovanosti ni mogoče prebrati. Na spodnji obrezi z modro-rdečim obrizgom piše *V: 1632 – B: 1636.* Arhivska etiketa v zgornjem levem kotu sprednje platnice navaja starejšo arhivsko signaturo *Gr A III št. 17.*

Knjižni blok (310 x 200 x 40 mm) je šivan na štiri galunske vezice, vendar so na stiku s hrbtno platnico potrgane. Knjiga sodnega protokola se je zavezovala z galunskimi trakovi.

Platnice so prekrite s fragmentom antifonarja, pri čemer je nekdanja zgornja margina sedaj na spodnjem delu platnic; bifolij je položen tako, da veznik in obe notranji margini zavzemata večino sprednje platnice. V celoti meri fragment z zavihki vred 345 x 479 mm. Ugotoviti je mogoče samo širino nekdanjega kodeksa: foliji so bili široki približno 370 mm, od tega so notne črte dolge 245 mm, zunanja margina 70 in notranja 56 mm. Sedaj je videti 7 skupin notnega črtovja z besedilom, vsaka meri 38 mm; antifonar je zapisan v rombični notaciji.

Na hrbtni platnici sta dve iniciali, lombardni *I* in kadelni *M*; iniciala I ima ob strani tenko črto in dve večji piki, iniciala M pa ima pod lokoma zelo preprosto listno polnilo, v levem podločju je rdeče in v desnem črno. Glede na obliko kadele in pogost vzorec listnega polnila bi fragment smeli datirati v 2. polovico 15. stoletja.

Antifonar je bil standardni izdelek, sicer pa lep liturgični rokopis.

6. SI AS 721, Gospostvo Bled, knj. 19, Sodni protokol, 1644–1651
Orderik Vital: Historia ecclesiastica. Srednje- ali severnoitalijanska pisna šola, ok. 1100

Najstarejša evidenčna oznaka je papirna etiketa na hrbtišču (55 x 50 mm) s številko *No. 10*, na spodnji obrezi je v dve vrstici razdeljena oznaka *V : 1644 B : 1651*. Na zunanji platnici je okrogla arhivska nalepka *Gr. A III št. 19.*

Knjižni blok (315 x 215 x 90 mm) ima večslojni platnici: sestavljeni sta iz pergamentnega folija, čezenj je na notranji strani položena papirna pola, ki ni prilepljena, ampak jo pridržujejo zavihki pergamentnega folija, na vrhu pa je pergamentni list, ki je prilepljen na spodnji papirni sloj. Platnici sta mehki, ker polnila niso toliko toga, da bi se sestavila v trdo osnovo. Obe platnici sta popustili pod težo knjižnega bloka, zato so se zavihi odprli in raztrgali, najbolj pa je poškodovana hrbtna platnica. Knjižni blok je šivan čez tri vezice iz galunskih trakov.

Za sprednjo in hrbtno platnico ter za polepitev hrbtišča so uporabili folije ali dele folijev iz istega rokopisa. Prvotnih dimenzij folijev oz. tega kodeksa iz časa italijanske pozne otonske dobe ali zgodnje romanike ni mogoče ugotoviti, ker so pergamentne pole za platnice individualno oblikovali oz. razrezali. Na zunanjščini je videti 35 vrstic, na zgornjem zavihku so še 3, vendar odrezane sredi besed, na spodnjem zavihku pa sta še 2 vrstici, kar pomeni, da je bilo v stolpcu vsaj 40 vrstic, ki so visoke po 9,0 mm. Vsak stolpec je širok 115 mm, med njima je približno 20 mm medstolpičnega prostora. Sedaj meri zunanja margina 30 mm, a je bila sprva širša. Hrbtišče je polepljeno s tremi kosi v glavnem nepopisanega pergamenta; nad približno 70 mm visokim trakom praznega pergamenta – in to je slej ko prej spodnja margina – je videti poldrugo vrstico teksta.

Zrcalo je mešanega tipa: po tri naslonilne črte so vrezane, prečne pa napisane s tinto. Na zunanjosti so vsi kosi pergamenta enakomerno povoskani, na notranji pa je videti zelo svetel pergament z žametasto površino. Besedilo je napisano s črno tinto v enakomerni romanski minuskuli okroglega tipa, ki jo je najti v odličnih rokopisih iz skriptorijev severne in srednje Italije.

Na zunanji strani platnic je besedilo močno poškodovano, manjkajo cela polja, tudi za odtrganim zavezovalnim trakom je ostala luknja. Zaporedje posameznih besed je bilo mogoče ugotoviti na notranji strani, ob nekoliko odmaknjenih zavihih. Prepis besed: ... *illi irati multitudinem* ... *fecer*... *ca apostolorum dei. Et venientes apostoli iniplever* ... *serpentibus. Et miserunt in eosdem magos* ... *attractati dolorum* ... *serpentes commedere ceperunt carnes* ... *sicut lupi ceperunt* ... je omogočil prepoznavo besedila, ki je zapisana v 2. knjigi *Cerkvene zgodovine* Orderika Vitala.[67]

Notranji zavih na sprednji platnici je poškodovan, zato je ostalo samo steblo slikarske iniciale (bodisi *P* ali *F*). Videti je del inicialnega stebla s preprostim, malone otonsko pojmovanim geometričnim polnilom. Steblo se ne konča s serifom, ampak z nazobčano manšeto, iz katere raste polpalmetna veja.[68] Vidni del je visok 70 mm, uporabili so modro in rdečo tinto.

---

67 Sedaj veljavna dikcija se glasi: *Irati igitur magi multitudinem serpentium venire fecerunt, unde omnes hoc intuentes admodum territi sunt, et jubente rege cursum apostoli accersiti sunt. Qui venientes pallia sua de serpentibus impleverunt, et eosdem in magos audacter miserunt, statimque serpentes comede carnes eorum coeperunt. Illi autem sicut lupi ululabant* ... Gl. *Ordericus Vitalis Historiae ecclesiasticae libri tredecim*, str. 339–340.

68 Tako po paleografskih kriterijih kot tudi po stebelnem zaključku slikarske iniciale (z določujočimi motivi kot so manšeta, polpalmetna veja, sloke oblike rastlinja, uporaba izrazite rdeče in modre barve) se fragment s tekstom Orderika Vitala umešča v okolje ali vsaj bližino tistih skriptorijev, iz katerih poznamo npr. Židovske starožitnosti Jožefa Flavija: sedaj Pariz, BN, Ms. Lat. 5045 (1). Ta rokopis je sicer datiran v čas po 1100, navajam pa ga tudi zato, ker je zaradi svoje odličnosti bil last francoskega kralja Karla VIII. (1470–1498).

7. SI AS 724, Graščina Bokalce, knj. 3, Urbar, 1693–1730
Spisi o Mariji. Srednjeevropska šola, 3. četrtina 13. stoletja

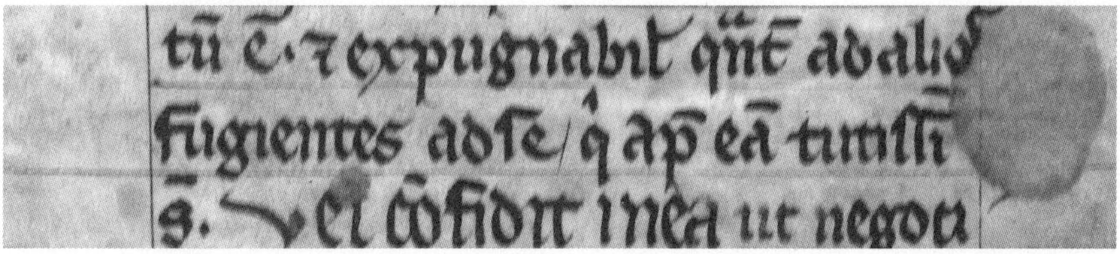

Na prvi strani urbarja graščine Bokalce sicer piše letnica 1686, vendar se vpisani podatki nanašajo na čas od 1693 dalje. Na zgornjem robu platnice je arhivska etiketa *Gr Cl VIII – Bokalce št. 3.*

Knjižni blok urbarja (316 x 188 x 12 mm) je zvezan s 5 tenkimi vezicami, ki so razpredeno prilepljene na kartonaste platnice. Prekrit je z dvema kosoma pergamentnih folijev iz istega rokopisa. Oba kosa sta spodnji del folija, tako da je pod zadnjo vrstico besedila vselej ohranjena spodnja margina ali vsaj njen del. Hrbtišče je plosko, ni nalepljeno na hrbtne dele veznikov, za zavezovanje so v platnice vpeljali tkane bombažne trakove.

Fragment na sprednji platnici meri 345 x 243 mm, na hrbtni pa 371 x 136 mm; ta je tudi ohranil vso spodnjo margino (53 mm). Fragmenta sta na hrbtni strani sestavljena tako, da se črte zrcala brez zamika nadaljujejo z enega kosa na drugega. Besedilo je urejeno dvostolpično; zrcalo je narisano z lasno tenkimi črtami, vrstice so visoke 7,1 mm, pisano v knjižni gotici, stavčne začetnice so poudarjene z rdečo potezo, z rdečo tinto so napisani tudi paragrafi, inicial ni. Pisavo zaznamuje osebni duktus prepisovalca, npr. upognjena hasta uncialnega *d*, valovita poteza črke *s*, kadar je na koncu vrstice, na spodnji vrstici pa se spodnji lok spusti v marginalni prostor; *a* nima zgornjega loka dosledno zaprtega, črki *m* in *n* nista koničeni, *o* pa ima včasih ostre vrhove; med osebne in pravzaprav nerazložljive posebnosti spada tudi menjavanje velikosti črk, ki niso vsebinsko pogojene. – Po splošnem vtisu je ta pisava blizu delu kopista (kat. 1), ki bi utegnil biti iz južnonemške oz. avstrijske pisne pokrajine iz časa po sredini 13. stoletja, vendar kljub oblikovni bližini ne dosega tako odličnega sloga.[69]

69 Haidinger, *Augustinerchorherrenstift Klosterneuburg I*, CCl. 79, str. 171–176, Beiheft, Tafel 4.

Vsebina ni povsem opredeljiva; po vsej verjetnosti gre za spise različnih avtorjev (Beda, Jakob iz Voragine itd.), ki komentirajo svetopisemske citate o Mariji, kar se ujema s čaščenjem v poznem srednjem veku. Nekatere sklope besed je najti v bogoslužnih delih ob velikih praznikih (npr. *deitas et humanitas Mariae ... sed beata virgo super omnes choros angelorum exaltata est ... de ista gloria ascensione et assumptione ...*).

Kakovosten, svetel in gladek pergament ima nekaj površinskih madežev, vendar je brez mehanskih poškodb, izstopajoča prvina je neenakomernost pisave.

8. SI AS 730, Graščina Dol, knj. 1, Računska knjiga, 1675–1710
Sveto pismo. Kranjska ali Avstrija, po 1300

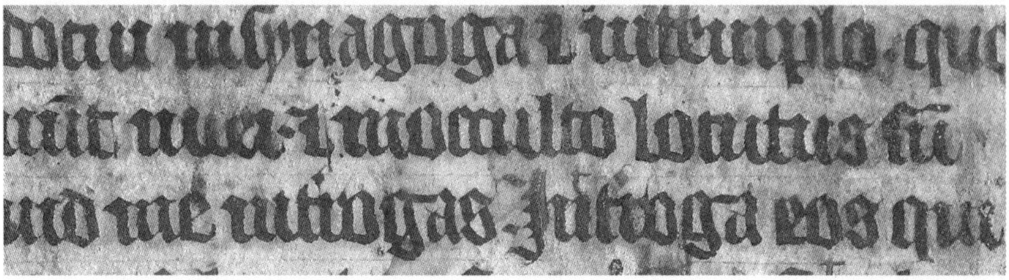

Računska knjiga (311 x 218 mm) ima kartonaste platnice; štiri dvojne vezice so med knjižnim blokom in sprednjo platnico potrgane, a je kljub temu celota dobro ohranjena. Na sprednji platnici je na zgornjem robu poudarjeno velika črka *A*, zraven je poznejši pripis s svinčnikom *Rasp-Erberg*; črka *A* se v preprostejši obliki kot poznejši pripis ponovi na sredini spodnjega roba. V levem zgornjem kotu je arhivska etiketa *Gr A I 1*. Na sredini hrbta je starejša, s svinčnikom napisana signatura *405*.

Na kartonastih platnicah so se ohranili trije galunski trakovi za zavezovanje. Prekrite so z dvema folijema iz istega kodeksa, zato je ureditev identična: pisno polje meri 243 x 172 mm, v enem stolpcu je po 22 vrstic z višino 11,4 mm. Sledov narisanega zrcala ni videti; ker je folij uporabljen kot prevleka platnic, je nekoliko umazan, ni pa poškodovan.

Pisava kaže na avstrijske rokopisne smeri ok. 1300 ali pozneje, ki pa so sorodne na območju od Salzburga do Prage in po samostanskih poteh do naših krajev: besede so jasno ločene in črke so sicer samostojne tvorbe, vendar se pričenjajo s spodnjimi odstavnimi potezami zbliževati in dotikati, *l* in *s-longa* pa sta dosledno povezana z naslednjo črko. Kot izraz osebnega sloga pa je opazen vertikalizem črkovnih struktur; *a* ima zgornji lok pogosto – a ne vedno – odprt, tudi zanka črke *g* je odprta, *kratki s* je osmičasto sestavljen, kot da gre za verigaste členke, uncialni *d* ima kratko, včasih nagnjeno hasto, sicer pa je zanimivo sestavljanje črk iz več potez in pri tem je spodnja vodoravna črta poudarjeno dolga: *b* je iz treh potez, *l* in *s-longa* iz navpičnice in prislonjene vodoravne poteze, *e* ima navpičen hrbet, z eno potezo narisano oko in vodoravno nogo itd. Rokopis je nedvomno zaznamovan z osebnim duktusom, pripada pa slogu rokopisnih šol z območja Avstrije.[70]

Uporabili so dobro črno tinto, ena sama lombarda je v modri tinti (v = 13 mm) in ena v rdeči tinti *I(n diebus*, v = 110 mm). Z rdečo tinto so poudarjene stavčne začetnice, ki so zapisane kot kaligrafirane kapitale.

I.

Fragment na sprednji platnici je viden v dimenzijah 317 x 223 mm, z zavihki vred pa meri 347 x 257 mm, kar je po vsej verjetnosti bila velikost srednjeveškega kodeksa. Preberemo lahko odlomek iz Knjige o izhodu od: *In diebus illus dixit quoque Dominus (ad Moysen et Aaron) in terra Aegypti* ... do: ... *non comedetis ex eo crudum quid, nec coctum aqua, sed tantum assum igni: caput cum pedibus ejus et intestinis vorabitis. Nec remanebit* ... (Ex., 12, 1–10).

II.

Fragment na hrbtni platnici je obrezan ob levi margini in zato meri 347 x 240 mm. Zapisani so odlomki iz 18. poglavja evangelija po sv. Janezu, začenši s: *Pontifex ergo interrogavit* ... do: ... *erat autem Symon Petrus stans. Dixerunt ergo* ... (Janez, 18, 19–25).

70 Za splošno oblikovanje besedila in črk prim. Mairold, *Die datierten Handschriften der Universitätsbibliothek Graz*, Gradec, UB, Ms 1289, sl. 9, fol. 183v. Rokopis je misal za cistercijanski red; eden od kopistov se je podpisal in dodal datum, kar je okvirni podatek za fragment iz ARS: ... *Conpletus est Missalis liber a Martino de Gretz dicto nobile Geswentz ... 1315*. Fingernagel, Roland, *Mitteleuropäische Schulen I*, kat. 85, sl. 250, 254, ÖNB, Cod. 1211, rokopis je delo več kopistov, je domnevno iz samostana Lilienfeld in opredeljen kot kodeks 1. četrtine 14. stoletja.

9. SI AS 746, Cistercijanski samostan in državno gospostvo Kostanjevica, fasc. 4, Inventar, 1631
Misal. Srednja Evropa, 2. tretjina 14. stoletja

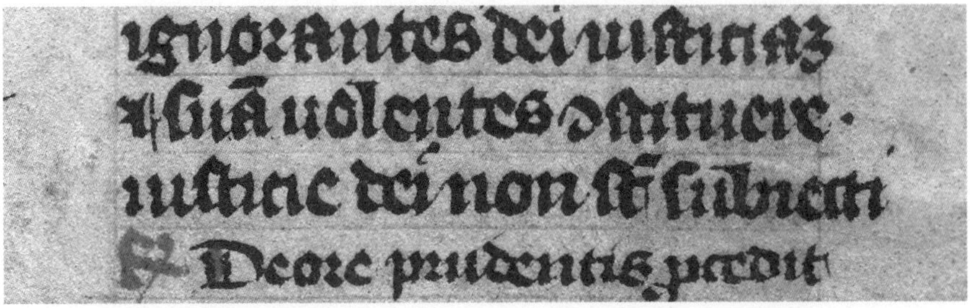

Knjižica šteje 36 listov; njene platnice merijo 194 x 155, knjižni blok pa 192 x 150 mm. S svinčnikom je v desnem zgornjem vogalu napisano *Inv. Star. 1 Kostanjevica* in zraven je z nekoliko starejšo pisavo zapisana številka 5. Na notranji strani sprednje platnice in na zadnjem listu je okrogel pečat *Nar. Muzej v Ljubljani*. Vsebuje popis premičnin po smrti kostanjeviškega opata Andreja in je bila dokončana 18. maja 1631.[71]

Vezava je preprosta: za ovoj so uporabili bifolij poznogotskega molitvenika. Tako teče veznik prvotnega kodeksa po sredini hrbtišča te inventarne knjižice. Ker je knjižni blok šivan okoli dveh usnjenih vezic, ki se pretakneta na stiku hrbtišča in platnic na zunanjost, je povezava gibka. Ostali so deli zavezovalnih trakov. Pergamentni bifolij ni dosti večji od knjižice; nepopisane margine so na vseh štirih straneh zapognili in prelepili s čvrstejšim papirjem. S tem so dobili poceni in vendar trpežno oz. uporabno in lahko vezavo, papirni sloj čez notranjo stran platnice pa je hkrati tudi spojni list za knjižni blok.

Sedaj meri ves bifolij z upoštevanimi zavihki 236 x 349 mm, prvotni rokopis pa je meril 236 x 175 mm; zrcalo je naslednjih dimenzij: v = 0 – 33 – 193 – 236 mm, š = 0 – 23 – 73 – 83 – 133 – 175 mm. Margine so ostale nepoškodovane: zgornja = 33 mm, zunanja = 47 mm, spodnja = 42 mm in notranja = 23 mm. Zrcalo je narisano z rumenkastim svinčnikom, lombarde so široke in izboklih oblik v rdeči in modri tinti. Strani so urejene

71 Opat od 2. 6. 1626–22. 4. 1631; Mlinarič, *Kostanjeviška opatija*, str. 105, 372.

v dva stolpca, v vsakem je 31 vrstic, ki so visoke 5,3 mm. – Črka *a* ima lok sklenjen in je zgoraj šilast, tako so oblikovani tudi loki pri *m* in *n*, zanka pri *g* je pogosto odprta z vodoravno črto in druge krati je zaprta, tudi *s-corta* je samo včasih osmičasto zaprta, večina vertikalnih stebel je razširjenih in včasih je nakazana viličasta razcepljenost.[72]

Na fragmentu, nalepljenem na sprednjo platnico, so molitve za praznik sv. Janeza evangelista (7. maj), na hrbtni platnici pa za drugo velikonočno nedeljo. S svojimi majhnimi dimenzijami in s skrajšanimi navodili je bil kodeks suspenzivni misal, namenjen najbrž rabi v zasebnem okolju ali v podružnični cerkvi.

10. SI AS 746, Cistercijanski samostan in državno gospostvo Kostanjevica, fasc. 7, Urbar, 1572–1578
Evangelij po sv. Luki. Avstrijsko-nemški prostor, pred 1300

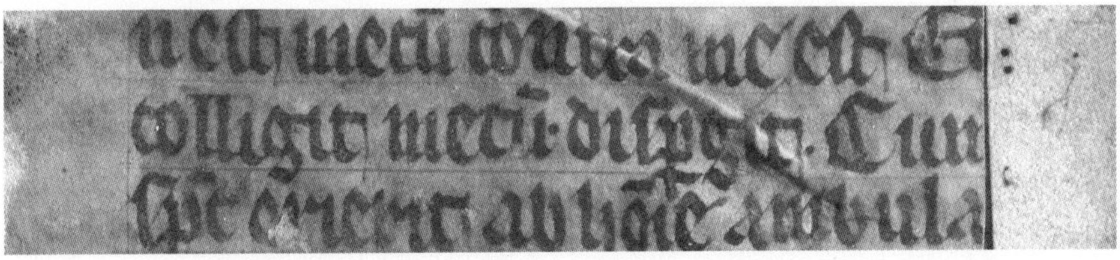

Urbar ima samo sprednjo platnico, ki je prek treh usnjenih vezic povezana s knjižnim blokom (315 x 215 mm), vendar nima hrbtne platnice in tudi hrbtišče je razkrito. Sprednja platnica je zaznamovana z napisom, ki pove, da gre za urbar samostanske posesti, in pod tem še notica *Leonhardus Abbas scripsit,*[73] s poznejšo roko je dodana letnica

72 Prim. Fingernagel, Roland, *Mitteleuropäische Schulen II*, kat. 210, sl. 523: Dunaj, ÖNB, Cod. Ser. n. 11.967, srednjeevropsko delo; kat. 212, sl. 525: Dunaj, ÖNB, Cod. Ser. n. 38.791, verjetno avstrijsko delo.

73 Bržkone gre za Lenarta Hofstetterja, ki je bil kostajeviški opat od 7. januarja 1563 do 21. decembra 1579. Mlinarič, *Kostanjeviška opatija*, str. 499. – Opozoriti velja na rokopis, po vsebini cistercijanski misal, ki ga je leta 1315 podpisal Martinus de Gretz; večina črk je podobno oblikovanih, celo zlitje d in e v en sklop je že napisanih. Ta rokopis štejem za zgodnejše delo in pripadnost enakemu estetskemu toku. Mairold, *Die datierten Handschriften der Universität Graz*, prim. sl. 9 (sl. 10 je paleografsko povsem drugačna); Gradec, UB, Ms 1289.

1572. Časovno poslednji zaznamek je številka *177*, zapisana z modrim barvnikom.

Platnica je iz kosa trdega in neuporabljenega pergamenta, ki je na robovih zavihan, da ustreza velikosti knjižnega bloka. Na površini je precej naguban, na notranji strani pa prelepljen s papirno polo, pod katero so položeni in prilepljeni kosi folijev iz nekega majhnega rokopisa. Zaradi prekritosti s papirjem je vidnega le malo besedila. Prebrati je mogoče nekaj besed iz evangelija po sv. Luki: ... *(con)fidebat et spolia eius* ..., ki se nato nadaljuje v citatno drugačnem zapisu; ter ... *colligit mecum dispergit. Cum* ... (Luka, 11, 22 in 23). Ti verzi bi lahko bili iz evangeliarja, lahko pa tudi iz molitvenika ali osnovni verz za razlago, katere avtor bi utegnil biti Beda Častitljivi,[74] citat pa bi našli tudi drugje, npr. v molitvah in pridigah ob Veliki noči.[75] Rokopis je bil namreč razrezan na manjše kose, široke pribl. 55–75 mm, zato ni mogoče natančneje opredliti celotnega besedila niti dimenzij prvotnega kodeksa.

Vseeno je očitno, da je bil lep rokopis, knjižna gotica kaže veščo roko, uporabili pa so svetel in dobro pripravljen pergament, zrcalo določajo izrazite črte. Ob osebnem duktusu kopista, ki je bil naklonjen oženju črk, so nekatere poteze obče: *a* ima zgoraj odprto zanko, *g* pa spodaj, *s-longa* se v sredini besede z odstavno potezo poveže z naslednjo črko, *m* in *n* imata vsako od treh oz. dveh potez spodaj zavihano v desno, skupina dveh *l* (*colligit*) ima vrhove stebel trapezasto ravne, *p* in *q* se na spodnji konici končata s kratko prečno potezo. – Nekatere značilnosti (ožena telesa, gibkost minimov) daje vtis, da gre za konzervativno pisavo (kakor v tem času najdemo tudi naslone na poznoromanske iniciale).[76]

74 *De universo*, PL 111, Liber XX, caput 2, col. 535.

75 Gl. *Sermones quadragesimales*, str. 283.

76 Prim. Fingernagel, Roland, *Mitteleuropäische Schulen I*, kat. 24, sl. 79-83: Dunaj, ÖNB, Cod. 1898, delo iz vzhodne Srednje Evrope.

11. SI AS 746, Cistercijanski samostan in državno gospostvo Kostanjevica, fasc. 7, Urbar, 1696–1722
Gregor Veliki: XXXIII in XXVI. homilija. Južnonemška pisna šola, sredina 13. stoletja

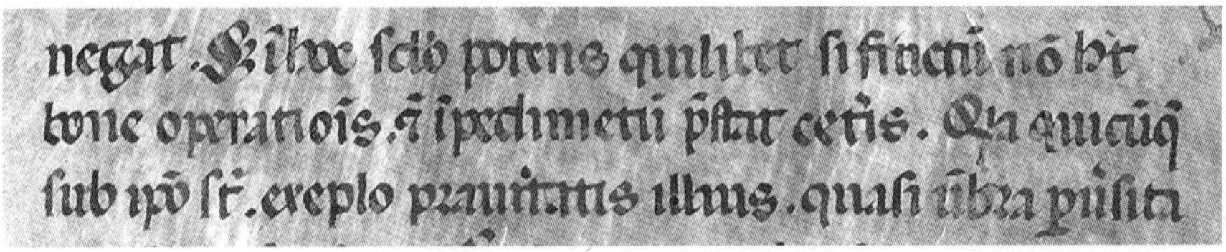

Ohranil se je samostojen bifolij brez prvotnega nosilca; prekrival je sprednjo platnico urbarja, na sredini polja piše *Urbaria de Anno 1696*, pod tem s širokim peresom *No. 4*. Po starosti sledi vpis *No. 6* ter nazadnje še s svinčnikom *Kostanjevica*.

Bifolij je bil počez položen čez platnico, ki je merila približno 304 x 190 mm, z zgornjim in stranskim zavihkom pa meri fragment 326 x 225 mm. Besedilo je napisano v dolgih vrsticah (125 mm); zaradi obrezanosti je ohranjenih 24 vrstic, ki so visoke po 7,8 mm. Notranja margina meri 25 mm, spodnja 47, zunanja in zgornja pa sta obrezani.

Na zunanji strani je zaradi površinskih poškodovanosti in nečistoče branje besedila nezanesljivo. Na notranji strani prevleke je na verso strani folija napisan 1. in del 2. odlomka XXXIII. homilije papeža Gregorja Velikega: *Cogitate mihi de Marie poenitentia* ... in se konča z besedami: *Liquit, fratres quod illicitis actibus prius mulier intenta*]. Na desni svoje čase recto strani folija je mogoče brati od *Dixit autem ad cultorem vineae* ... do ... *exemplo pravitatis illius, quasi umbra perversitatis ejus premuntor. Stat desuper arbor infructuosa* ... To je 3. odlomek iz XXVI. homilije.[77]

Zrcalo ni narisano, vendar je oblikovanje izjemno pravilno. Z rdečo tinto so poudarjene stavčne začetnice in napisane so rubrike, iniciala *C(ogitate)* je rdeča lombarda s skromnim, a lepim nitastim okrasom.[78] – Pisavo

77 Prim. *Le quaranta omelie di S. Gregorio*, III, str. 277.

78 Nitasti okras, sestavljen iz vzporednih niti in polovičnih rozet ter s preprostimi nitmi, ki so ob pisnem stolpcu, bi našli v rokopisih avstrijskih in južnonemških rokopisnih šol, npr. v rokopisih iz škofij Freising, Passau in Regensburg; vsi so opredeljeni kot dela 2. četrtine ali sredine 13.

zaznamuje pravilno oblikovanje črk, ki so slej ko prej samostojne tvorbe in med besedami so presledki. V okroglenju črk je čutiti spoštovanje poševno-ovalnega sloga. Zato so črke sicer nekoliko stisnjene, vendar ohranjajo vtis mehke zaobljenosti; *c, e, o*, uncialni *d*, okroglina *b, p, q* ipd. so ožene, vendar tudi na *m* in *n* niso loki zašiljeni itd. Tako glede pisave kot preprostega nitastega okrasa bi bilo najti dosti rokopisov iz sredine 13. stoletja iz krajev, ki so iz zgodovinskih, rodbinskih in cerkveno-političnih razlogov bili s proveniencami na Kranjskem močneje povezani.[79]

12. SI AS 746, Cistercijanski samostan in državno gospostvo Kostanjevica, fasc. 8, Register gornine za Hrvaško goro, 1628–1631
Cistercijanski brevir. Južnonemška pisna šola, 1. polovica 13. stoletja

Zvežčič (212 x 150 mm) z vpisi gornin šteje samo nekaj listov in je z eno šivalno nitjo povezan na le dveh mestih. Na sprednji strani je na nalepljeni etiketi (100 x 148 mm) dekorativno napisana vsebina (*Perch Recht Register* ...) in navedene so letnice.

Preganjeni folij služi kot enoslojni ovitek in se po velikosti precej natančno ujema z zvezkom, tako da ga po vsem sodeč niso močno obrezovali, pa tudi zavihkov ni. V celoti meri 305 x 210 mm in je najbrž nekoliko odstrižen na svoji nekdanji zgornji margini.

---

stoletja. Klemm, *Handschriften des 13. Jahrhunderts* kat. 27, sl. 98, München, BSB, clm 7767; kat. 31, sl. 103, München, BSB, clm 6217; kat. 29, sl.99, München, BSB, clm 16013; kat. 39, sl. 115, München, BSB, clm 14230 itd.

79 Prim. Klemm, *Handschriften des 13. Jahrhunderts,* kat. 46, sl. 139: München, BSB, clm 13029, rokopis iz Prüfeninga; kat. 94, sl. 266: München, BSB, clm 9572, rokopis iz Niederaltaicha; kat. 81, sl. 240: München, BSB, clm 2610, rokopis iz Aldersbacha; kat. 204, sl. 566: München, BSB, clm 4323, rokopis iz Salema; kat. 205, sl. 571–573, rokopis iz škofije Konstanca; kat. 206, sl. 574–575: München, BSB, clm 23121, rokopis iz vzhodne Švice.

Fragment je solidno ohranjen, čeprav je na zunanjem foliju in vsem gornjem robu zvezka ostala lisa zaradi nekdanje vlage. Na notranji strani je videti, da je bil kodeks napisan na odličnem pergamentu, dobro je viden naris zrcala, ni pa najti sledov pikiranja. Besedilo je v dveh stolpcih in pisno polje meri 245 x 170 mm; zrcalo meri: v = 0 – 17 – 262 – 305 mm; š = 0 – 9 – 89 – 98 – 178 – 188 – 215 mm. Ob nekdanji notranji margini so sledovi zatrganin na mestih, kjer so bile vezice izvirnega kodeksa, ob nekdanji zunanji margini pa je narisan verzalni stolpec. V stolpcu je po 31 vrstic, visokih 8 mm. Medtem ko je zgornja margina zelo ozka (7–8 mm) in učinkuje besedilo potisnjeno k vrhu, je ozka tudi notranja margina (9 mm), sta pa zunanja (28 mm) in spodnja (48 mm) tako rekoč usklajeni z obče veljavno estetiko.

Zelo lepa ožena minuskula prehodnega sloga; besedilo je pisano s črno tinto, z rdečo so na tem fragmentu poudarjene samo stavčne začetnice. Je folij iz istega rokopisa kot so tudi kat. 13, 14 in 17.

Besedilo se prične v levem stolpcu na notranji strani: ...*[Na]buchodonosor oculos meos ad caelum levavi*... (Danijel 4, 31) in na notranji strani konča z ... *non omnis qui dicit* ... ter nadaljuje na verso strani folija z: ... *michi domine domine intrabit in regnum*. To je besedilo, ki se – vsaj v formulacijah končnega dela – ujema s cistercijanskim brevirjem za 8. nedeljo po binkoštih.[80]

13. SI AS 746, Cistercijanski samostan in državno gospostvo Kostanjevica, fasc. 8, Register gornine za Hrvaško goro, 1631–1634
Beda Častitljivi: XIV. homilija. Južnonemška pisna šola, 1. polovica 13. stoletja

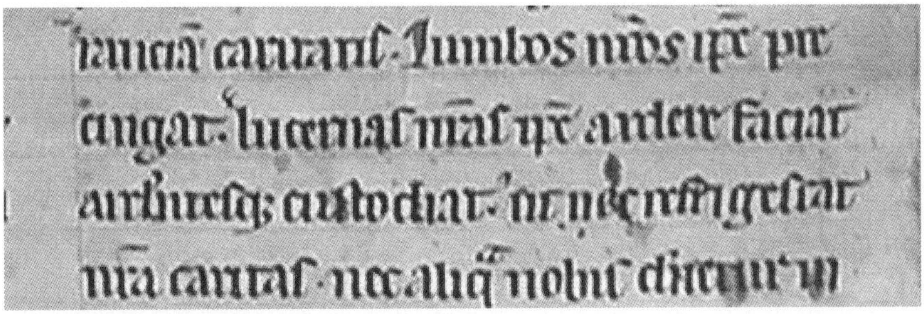

80 Prim. Waddel, *The Primitive Cistercian Breviary*, str. 352.

Zvežčič (207 x 153 mm) ima 13 listov (2 x 7, eden je odrezan), ki so sešiti z eno nitko. Pergamentni fragment je uporabljen kot enoslojni ovitek, ki sega nekoliko čez dimenzije notesa; v celoti meri 300 x 206 mm. Na zgornjem robu, ki je nekdanja zunanja margina, je napisan naslov in pripisana so leta, na katera se register gornine nanaša. Zunanjost notesa je nečista, vendar je besedilo čitljivo, notranja stran pa je dobro ohranjena.

Fragment je vzdolž prvotne notranje margine precej obrezan (5–7 mm) in mestoma zatrgan vse do besedila, zunanja margina (30 mm), zgornja (25 mm) in spodnja (35 mm) pa se v dimenzijah razlikujejo od drugih fragmentov iz tega kodeksa, kar daje vtis, da je bilo zrcalo sicer pripravljeno po ustaljenem pravilu, vendar premaknjeno z običajne pozicije. Zato kaže zrcalo naslednje meritve: v = 0 – 25 – 265 – 300 mm, š = 0 – 7 – 87 – 97 – 175 – 206 mm. Sicer pa se paleografske in kodikološke danosti ujemajo s kat. 12, 14 in 17.

Besedilo, ki je napisano v dveh stolpcih, je sicer dobro vidno, a se precej razlikuje od natisnjenih besedil Bede Častitljivega. Zdi se, da je bilo za prepis njegove XIV. homilije na razpolago vzorčno besedilo posebne redakcije, ki se razlikuje od sedaj sprejete verzije homilij cerkvenega očeta. Beda je verz *Accepit autem omnes in timor* (Luka, 7, 16), ki je zapisan v XIV. homiliji, uporabil tudi v svojih komentarjih k Svetemu pismu.[81] Vendar samo XIV. homilija navaja predhodne besede *Redditur vero matris* ..., kakor je tudi tukaj.[82]

Fragment ima zgornji rob poškodovan, ker je bil notes izpostavljen vlagi in je delno splesnil.

---

81 *Venerabilis Bedae Commentaria in Scripturas Sacras* etc., *In Lucae evangelium expositio*, Liber secundus, Cap. VII, str. 103.

82 *The miscellaneous works of Venerable Bede, Volume V., Homilies*, str. 44–45.

14. SI AS 746, Cistercijanski samostan in državno gospostvo Kostanjevica, fasc. 8, Register gornine za goro Straža, 1631–1634
Cistercijanski brevir. Južnonemška pisna šola, 1. polovica 13. stoletja

contendunt· Omnis ergo xpianus precinc
tos habeat lumbos ut fugiat libidinem·
ardentem habeat lucernam ut custodiat

Zvežčič (205 x 152 mm) z vpisi pristojbin ima 18 (2 x 9) listov in je šivan z dvema nitkama in zunanjimi vozli. Na zgornjem robu oz. nekdanji zunanji margini je napisana vsebina (*Perch Recht Register ... Von 1631.1632.1633.1634*). Po zunanjih marginah je precej načečkanih valovnic (*probationes pennae*) in tudi ponovitev naslova.

Folij, ki je preganjen in uporabljen za enoslojni ovitek, meri v celoti 298 x 206 mm in je le malo manjši od *Registra gornin*. Zelo ozki zgornja (9 mm) in notranja margina (8 mm) ustvarjata vtis, da je besedilo slabo umeščeno, zunanja (28 mm) in spodnja margina (48 mm) pa ustrezata splošnim standardom. Zavihkov ni.

Fragment je solidno ohranjen, čeprav je na robu ostal rožnato-siv madež zaradi plesni, ki jo je povzročila vlaga. Obojestransko odličen pergament je svetel. Ohranil se je naris zrcala s finimi potezami; ob zunanjem stolpcu je verzalno polje. Na spodnjem robu folija so vbodi za navpičnice. Zrcalo je urejeno v dva pisna stolpca, ki sta široka po 80 mm; zrcalo meri: v = 0 – 16 – 261 – 298 mm; š = 0 – 8 – 88 – 97 – 176 – 186 – 206 mm. V vsakem stolpcu je po 31 vrstic, visokih 8 mm.

Besedilo je napisano v zelo lepi oženi minuskuli prehodnega sloga, pisano s črno tinto, rdečilo so uporabili samo za črte v stavčnih začetnicah. Kot enega od odmevov prehodnega sloga je treba šteti usločenost stavčnih začetnic, *a* ima odprt zgornji lok in srednje velik trebuh, črka *g* ima odprto zanko, ki je malce upognjena ali pa ravna, *c* in *o* nista koničena, pa tudi šesterokotnika ne, se pa *b* ob spodnji črti nekoliko oži; *m* in *n* imata še precej oble loke, oblo je tudi pojmovanje črke *u*, *d* ima ravno steblo brez serifa, tudi *p* in *q* se ravno končata; nekaj različic ponuja *s-longa*: če je na začetku ali sredi besede, je steblo ravno, na koncu besede pa ima odstavno potezo proti desni, *f* ima na koncu besede plapolajočo potezo, tudi *t* se konča z dinamično potegnjeno prečko.[83] Verjetno gre za del južnonemškega rokopisa, a tako pojmovanje črkovne estetike je imelo širok odmev. Fragment je folij iz istega rokopisa kot kat. 12, 13 in 17.

Začetek odlomka je mogoče najti na zunanjščini ovitka, na nekdanji recto strani: ... *dominus dicens. Facite vobis amicos de mammona iniquitatis* ... To je citat iz Lukovega evangelija (19, 9), ki je zapisan v pridigi sv. Bernarda iz Clairvauxa za 10. nedeljo po binkoštih;[84] v nadaljevanju se sklicuje na 1. pismo Korinčanom, konča pa se z besedami iz pridige Fulgencija iz Ruspe: ... *ut nec refrigescat nostra caritas, nec aliqua nobis dominetur iniquitas*.[85]

15. SI AS 746, Cistercijanski samostan in državno gospostvo Kostanjevica, fasc. 8, Register gornine za goro Straža, 1635–1638
Misal. Augsburški slog, zadnja četrtina 15. stoletja

Zvežčič (203 x 155 mm) ima 18 listov, sešitih z eno nitjo. Pergamentni fragment je uporabljen kot enoslojni ovitek, ki sega nekoliko čez dimenzije notesa. Uporabili so zgornji del bifolija, ga odrezali pri 24 vrstici, po širini

83 Prim. Klemm, *Handschriften des 13. Jahrhunderts,* kat. 10, sl. 43: München, BSB, clm 17401; *Matutinale iz Scheyerna*, opredeljen kot delo iz let med 1215–1230, navajam kot primer podobnega paleografskega pojmovanja v 1. tretjini 13. stoletja; nekatere estetske poteze so se nadaljevale še dolgo časa (npr. stavčna začetnica *a* z visoko dvignjenim lokom vse do zadnje četrtine 13. stoletja. Poleg tega tudi kat. 141, sl. 409; München, BSB, clm 28151, *Lekcionar iz Kaisheima.*

84 *Sermo de villico iniquitatis, X Dominica post Pentecosten*. Prim. *Sancti Bernardi Claraevallensis Opera omnia* etc., stp. 241.

85 PL LXV: *S. Fulgentii episcopi Ruspensis Sermo primus De dispensatoribus Domini*, stp. 725.

pa so pustili bifolij neokrnjen in so ga preganili. Fragment so položili tako, da prvotni veznik teče po preganjenem robu listov. Na nekdanji zgornji margini so napisali naslov in številke let, a napis je – z izjemo številke 37 – odplaknila vlaga.

Fragment meri v celoti 205 x 410 mm; natančnih dimenzij prvotnega kodeksa ni mogoče podati, a pri širini 205 mm je v višino meril približno 300 mm. Ob zapisu v dveh stolpcih, kjer so vrstice visoke 7,8 mm, je mogoče izmeriti tudi zgornjo (24 mm), notranjo (26 mm) in zunanjo margino (38 mm). To je malone standardni izdelek južnonemških rokopisnih delavnic, posebej tistih v Augsburgu okoli Johannesa Bämlerja, ki so z liturgičnimi rokopisi zalagali velik del Srednje Evrope. Pisava je lepo oblikovana knjižna gotica, stebla so na vrhovih nekoliko razširjena in ponekod je viličasta razcepljenost nakazana, rombasti serifi so diskretno oblikovani in v celoti deluje nekoliko kaligrafirano. Čeprav je zgornji rob fragmenta poškodovan, so se ohranile vbodne luknje za navpične črte, ki omejujejo polje stolpcev (vsak je širok dobrih 60 mm); narisane so prečne črte, za katere so uporabili temnorjav barvnik.

V celoti je besedilo napisano s temno tinto v dveh odtenkih, rdečilo so uporabili za rubrike, za številko 90 (LXXXX) na notranji strani hrbtne strani ovitka in za iniciale; to so lombarde augsburškega sloga, od katerih je 5 večjih, besedilo členi 12 eno vrstico visokih inicial.

Zunanja stran ovitka je površinsko poškodovana in umazana, sicer pa je bil notes izpostavljen vlagi, tako da je nekdanja zgornja margina lisasta zaradi plesni in nekdanje premočenosti.

16. SI AS 746, Cistercijanski samostan in državno gospostvo Kostanjevica, fasc. 8, Register gornine za goro Bočje, 1636–1639
Koledar (september in oktober). Južnonemško delo, 2. polovica 15. stoletja

Folij je preganjen na pol in je uporabljen kot enoslojni ovitek čez notes z registrom gornine za goro Bočje (205 x 160 mm). Zvežčič šteje 18 listov in so sešiti z enojno nitjo.

Preganjen folij (sprednja platnica meri 213 x 163 mm) je kakšen milimeter večji od papirnatega zvežčiča, zato je po robovih nekoliko poškodovan. Folij koledarja za september in oktober meri v celoti 323 x 213 mm in to so hkrati približne dimenzije izvirnega kodeksa. Na nekdanji zgornji margini, ki je postala prazno polje na preganjenem ovitku, je slabo viden z roko napisan naslov vsebine in letnice. To je folij iz istega koledarskega sklopa kot kat. 18.

Na zunanji strani ovitka je koledar za mesec september, na notranji za oktober. Na zgornjem in spodnjem robu folija so se ohranili vbodi, ki so določali naris navpičnih črt za koledarsko ureditev. Zrcalo ima več stolpcev (za dni v tednu, za kalende, none in ide ter imena svetnikov oz. cerkvene praznike na robovih) in meri: v = 0 – 33 – 240 – 320 mm, š = 0 – 49– 52 – 77 – 179 – 213 mm. Vrstice so visoke 6,5 mm.

Koledar je nastal v južnonemškem prostoru, mogoče Augsburgu. Utegnil bi biti del nekega misala ali brevirja augsburškega sloga, pri čemer ni nujno, da je bilo besedilo liturgičnega dela zapisano z isto roko kot koledarske strani, saj so dodajali koledarje kot samostojne lege glede na naročilo kupca. Vpisi velikih praznikov sledijo določilom rimske kurije, vpisi svetniških imen pa so zanimivi, ker se kar dobro ujemajo s frankovskim okoljem; tako npr. sv. Narcisa častijo v Geroni marca, v Augsburgu pa 29. oktobra, tudi sv. Magnus iz Füssna je v bavarskem okolju posebej čaščen, relikvije sv. Gorgonija hranijo v Mindnu itd. Zanimivi praznični vpisi so v septembru: Viktorin Ptujski (5. septembra: Magdeburg, Münster, Praga itd.), Magnus (6. septembra: zlasti v južni Nemčiji), Gorgonij (9. septembra: Metz in Alzacija) itd.; v oktobru: Remigij (1. oktobra: Trier, Reims), German (verjetno švicarski svetnik), Vedast (1. oktobra: Reims, Arras itd.), Leodegar (merovinški svetnik), Kandid (3. oktobra: Pariz, Brixen), Koloman (13. oktobra: Salzburg, na Ogrskem), Burkhart (14. oktobra: Mainz), Gal (16. oktobra: Švica, Praga), Severij in Sever (22. oktobra: Trier), Krispin in Krispinijan (25. oktobra: Osnabrück, Soissons), Narcis, jeruzalemski škof (29. oktobra: Augsburg) itd.

Pisava je kaligrafirana knjižna gotica, na zunanji strani se temnorjava tinta ni posebej dobro ohranila zaradi vpliva vlage, na notranji pa je rdeča tinta odlična. Na zrcalu je le mestoma videti nekaj milimetrov zelo tenkih navpičnih črt, prečne so narisane bolj odločno.

Folij iz svetlega in precej čvrstega pergamenta je na zgornjem robu poškodovan zaradi vlage, na obeh platnicah je nekaj madežev.

17. SI AS 746, Cistercijanski samostan in državno gospostvo Kostanjevica, fasc. 8, Register gornine za goro Bočje, 1640–1644
Gregor Veliki: XX. homilija. Južnonemška pisna šola, 3. četrtina 13. stoletja

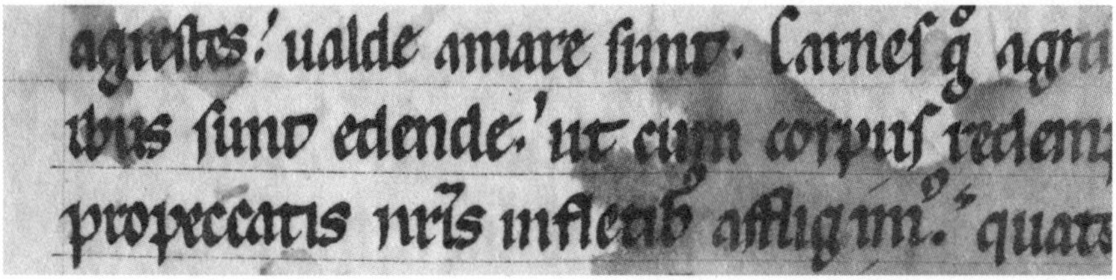

Notes (205 x 150 mm) z vpisi gornin ima na zunanji strani platnice napisan naslov (*Perch Recht Register* ...) in letnice, poznejša roka pa je dodala še številke *5 6 7 8 9*, ki najbrž ne sodijo h konceptu teh vsebin.

Preganjeni folij služi kot enoslojni ovitek in je na hrbtni strani nekoliko manjši od preganjenih listov. V celoti meri 313 x 205 mm, na njem pa je videti v enem stolpcu napisano besedilo, to je 27 vrstic, ki so visoke 7,8 mm. Ker folij ni obrezan, je zrcalo naslednje: v = 0 – 34 – 235 – 310 mm, š = 0 – 22 – 163 – 205 mm. Pisno polje meri 201 x 141 mm, margine pa so precej široke, da je dosežena harmonična uravnoteženost med popisanim in prostim poljem (zgornja margina = 34 mm, notranja = 22, zunanja = 42 mm, spodnja = 75 mm). Na notranji strani je videti naris zrcala, vzdolž nekdanje zunanje margine pa tudi sledove vbodov za vrstično pikiranje.

Zunanja stran je precej poškodovana, na prostih robovih so poznejši pripisi (računi, zaznamki, čačke). Pisava je zgledna koničena gotska minuskula, okrasnih inicial ni, samo nekaj rdečih potez v stavčnih začetnicah. Povezave med črkami niso dosledne: ponekod so ostro koničene, drugod se črka konča z okroglo peto. Nekatere črke so na vrhovih zašiljene (*m, n, o* itd.), *s-longa* je v sredini besede zaključen kot poševno potekajoč lok, na koncu besede pa plahuta, tudi *f* je poševno posnet, črka *a* ima zelo veliko spodnjo zanko, *g* ima zanko v obliki na romb postavljenega loka, *q* ima kratko odsekan rep s črtico na peti. To je pisava 3. četrtine 13. stoletja iz regensburškega in tudi passauskega rokopisnega toka; ker je več fragmentov najti še na drugem arhivskem gradivu, kjer so tudi iniciale z nitastim okrasjem, se pisani in risarski slog podpirata pri predlogu časovne in regionalne opredelitve.[86]

Besedilo se prične na notranji strani, ki je nekdanja recto stran: ... *agrestes. Valde amare sunt* ... in konča v spodnji vrstici ... *Humanam sapientiam profunditatem incarnationis illius penetrare apperat. Neque in eum tamquam hominem credat* ...

Nadaljuje se na zunanji strani ... *sed affas igni* ... in konča z besedami ... *qualiter sit pascha* ... (zadnje besede so zabrisane). To je del besedila v XX. homiliji papeža Gregorja Velikega za velikonočno soboto.[87]

18. SI AS 746, Cistercijanski samostan in državno gospostvo Kostanjevica, fasc. 8, Register gornine za goro Gazica, 1644–1654

Koledar (marec in april). Južnonemško delo, 2. polovica 15. stoletja

Folij je preganjen na pol in kot tak služi za enoslojni ovitek čez zvezek z registrom gornine za goro Gazica (203 x pribl. 155 mm). Listi so sešiti z enojno nitjo.

Preganjen folij je nekoliko večji od papirnatega zvežčiča; v celoti meri 316 x 205 mm in to so približne dimenzije izvirnega kodeksa. Na zgornjem

86 Fingernagel, Roland, *Mitteleuropäische Schulen I*, kat. 10, sl. 47–49: Dunaj, ÖNB, Cod. 1965, rokopis iz Regensburga; Klemm, *Handschriften des 13. Jahrhunderts,* kat. 59, sl. 179–180, rokopis iz Oberaltaicha, škofije Regensburg; kat. 81, sl. 240–243, rokopis iz Aldersbacha (?) oz. passauske provenience.

87 *Homiliae, hoc est sermones,* str. 216.

robu – ki je nekdanja notranja margina – sta dve roki napisali leta, na katera se nanaša register. – To je folij iz istega koledarskega sklopa kot kat. 16.

Vsaka stran je namenjena enemu mesecu; sedaj je koledar za april na zunanji strani ovitka, za marec pa na notranji. V skladu z uveljavljeno rabo je sleherna stran urejena v več stolpcev (za dni v tednu, za kalende, none in ide ter imena svetnikov oz. cerkvene praznike), tako da bi zrcalo lahko izmerili: v = 0 – 30 – 237 – 316 mm, š = 0 – 46 – 51 – 75 – 176 – 205; vrstice so visoke 6,7 mm. Po slogu je koledar južnonemško delo; ta predlog podpirajo tudi vpisi nekaterih svetnih oseb, ki so specifični za nemške kraje. Za marec so mdr. navedeni: Albinus (1. marca: Švica), Kunigunda (3. marca: Bamberg, Salzburg), Adalbert Aachenski, Waldrada iz Wormsa, Rupert iz Salzburga (27. marca) itd. ter za april: Gal, Simplicij in Faustina, Elevterij (18. aprila: Regensburg) itd. – Pisava je kaligrafirana knjižna gotica, temnorjava in rdeča tinta sta se dobro ohranili; zrcalo nima navpičnih črt, samo prečne.

Folij iz krepkega, malone trdega pergamenta je bil na zgornjem robu poškodovan zaradi vlage, pa tudi sicer je nekaj madežev. Na notranji strani je še vedno svetel.

19. SI AS 746, Cistercijanski samostan in državno gospostvo Kostanjevica, fasc. 8, Register gornine za Hrvaško goro, 1645–1649
Priscijan: Institutiones grammaticae. Italija, ok. 1200

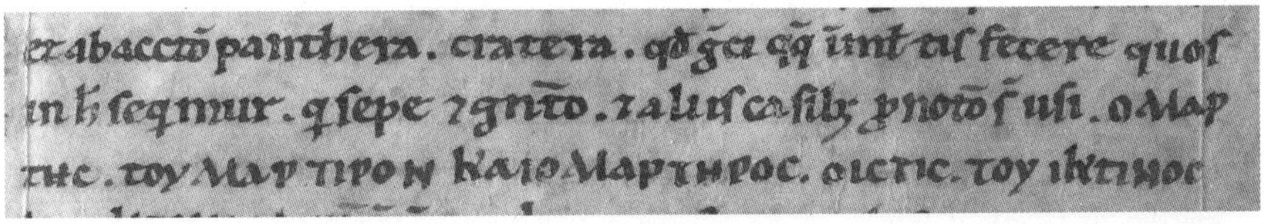

Na sprednji strani je iz časa ok. 1700 dekorativen in velik napis *Bergrecht* ... in dodane so letnice, drugih signatur oz. oznak ni.

Zvezek (205 x 148 mm) šteje 22 listov (2 x 11 listov), ki so sešiti z enojno nitjo. Enoslojni platnici tvori bifolij rokopisa, ki je bil na zgornjem robu obrezan. S tem so velikost prilagodili šopu listov, a hkrati so tri zgornje vrstice besedila zaradi vlage poškodovane in tinta se je razlila.

Platnici se kljub obrezanosti še vedno ne ujemata povsem z velikostjo papirnih listov (200/210 x 155 mm), v celoti pa razgrnjen bifolij meri 200/210 x 303 mm. Pisno polje meri 181 x 83 mm; meritve zrcala ne dajo izvirnih vrednosti, ker so robovi zaradi poškodb neenakomerni in sta zgornji in spodnji rob precej obrezana, vsaj za 15 mm zgoraj in 25 mm spodaj spodaj ter bi višina bila najbrž približno 245–250 mm. Sedaj izmerjene dimenzije so: v = 0 – 8 – 190 – 210 mm, š = 0 – 23 – 108 – 155 mm.

Zrcalo je urejeno v dolgih vrsticah (margine: zgornja = 8/9 mm, zunanja = 47 mm, spodnja = 20 mm, notranja = 24 mm). Zaradi obrezanega zgornjega in spodnjega roba je stranem odvzet klasičen estetski proporc, vendar je besedilo prepričljivo elegantnega videza. Na strani je 42 vrstic, ki so visoke 4,4 mm in zaradi drobnih črk je ostalo med vrsticami besedila dovolj prostora za številne okrajšave. Prepisovalec je bil zelo vešč tako latinskega kot grškega jezika, ker je besedilo malone brez popravkov, je pa na notranji strani hrbtnega folija s korekturnimi sidri označen vstavek.

Zapis kaže veščega kopista, minuskula prehodnega tipa – lahko bi rekli tudi predgotska pisava – pa na univerzitetno okolje. Kakor pravi Albert Derolez, je bil tak tip pisave sicer razširjen po vsej Evropi okoli 1200 (računati je treba na selitev kopista), vendar okrajšava za *qui* (s prečno potezo skozi zgornje steblo) in okrajšava *bus* – z obsekanim *s* za črko *b* – precej prepričljivo kažeta na Italijo.[88] Priscijan, katerega najplodovitejša leta je treba postaviti v čas ok. 500, je bil v vsem srednjem veku spoštovan avtor in ohranilo se je kakih 1000 rokopisnih kopij, dosti zaradi univerzitetnih prepisov, ker je njegova slovnica spadala v temeljni univerzitetni program.[89] Pri ureditvi besedila se je prepisovalec še držal starejšega, v karolinškem času uveljavljenega estetskega pravila, da so iniciale, ki strukturirajo besedilo, postavljene v verzalni stolpec ob tekstu. Tako je na razpoložljivih štirih straneh najti iniciale I in E v dveh tipih, ki so napisane z rdečilom, visoke od 5 do 9 mm, stavčne začetnice pa niso poudarjene z rdečo potezo, ampak s presojnim rumenim polnilom – črke so bolj vidne, a niso moteče. Z rdečilom so napisani tudi vmesni naslovi.

88 Osebno pismo, 23. 9. 2018.

89 Za tradicijo od justinijanskega časa do karolinške obnove gl. Bischoff, *Libraries and Schools*, str. 100 in Bischoff, *Benedictine Monasteries*, str. 150; za tradicijo Priscijanove slovnice v 11. in 12. stoletju pa Jeudy, A Glossed Manuscript, str. 61–69.

Pisno polje je prav tako v skladu s starejšo tradicijo urejeno na slepem zrcalu in je zato črtna mreža videti reliefno.

Bifolij, uporabljen za enoslojni platnici, ni sredinski folij neke lege z besedilom Priscijanovih *Institutiones grammaticae*, zato se nadaljuje besedilo le z ene strani folija na drugo. Ker je zunanjost površinsko poškodovana in precej umazana, ni v tem primeru mogoče natančno določiti začetka oz. konca besedila, na notranji strani pa je mogoče prebrati dva odlomka. Na notranji strani sprednje olatnice se (po treh od vlage razmazanih vrsticah) bere od *Et est sciendum, quod si duo sint* ... do ... *abssque 'que' additione. – Cicero in Protagora:* ..., kar je odlomek iz V. knjige. Na notranji strani hrbtnega ovitka pa teče besedilo od: *In an, aut in on* ... do ... *Et sciendum, quod omnia in indesinentia etiam in is productam finiuntur. Arin proprium nomen est Aris, delphin et delphis, Eleusin et Eleusis, Trachin*... To je odlomek iz VI. knjige, 5. poglavje.[90]

Pergament, kakršen se kaže na notranji strani, je odlične kakovosti, nekoliko rumenkast, mehak in tenek, za besedilo pa so uporabili srednje rjavo tinto.

20. SI AS 746, Cistercijanski samostan in državno gospostvo Kostanjevica, fasc. 10, Urbarialni register, začetek 16. stoletja
Variae. Vzhodna Srednja Evropa, sredina 14. stoletja

Vsebina notesa je zabeležena samo na prvem listu papirnega snopiča.

Notes (300 x 110 mm) je sestavljen iz več zvežčičev in skupaj šteje 42 listov (torej 21 preganjenih pol). Ovit je v dva folija iz istega rokopisa, ki pa

90 Preverjeno po *Prisciani Grammatici Caesariensis Institutionem Grammaticarum*, Lipsiae 1855, str. 180–182 in 217–219.

vsebinsko nista zaporedna, četudi je ureditev strani enaka. Oba sta precej obrezana, ker so margine dokaj ozke (zgornja 15 mm, zunanja 37 mm, notranja 23 mm, spodnja 20 mm). Vsak folij meri 305 x 257 mm, a kodeks bi utegnil imeti prvotno po višini kakih 360 mm. Pisno polje meri 268 x 200 mm, vedno je 40 vrstic, visokih 9,8 mm; besedilo je v dveh stolpcih.

Pisava je nekoliko kaligrafirana, črke so z viličasto razcepljenimi stebli, navzkrižnimi serifi, zankami nad besedami ipd. precej slikovite. Osnovna oblika okroglin je šesterokotnik (*o*, uncialni *d*, *b*, *p q* itd.), kar velja tudi za črke, ki so deli heksagonov (*c*, *e*), izrazito je koničenje, vendar *s-longa* nima prisekano upognjenega loka brez priseka; črka *a* je zaprta z dvema očesama, *g* pa ima odprto in vodoravno potekajočo zanko. – Taka knjižna gotica je bila v 2. tretjini 14. stoletja včasih namenjena neliturgičnim, a vsebinsko pomembnim rokopisom.[91]

Stavčne začetnice, čeprav niso povečane (visoke so pribl. 5 mm kot preostale črke), imajo ob steblih zaporedje zobcev, med podvojenimi obrisnimi črtami ali v notranjem črkovnem polju je droben vzorec, najpogosteje iz geometričnih prvin.[92]

Od kodikoloških prvin je ob navpičnem robu videti zaporedje pikiranih vbodov, ni pa sledov narisanega zrcala. Besedilo je prepisano s črno tinto in ostro prirezanim peresom, rdeči so paragrafi (v zgodnji, V-obliki), rimske številke, valovnice kot vrstična polnila, poteze, ki poudarjajo stavčne začetnice, in naslov *De Georgio mart.* Na začetku legende o sv. Juriju je zelena lombarda, visoka 4 vrstice ali 27 mm; iniciala ni okrašena, v notranjem polju pa je drobna napovedna črka. Preostale lombarde so prav tako preproste.

Zdi se, da se besedilo prične z legendo o sv. Juriju in besedilo se – glede na različice – najbolj ujema s tistim iz Zlate legende, kakor ga je objavil Jakob iz Voragine (prolog in tekst: *Georgius, tribunis, genere Cappadocum* ...).[93] Drugo besedilo pa je izbor različnih kratkih odlomkov o vnebohodu,

---

91 Prim. Fingernagel, Roland, *Mitteleuropäische Schulen I*, kat. 143, sl. 439: Dunaj, ÖNB, Cod. 1868, rokopis iz Češke ali Moravske, umeščen v 2. četrtino 14. stoletja; kat. 146, sl. 446: Dunaj, ÖNB, Cod. 923, rokopis češkega izvora, po 1340; kat. 147, sl. 450–451: Dunaj, ÖNB, Cod. 1471, rokopis s spisi sv. Avguština, češko delo po 1340; kat. 151, sl. 455–456: Dunaj, ÖNB, Cod. 494, rokopis z deli Jana z Opave, mogoče južnonemško delo iz sredine 14. stoletja.

92 Prim. Fingernagel, Roland, *Mitteleuropäische Schulen I*, kat. 97, sl. 312: Dunaj, ÖNB, Cod. 1773, rokopis je češko delo, rokopis z bogatim risarskim v lombardah in podrejenih inicialah je datiran 1315.

93 Gl. http://www.thelatinlibrary.com/voragine/georgio.shtml (dostop 17.5.2018)

s citati iz evangelijev in nekaterih komentarjev (npr. papeža Leona), mogoče so berila za tretji matutin.

Iz odlomkov teh dveh besedil ni mogoče določiti vsebinskega sestava izvirnega kodeksa, ki pa je bil zbornik, sestavljen po osebnem izboru ali po potrebah samostana.

21. SI AS 746, Cistercijanski samostan in državno gospostvo Kostanjevica, fasc. 10, Register tlake, 1550–1552
Antifonar. Koroška (?), okoli 1230

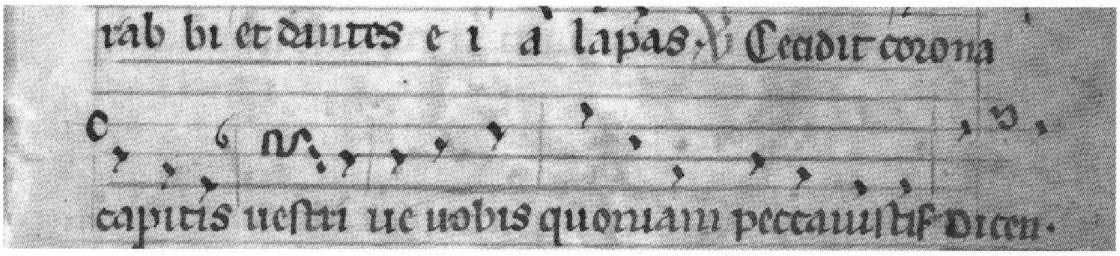

Ozek notes (317 x 107 mm) je sestavljen iz 46 listov iz (23) preganjenih papirnih pol; zvezek je sešit z eno vrvico z dolgimi vbodi. Ovitek je iz pergamentnega bifolija glasbenega rokopisa, na katerem je s široko prirezanim pisalom zapisana vsebina *Rabat Register des fünfftzigistenn Jar.* Podoben vpis je tudi na prvem notranjem listu, vendar z drugo roko.

Fragment sedaj meri 320 x 215 mm in je nekoliko obrezan bifolij ne posebno velikega antifonarja. Tako je ostal neokrnjen en folij (sedaj zgornja polovica ovitka), drugega pa so nekoliko skrajšali na zunanji margini. Prvotni kodeks je meril približno 233 x 163 mm s pisnim poljem 160 x 124 mm, nepoškodovane so se ohranile margine (zgornja = 17 mm, notranja = 12 mm, spodnja = 50 mm, zunanja = 30 mm). Mere zrcala so naslednje: v = 0 – 22 – 173 – 233 mm; š = 0 – 29 – 110 – 163 mm.

Na vsakem foliju je po 7 glasbenih enot z višino 23 mm in v dolžini 124 mm, zapisane so v gotski notaciji okoli 1230. Na zunanji strani bifolija je mogoče prebrati del slednice za jutranjice (*Corona spinea*, 4. maj), na notranji strani pa del responzorija za velikonočni petek.

Lepa pisava in lepa notacija sta blizu odličnim rokopisom 1. četrtine 13. stoletja, med katerimi je *Carmina burana*. Črke so med seboj ločene, *a* ima izrazito zanko, *g* pa sklenjeno, trebuh črke *h* se spodvije, zato pa sta *p* in *q* ravno zaključena, *m* in *n* imata kratko odstavno potezo, *e* je napisan v eni potezi, steblo črk *b* in *l* ima širok vrh itd.[94]

Kvaliteta pergamenta pride do izraza na notranji strani hrbtne platnice. Medtem ko je na zunanjosti potemnel od prahu, obrabe, madežev in naslov preseva na notranjo stran, je hrbtni del ovitka sicer zatrgan, a pergament je svetel in gladek, rjava tinta v nekoliko sivkastem odtenku se dobro ulega na površino, rdeča tinta je dobre kakovosti.

22. SI AS 746, Cistercijanski samostan in državno gospostvo Kostanjevica, fasc. 10, Register tlake, 1552
1. Kroniška knjiga. Južnonemška pisna šola, 3. četrtina 13. stoletja

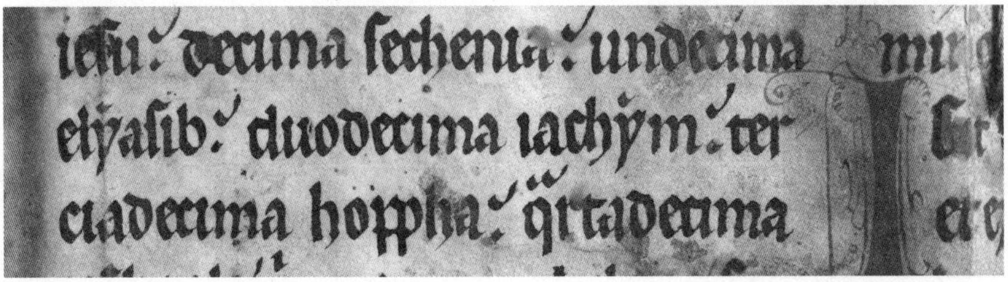

V ozkem notesu (324 x 112 mm) je 40 listov iz preganjenih papirnih pol; zvezek je preprosto, z dolgimi vbodi sešit z eno vrvico. Enoslojni ovitek je iz pergamentnega folija, na katerem je s široko prirezanim pisalom zapisana vsebina, *Register der Robatt des 1.5.5.2. Jahrs*. Tako piše tudi na prvem notranjem listu, vendar z drugo, zgodnejšo roko (*Robat Register des 1.5.5.2.*).

Fragment, ki sedaj meri 460 x 247 mm, je del nekdaj precej velikega folija, ki so ga na zgornjem in spodnjem robu zapognili in obrezali vzdolž zunanje margine. Ta je odrezana tako rekoč do pisnega polja, notranja pa je verjetno cela (vsaj 30 mm), zgornja je mogoče nekoliko odrezana (sedaj

94 Prim. Klemm, *Handschriften des 13. Jahrhunderts,* kat. 105, sl. 293–299: München, StB, clm 4660, lokacija, kjer je nastal rokopis *Carmina burana*, še vedno ni prepričljivo dokazana. Za notni zapis gl. Klemm, *Handschriften des 13. Jahrhunderts,* kat. 124, sl. 358–368: München, StB, clm 7905; kot vzporedni primer za časovno opredelitev notacije navajam *Gradual iz Kaisheima*, primerjava pa ne velja za paleografijo besedila.

24 mm), spodnja pa je verjetno neokrnjena (75 mm). Pisno polje (370 x 210 mm) je razdeljeno v dva stolpca s 36 vrsticami, visokimi 10,2 mm. Ureditev zrcala sledi uveljavljenim pravilom jasne izpostavitve besedila; v = 0 – 24 – 390 – 460 mm, š = 0 – 11 – 105 – 118 – 215 – 247 mm.

Vsebino besedila označuje napis na zgornji margini (*Paralypomenon*): branje *1. Kroniške knjige* se prične na levem stolpcu zunanje strani (... *unam domum quae ceteris preerat, Eleazar. Et alteram domum* ... 24, 6) ter nadaljuje do konca desnega stolpca (... *iuxta regem: Asaph videlicet, et Idithun, et Heman*. 25, 6). Na notranji strani teče v levem stolpcu dalje (*Fuit autem numerus eorum* ... 27, 7) do konca desnega stolpca (... *fratres eorum ministrarent in domo Domini*. 26, 12).

Strani s tem delom Stare zaveze so bile lepo delo, pisava je precej ožena poznoromanska karolina; na začetku 25. poglavja je iniciala *I(gitur David)*, z rdečim telesom in nekaj modrega fleuronnéja, ki z nitastimi lasnicami in polovičnimi rozetami nakazuje na čas po 1250 ter rokopisno okolje avstrijskih in južnonemških šol.[95]

23. SI AS 746, Cistercijanski samostan in državno gospostvo Kostanjevica, fasc. 10, Register tlake, 1563
Misal. Kranjska ali Avstrija, po 1350

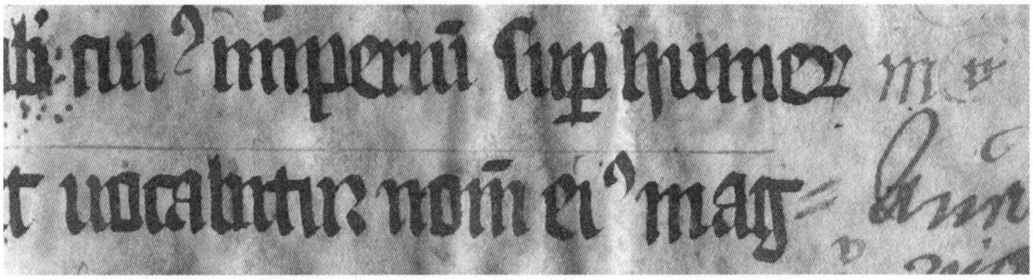

Na prvi strani notesa je naslov vsebine: *1563 Rabat Register Des gewendlichen Rabatt So die unterthannes des Gottshaus* ... *Scribtum per L. A. F. M.*

95 Gl. kat. 11, kjer so v opombi navedeni primerjalni rokopisi iz škofij Freising, Passau in Regensburg; vsi so opredeljeni kot dela 2. četrtine ali sredine 13. stoletja. Klemm, *Handschriften des 13. Jahrhunderts*, kat. 27, sl. 98: München, BSB, clm 7767; kat. 31, sl. 103: München, BSB, clm 6217; kat. 29, sl. 99: München, BSB, clm 16013.

Na obeh platnicah, a zlasti na sprednji, je veliko pripisov, tudi *probationes pennae* in notice, računi ipd. Letnica *1563* je zapisana dvakrat.

Notes šteje 40 listov (2 x 20) in meri 320 x 112 mm, ovitek je iz enega folija mašne knjige. Gre za enoslojno platnico, ki je odrezana tako, da sega prek veznika za nekaj milimetrov v površino sosednjega folija. Dimenzije folija so v celoti, skupaj z zavihki, 370 x 244 mm; mere ustrezajo višini izvirnega kodeksa, ker sta zgornja in spodnja margina prepognjeni, ne pa odrezani, zato pa je zunanja margina bistveno zožena. Pisno polje meri: v = 0 – 40 – 290 – 370 mm, š = 0 – 15 – 100 – 120 – 202 – 244 mm. Videti je vbode za navpična naslonila, sicer pa je črtna shema zrcala narisana z zelo tenkimi potezami.

Besedilo je napisano v dveh stolpcih, v oženi knjižni minuskuli, ki pa ni izrazito koničena, prevladuje vtis zmerne heksagonalnosti. To je očitno npr. pri črki *o*, ki ima notranje polje sicer pravokotno, zunanji obod pa ima šest potez; to velja tudi za *m* in *n*, za *b* in *p*, *v* oz. *u* je enostransko odprt, vendar v načelu prav tak. Črka *a* ima eno oko, *g* ima odprt lok (včasih z vodoravno potezo), *s-corta* je sestavljena iz dveh odločno zapisanih členkov, *s-longa* pa ima prisekan lok itd. Liturgična tekstualis tega tipa ni bila ožje specifična, vendar je glede pisave in estetskega odnosa do celote treba omeniti avstrijsko-češka dela ter opozoriti na liturgične rokopise iz prostora med Salzburgom in Münchnom.[96]

V vsakem stolpcu je 21 vrstic, visokih 12,4 mm. Zapisana je liturgija za božični čas, ki ga zaznamuje velika iniciala z razprtim telesom *P(uer natus est)*.

Kljub površinski zamazanosti učinkuje folij zelo pisano in malone bogato: lombarde so velike dve vrstici in več (25 mm) v zeleni, rdeči in modri tinti, iniciala za božično mašo *P(uer)* pa je visoka 3,7 mm. – Pergament je mehak in dobre kakovosti.

96 Prim. Fingernagel, Roland, *Mitteleuropäische Schulen I*, kat. 16, sl. 63: Dunaj, ÖNB, Cod. 2491, avstrijsko, pogojno češko delo, zlasti napovedni tekst; kat. 14, sl. 60: Dunaj, ÖNB, Cod. 13.682, južnonemški prostor ali zgornja Avstrija.

24. SI AS 746, Cistercijanski samostan in državno gospostvo Kostanjevica, fasc. 10, Register tlake, 1599
Lekcionar. Srednjeevropsko delo, 1. polovica 14. stoletja

Notes (320 x 110 mm) šteje samo 10 (torej 5 preganjenih) listov; na zgornjem prostem robu piše *Registrum Roboth(orum) 1599,* kar se v dveh različicah ponovi še na spodnjem robu in na prvi strani notesa.

Za ovitek so uporabili en folij iz liturgičnega kodeksa, lekcionarja, ki v celoti meri 350 x 220 mm. Ker je nekoliko večji od papirnega notesa, so robovi natrgani. Folij ni obrezan, zato je zrcalo naslednjih dimenzij: v = 0 – 35 – 271 – 350 mm, š = 0 – 51 – 204 – 220 mm; margine so sicer velike, vendar ostaja razmerje med pisnim in prostim delom v skladu z načeli zlatega reza (zgornja margina = 37 mm, notranja = 25 mm, spodnja = 80 mm in zunanja 52 mm). Na notranji margini so ostale vzdolž vse višine nepoškodovane zareze v vezniku, namenjene za lažje šivanje okoli vezic.

Na pisnem polju 233 x 150 mm je 21 vrstic, visokih 11 mm. Za kodeks so uporabili odlično pripravljen, mehak in svetel pergament. Besedilo je prepisano s kakovostno črno tinto, za rubrike, črtice v stavčnih začetnicah, iniciale, foliacijo CXI (111) in iniciale [največja je lombarda *S(anctificato)*, 20 mm] so uporabili rdečo tinto dveh kakovosti; z modro tinto so izpisali nekaj lombard. – Pisava kaže v avstrijsko okolje (Krems?); črka *a* nima zgornje poteze zaprte, zanka črke *g* je odprta, *e* ima ozko zanko, *o* in uncialni *d* sta ozka in visoka šesterokotnika, *s-corta* je ostro, kljukasto napisana, *s-longa* je spodvita do naslednje črke, *f* ima plapolajočo prečko, minimi so posneti, vrhnji serifi ima rombaste nastavke in stebla so razcepljena.[97]

97 Prim. Fingernagel, Roland, *Mitteleuropäische Schulen I*, kat. 120, sl. 372–376: Dunaj, ÖNB,

Dobršni del v lekcionarju prepisanega besedila zavzema odlomek iz evangelija po sv. Janezu (7, 4), ki se z besedami ... *occulto aliquit facit et querit* ... prične v gornji vrstici besedila na notranji strani ovitka.

25. SI AS 746, Cistercijanski samostan in državno gospostvo Kostanjevica, fasc. 10, Register vinskih dajatev, 1613–1614
Misal. Kranj, 1410–1412

Beležnica (215 x 160 mm) je sestavljena iz dveh preganjenih papirnih snopičev, v prvem je 18 listov, v drugem pa 30. Sešiti so z dolgimi šivi in povezani s pergamentnim folijem. Na zgornjem desnem vogalu je rokopisni zaznamek *1615*, ob strani je pozneje nekdo dodal *Uagans* in še pozneje je nova roka z modrim barvnikom zapisala številko *151*, v medstolpičnem prostoru pa je začetek osebne notice *Laudete pran* ...

Fragment[98] mašne knjige je ovit okoli papirnih listov tako, da je vzdolž zgornje, notranje in zunanje margine zapognjen glede na dimenzije notesa. S tem je rob nekoliko okrepljen. Pergamentni folij nima polnila in je enoslojna platnica; sledov trakov za zavezovanje ni videti. Površina, ki pokriva notes, meri 215 x 327 mm; dimenzije celotnega fragmenta z razprtimi zavihki so 371 x 279 mm in to bi lahko bile približne mere kodeksa, od koder so vzeli folij; upoštevati je treba, da so ob vezniku odrezano margino zožili za kakšen milimeter.

Cod. 1174, rokopis, ki je nemara nastal v Kremsu; kat. 143, sl. 438–439: Dunaj, ÖNB, Cod. 1868, češko ali moravansko delo; kat. 146, sl. 445–446: Dunaj, ÖNB, Cod. 923, rokopis je primer nekoliko poznejše pisave iz Češke.

98 Dolinar, Kološa, Trpin, *Rokopisi*, str. 20.

Videti je predvsem dva pisna stolpca in spodnjo margino. Pisno polje meri 254 x 168 mm, širina stolpcev je 74 mm, v vsakem stolpcu je po 26 vrstic, visokih 9,6 mm. Zrcalo: v = 0 – 43 – 290 – 373 mm; š = 0 – 44 – 120 – 136 – 212 – 279 mm. Pomembno je, da so ohranjene vse štiri margine (zgornja = 45 mm, zunanja = 70 mm, spodnja = 82 mm, notranja = 45 mm). Videti je tenke naslonilne in prečne črte zrcala ter vbode za medstolpični prostor.

Besedilo je prepisal Heinrich Aurhaym v lepi knjižni gotici[99] in je zgolj ena od pisav, kakršne najdemo v njegovih lastnoročnih kopijah. Opozoriti je treba, da niso dokončane vse rubrike; razlog bi lahko bil v zamenjavi peresa za tanjšega. Aurhaymov slog med drugim dokazuje lombarda *F(ratres)*: telo (20 x 30 mm) je v rdeči barvi, ob iniciali in vzdolž pisnega stolpca je z modro narisan nitast okras z značilnimi žličastimi zankami, ki v celoti segajo 95 mm visoko.

Gre za stavke iz evangelija po sv. Janezu; na to opozarja rubrika *Secundum Iohannem*, na spodnji margini notranje strani je oznaka *cap. XVI,* na spodnji margini zunanje pa *cap. XVII.* To niso sklenjena poglavja, kakor so zapisana v Novi zavezi, vmes so stavki iz 12. poglavja (npr. *Dum lucem habetis, credite in lucem, ut filii lucis sitis. Haec locutus est Jesus* etc, 12, 36) ter nekaj stavkov, ki jih je najti v Gelazijevem sakramentariju (npr. *Deus qui nos per huius sacrificii veneranda commercia* ...; Gelas. 86; ... *veritatem. Sic eam dignis* ... Gelas. 585). Misal je vsebinsko urejen v skladu s predtridentinsko liturgijo.

Pergamentni folij je odlične kakovosti, je mehek in svetel.

---

99 O drugih Aurhaymovih rokopisih in pisavi gl.: Haidinger, *Studien zur Buchmalerei*, str. 35–39; Haidinger, *Katalog der Handschriften des Augustiner Chorherrenstiftes Klosterneuburg. Teil I.*, str. 11–15; Golob, Aurhaymovi fragmenti, str. 423–435.

26. SI AS 746, Cistercijanski samostan in državno gospostvo Kostanjevica, fasc. 10, Register kaščnega žita, 1626
Beda Častitljivi: izbor odlomkov. Južnonemška pisna šola, 1. polovica 13. stoletja

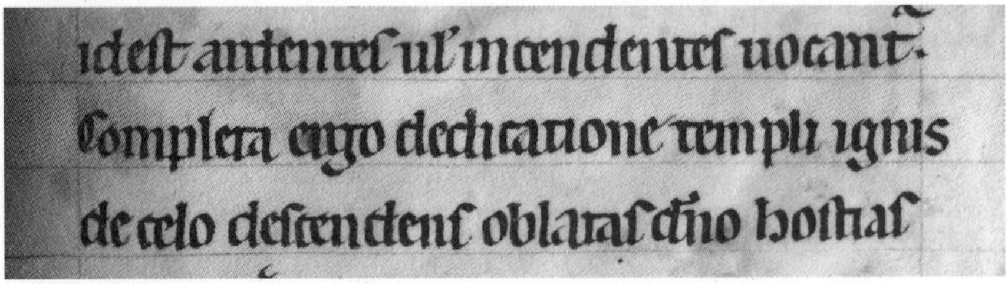
[illegible] uocant.
Complet̃a ergo dedicatione templi ignis
de celo descendens oblatas dño hostias

Notes ozkega in visokega formata (315 x 110 mm) je sestavljen iz 11 preganjenih listov, ki je preprosto sešit z dolgimi vbodi, vrvica se vidi na zunanji strani. Ovitek iz pergamentnega folija sega nekoliko čez liste. Folij v dimenzijah 330 x 235 mm je očitno ostal neokrnjen, saj so ob hrbtnem robu ostale zareze, ki jih je naredil knjigovez v romaniki za šivanje okoli vezic.

Zrcalo fragmenta, urejenega za dva stolpca, je dobro razvidno, narisano z rjavo tinto in je – še v visokosrednjeveški tradiciji – z verzalnima stolpcema. Notranja margina meri 8 mm, verzalna stolpca sta široka po 8 mm, pisna stolpca 75 mm, zunanja margina 37 mm. Dimenzije pisnega polja so 244 x 180 mm, zrcala pa: v = 0 – 23 – 267 – 330 mm, š = 0 – 17 – 25 – 102 – 113 – 185 – 197 – 235 mm.

Besedilo v poznoromanski (karolinški) minuskuli je v 31 vrsticah, visokih 8 mm. Črke so lepo oblikovane, z rdečo potezo v tistih stavčnih začetnicah, ki pričenjajo pomenski sklop; na foliju ni nobene iniciale. – Na prvi pogled je pisava blizu delu enega od kopistov iz Stične, s prepisovalcem del Janeza Kasijana;[100] vendar je skoraj enako oblikovanje zanke črke *g*, ožani *a*, kljukica na *s-longa*, odstavne poteze in celo ne vedno navpičnimi stebli treba pripisati času, ker je fragment predvsem skladen s fragmenti, kat. 12, 13 in 14.

Vsebinsko gledano gre za izbor besedil in misli Bede Častitljivega; na notranji strani je zapis njegove LIII. homilije, v levem stolpcu na zunanji strani pa je odlomek VIII. poglavja iz 3. knjige dela *De tabernaculo*.

100 Golob, *Srednjeveški kodeksi iz Stične*, str. 83, sl. 67.

Pergament je odlične kakovosti, mehak in hkrati kompakten. Na hrbtni strani je umazan zaradi razlitega črnila, na sprednji pa zguban zaradi vlažnih lis.

27. SI AS 746, Cistercijanski samostan in državno gospostvo Kostanjevica, fasc. 10, Register t. i. kuhinjske služnosti, 1627
1. Knjiga kraljev. Avstrija ali Frankovsko, 3. četrtina 13. stoletja

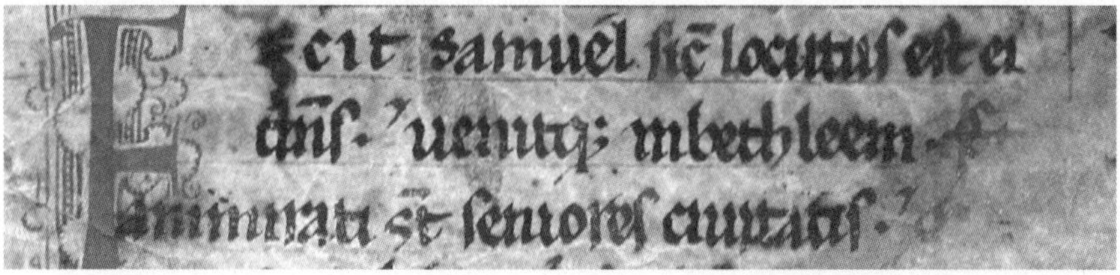

Ozek notes (317 x 103 mm) je sestavljen iz 14 preganjenih listov in preprosto sešit z dolgimi vbodi. Ovitek iz pergamentnega folija pokriva samo večji del notesa, ne pa celote.

Na zgornjem vogalu sprednje platnice je videti sledove zapisa, ki ga zaradi površinske poškodovanosti ni mogoče prebrati, verjetno pa ponavlja naslov, kakršen je na prvi strani.

Fragment je ob robovih neenakomerno, mestoma kar poševno odrezan; razgrnjen meri približno 305 x 216 mm. Je spodnji kos večjega folija, ki je bil širok vsaj 305 mm in je bil verjetno del Svetega pisma. Besedilo je zapisano v dveh stolpcih, širokih po 105 mm; ohranjenih je samo po 15 vrstic, visokih 9,0 mm, spodnja margina meri 84 mm, zunanja 60 mm, medtem ko je notranja zelo obrezana.

Besedilo je mogoče dobro prebrati na notranji strani; to je 1. Knjiga kraljev (1. Samuelova knjiga, 15, 29 dalje): *Porro triumphator in Israel non parcet* ..., na zunanji strani pa je večina besedila zabrisana, vsekakor pa gre za nadaljevanje 1. Knjige kraljev (*Et ait Samuel: Sicut fecit absque liberis mulieres gladius tuus ...,* 16, 4).

Sveto pismo je bilo zelo lepo delo, napisano na kvalitetnem, mehkem, tankem in svetlem pergamentu. O kraju nastanka največ povesta iniciali *S* in *F*, ki sta oblikovno blizu poznoromanskim kapitalam. Njuni telesi sta v rdeči tinti, okoli njiju pa je nitast okras v modri in kaže poteze zgodnjega razvoja t. im. fleuronnéeja, ki še ni pozabil polrozet z nagrbančenim robom ter sorazmerno zadržano narisanih nitastih izrastkov. Blizu sta knjižnemu okrasju v rokopisih iz južne Nemčije in Avstrije proti koncu 13. stoletja, kar zrcali podobne estetske tokove (gl. kat. 22).

28. SI AS 746, Cistercijanski samostan in državno gospostvo Kostanjevica, fasc. 10, Register nove kontribucije, 1635
Misal. Augsburški slog, 2. polovica 15. stoletja

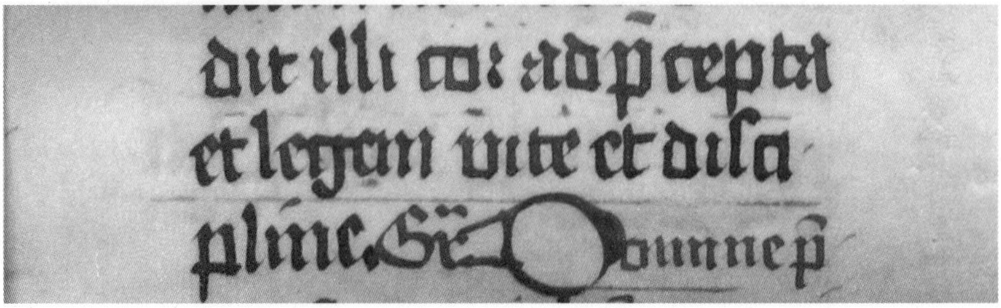

Zelo ozek in visok notes (315 x 105 mm) je sestavljen iz 10 preganjenih listov (= 20 polovičnih listov) nekoliko različnih dimenzij. Sešit je z dolgimi vbodi, tako da se vrvica vidi na zunanji strani. Za ovitek služi pergamentni bifolij, ki je na treh straneh zapognjen, da se po velikosti prilega notesu. Na tako zavihanem fragmentu je videti tri stolpce besedila in del četrtega ter obe notranji margini; vidni del fragmenta meri 325 x 207 mm. Bifolij v dimenzijah 265 x 406 mm je ostal neokrnjen, zato je mogoče reči, da je kodeks prvotno meril 265 x 203 mm.

Ureditev besedila v dva stolpca je oprta na naris zrcala, ki nima sklenjenih črt, ampak so črte, potegnjene z rjavim barvnikom, prekinjene brez posebnega reda oz. razloga. Ohranjeno je pikiranje za navpične naslonilne črte, zrcalo meri: v = 0 – 30 – 212 – 265 mm, š = 0 – 30 – 90 – 118 – 163 – 203 mm. Okoli besedila so precej široki robovi, zato je vtis zračen. Margine merijo: gornja = 28 mm, notranja = 31 mm, spodnja = 57 mm, zunanja = 36 mm.

Tekst je pisan s temnorjavo tinto v nekoliko oženi knjižni gotici, kakršna je bila v rabi pri poklicnih prepisovalcih in je bila označena za misalno ali liturgično gotico. Z rdečilom so napisane okrasne poteze v stavčnih začetnicah, rubrike, foliacija za LXXXV (85) in LXXXVIII (88) ter iniciale; 12 je enovrstičnih (8 mm) in 6 dve vrstici visokih. Nobena od inicial nima dodatnega nitastega ali slikarskega okrasa. Po slogu se tako pisava kot iniciale ujemajo z južnonemškim slogom, ki je bila uglašena na estetiko augsburških rokopisnih delavnic. Tako je – značilna okrasna črta, ki se požene iz lombard – našla pot tudi med vrsticami in je iniciala *F(ratres omnis*, Matej, 23, 8) dva od štirih nitastih izrastkov vrinila med besede, drugje pa je zunanji obris inicial malone geometrično določen: na videz je iniciala *S(anctorum confessorum)* popoln krog, kjer edino nekoliko poševna črta pove, da ni napisan *O*, pač pa *S*.[101]

29. SI AS 746, Cistercijanski samostan in državno gospostvo Kostanjevica, fasc. 10, Register desetine in prirastka živine, 1641–1645
Danijelova knjiga. Avstrija, 4. četrtina 14. stoletja

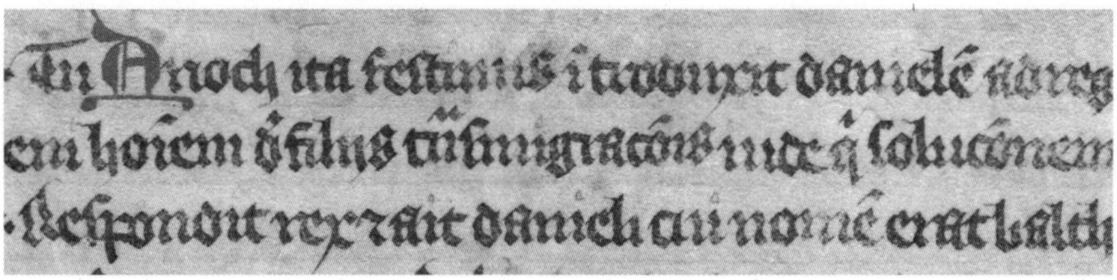

Notes (210 x 155 mm) šteje 22 listov, tako da je ena lega sešita z eno nitjo in tako prišita tudi na folij, ki ovija papirne liste. Na sprednji strani pergamentnega ovitka piše *Iugendi Zehendt de anno 1641 usque ad anno 1645.*

Fragment je nekoliko večji od papirnih listov, tako da razgrnjen meri 330 x 223 mm. To so bržkone dimenzije izvirnega kodeksa, saj je na robu notranje margine videti sledove knjigoveških zarez za šivanje. Folij ob robovih ni zapognjen in tudi polnila nima, je enoslojna platnica. Zrcalo

101 Najboljšo primerjavo glede pisave in inicialnih struktur ponuja *Misal iz* delavnice augsburškega rokopisnega mojstra Johannesa Bämlerja, pred 1484, sedaj Maribor, Nadškofijski arhiv, Ms 8. – O delovnem procesu v tej delavnici in pri drugih augsburških mojstrih gl. Beier, Missalien massenhaft, str. 55–72, sl. na str. 67–78.

meri: v = 0 – 23 – 381 – 330, š = 0 – 18 – 187 – 223 mm. Margine so nepoškodovane (zgornja = 30 mm, notranja = 16 mm, spodnja = 52 mm, zunanja 46 mm). Besedilo je pisano v enem stolpcu, tako da pisno polje meri 252 x 160 mm, kjer je 31 vrstic, visokih 8,5 mm. – Črke so sicer oblih potez, vendar je osnovna heksagonalna oblika; knjižna gotica poznega 14. stoletja izražena npr. s črko *a*, ki ima dve očesi, *g* ima visoko zaprto zanko, *f* in *s-longa* imata na levi strani grbino, vendar kratek lok, ki ne nadkriljuje naslednje črke; *e* in *c* sta odprta, postavljena na konico šesterokotnika, *m* in *n* se iztečeta s kratko odstavno potezo. Primerjalne rokopise bi utegnili najti v prostoru praško-dunajskih rokopisnih delavnic s konca 14. stoletja.[102]

Zunanja stran folija je površinsko precej poškodovana in umazana; besedilo ni najbolje razvidno. Na notranji pa je videti naris zrcala, navpične naslonilne črte so energično potegnjene. Besedilo se v zgornji vrsti prične z besedami: ... *regi narrabo. Tunc Arioch festinus* (Danijel, 2, 24–25) ter se konča z: ... *terrae et altitudo ejus nimia. Magna arbor* ... (Danijel 4, 7–8). Gre za zapis v zgodnji knjižni gotici, v rjavi tinti, 13 rdečih lombard, ki sicer imajo proporce in oblike gotskega sloga; lombarde so visoke eno vrstico, imajo izrazite odebelitve in okrasne bunke; ena sama je v modri tinti.

Pergament je čvrst, ne posebno tenek in ne posebno svetel.

30. SI AS 746, Cistercijanski samostan in državno gospostvo Kostanjevica, knj. 8, Računska knjiga, 1638–1659
Misal. Južnonemško delo, 2. polovica 15. stoletja

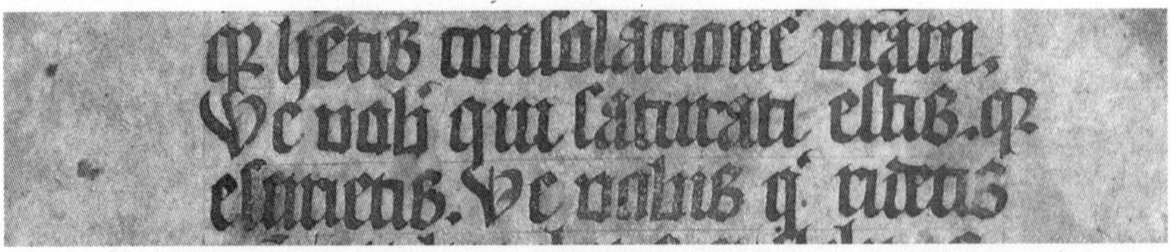

Na sprednji kartonasti platnici je nalepka (116 x 195 mm) s precej dolgim naslovom (*Specification ...*) in na njej je natančno označena vsebina. Na

102 Jenni, Theisen, *Mitteleuropäische Schulen III*, kat. 17, sl. 77: Dunaj, ÖNB, Cod. 537, rokopis iz Prage, dat. 1386.

sredini etikete je dodatno napisano *No. 1*, v desnem vogalu je s svinčnikom dodana oznaka *Ko*(stanjevica) *85*, na levi pa z modrim barvnikom *110*. Arhivska etiketa *Sam A II 80* je nalepljena na levem zgornjem vogalu; na sprednjem spojnem listu je pečat *Kranjski deželni muzej »RUDOLFINUM« v Ljubljani*.

Knjižni blok (293 x 210 x 23 mm) je s štirimi galunskimi vezicami spojen s kartonastimi platnicami, ki za kakšen milimeter segajo čez knjižni blok in so nekoliko upognjene čezenj; platnice se zavezujejo z galunskima trakovoma, obreza pa ima rdeče-moder obrizg.

Zunanjščina je prekrita s pergamentnim bifolijem, ki je položen tako, da se leva stran bifolija lepo uleže čez hrbtno platnico. Tako je besedilo na foliju s hrbtne platnice neokrnjeno, vidimo oba stolpca, vendar je veznik že pomaknjen proti sredini sprednje platnice. Na desnem foliju je v celoti videti samo levi stolpec in medstolpični prostor. Pisno polje meri 273 x 195 mm, v stolpcih je po 35 vrstic z višino 7,8 mm, ki je tako rekoč standardna za tiste liturgične knjige, ki niso največjega formata.

Razgrnjen fragment (obe platnici in hrbtišče) meri 295 x 445 mm, ker pa je mogoče izmeriti dve zavihani margini na hrbtni platnici in notranji rob do veznika, lahko rečemo, da je bil kodeks velik najmanj 320 x 285 mm. Spodnja margina je namreč obrezana, zato smemo sklepati, da je bil kodeks nekoliko višji in potem bi razmerja med pisnim poljem in prostimi marginami ustrezala estetiki zlatega reza.

Fragment je južnonemško delo, napisano v knjižni gotici (tekstura oz. *textualis formata*), je značilen velikoserijski rokopisni izdelek iz 2. polovice 15. stoletja.[103] Stavčne začetnice so kaligrafirane in poudarjene z rdečo potezo, lombarde v modri in rdeči tinti so izrazito škatlaste in ne skrivajo južnonemškega izhodišča. Mesta na tem fragmentu misala opredeljujejo rubrike (*ad Ephesos, dominica XXIII* itd.); na hrbtni strani je zvečine besedilo iz evangelija po sv. Luki (6. poglavje), na sprednji strani pa beremo odlomek iz Jeremijeve knjige (29. poglavje).

Pergament je sicer površinsko umazan, vendar ne kaže kakršnih koli poškodb; še vedno je mogoče reči, da je bil odlične kakovosti (*pergamena*

103 Beier, Missalien massenhaft, str. 55–72, sl. na str. 67–78. Upoštevati je treba tudi povratni vpliv prvotiskov na pisavo v rokopisih in v tem prepoznati razlog za vztrajanje hierarično prepoznane pisave.

teutonica), je mehak, svetel, površinsko gladek in nekoliko žametastega otipa. Kodikoloških prvin ni mogoče ugotoviti.

31. SI AS 746, Cistercijanski samostan in državno gospostvo Kostanjevica, knj. 26, Urbar, 1697–1730
Antifonar. Avstrijsko delo (?), po 1400

Na arhivski etiketi piše *Sam. A II. 26.* Na sprednjem listu knjižnega bloka pa *1698 ss.*

Knjižni blok (317 x 210 mm) je ohranil samo poškodovano hrbtno platnico, ki je kartonasta in meri 317 x pribl. 200 mm. Na obrezi je modro-rdeč obrizg. Platnica je prekrita s polovico pergamentnega folija, ki je bil v sestavu antifonarja večjih dimenzij. Kodeks je po širini meril vsaj 350 mm, pri čemer so upoštevani tudi zavihki na notranji strani; zunanja margina na tem foliju je široka 51 mm, notranja pa 44 mm; drugih podatkov ni mogoče podati. Druge kodikološke prvine na tem fragmentu niso razvidne. Na platnici kostanjeviškega urbarja je sedaj videti 4 notne skupine, visoke so 44 mm, notne črte so dolge 256 mm.

Gotska notacija je zapisana s kvalitetnejšo črno tinto od tiste, ki so jo uporabili za besedilo; to je malone izginilo. Tekst je napisan v oženi knjižni gotici iztekajočega se 14. stoletja. Vsekakor je delo, ki zrcali dobro kaligrafsko izvedbo, *a* ima zaprt zgornji lok, *f* in *s-longa* imata upognjen vrhnji del stebla, črke se na spodnji črti povezujejo.[104] Datacijo podpira oblika dokaj ozke

104 Schneider, *Paläographie und Handschriftenkunde*, str. 49 dalje. Prim. Fingernagel, Roland, *Mitteleuropäische Schulen II*, kat. 84, sl. 347: Dunaj, ÖNB, Cod. 2785, rokopis z območja salzburške škofije, pozno 14. stoletje; kat. 90, sl. 351–352: Dunaj, ÖNB, Cod. 1181, srednjeevropsko delo, 2. polovica 14. stoletja (?).

kadelne iniciale z okrasom drobnih kvadratnih prvin in tesno prilegajoče se nitaste ornamentike; lombarda *R* pa je splošno uporabljanega tipa.

Manjka sprednja platnica in pergamentna prevleka čez hrbtišče. Rokopis je zaradi dodanih leg izgubil prvotno knjigoveško trdnost in hrbtišče se je srčasto upognilo. Urbar so zavezovali z dvema svilenima svetlozelenima trakovoma. Poleg površinske obrabljenosti je platnica poškodovana zaradi kapelj rdečega pečatnega voska, ki so zakrile del kadelne iniciale.

32. SI AS 746, Cistercijanski samostan in državno gospostvo Kostanjevica, knj. 70, Register cerkve sv. Marije Magdalene na Oštrcu, 1755 *Beda Častitljivi: XXXVI. homilija. Stična, 1175–1180*

Na sprednji kartonasti platnici je etiketa z napisom *Registerium S(anc)tae Mariae Magdalenae in Ostertz 1755*, na kateri je z modrim barvnikom dodana evidenčna številka *87*; v levem zgornjem vogalu je arhivska nalepka *Sam A II 70.*

Kartonaste platnice (201 x 157 x 12 mm) so na vogalih okrepili z nepopisanimi pergamentnimi odrezki, čez hrbtišče pa nalepili fragment z besedilom XXXVI. homilije Bede Častitljivega in nato kartonasto osnovo prekrili s sivo-modrim ovojnim papirjem.

Od rokopisnega fragmenta, ki pokriva hrbtišče, je videti površino 8 vrstic z dvema stolpcema besedila in medstolpičnim prostorom, približno 200 x 55 mm površine. Hkrati pa je mogoče ugotoviti, da je vrstična višina 7,0 mm ter da sta notranja in zunanja margina široki 26 oz. 54 mm. To so dimenzije, kakršne lahko izmerimo pri več sočasnih rokopisih iz Stične;[105]

105 Podatki so posebej blizu tistim, ki jih izmerimo pri rokopisih Ljubljana, NUK, Ms 8/I in Ms 8/IV, kjer je kot kopist prav tako sodeloval Gregorjev mojster; slednja rokopisa sta bila ob prevezavi nekoliko obrezana.

zrcala se skorajda ne razlikujejo. Zaradi trdnosti vezave, ki ne dovoljuje pregleda vezave pri zavihkih, ni mogoče podati natančnih dimenzij celotnega fragmenta.

Vsak stolpec je širok pribl. 80 mm; na odrezku je mogoče prebrati dve mesti iz XXXVI. homilije Bede Častitljivega,[106] ki izhaja iz 11. poglavja evangelija po sv. Mateju.

Besedilo je prepisal kopist, znan pod zasilnim imenom Gregorjev mojster,[107] slikarskega okrasa ni, le skozi pergament preseva oblina ali okroglina večje slikarske iniciale v modri ali zeleni barvi. Fragment je del istega kodeksa z Bedovimi Homilijami kot fragment, nalepljen čez hrbtišče *Registra cerkve sv. Mihaela na Bočju* iz istega leta (kat. 33), in čez hrbte partitur, ki jih hrani Frančiškanski samostan v Novem mestu.[108]

33. SI AS 746, Cistercijanski samostan in državno gospostvo Kostanjevica, knj. 71, Register cerkve sv. Mihaela na Bočju, 1755
Beda Častitljivi: dva odlomka. Stična, 1175–1180

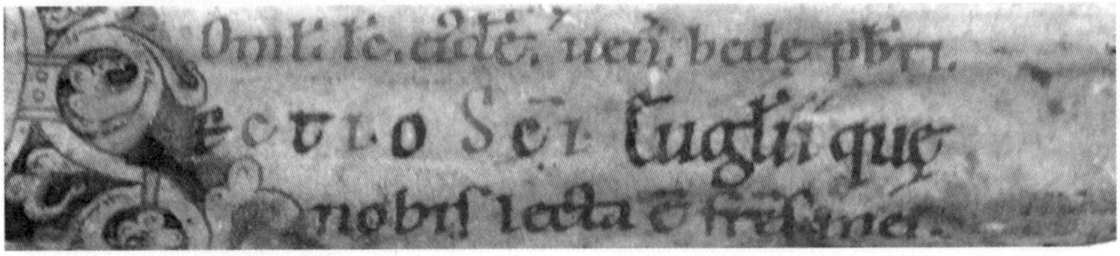

Na sredino prednje kartonaste platnice je nalepljena poškodovana etiketa iz časa ok. 1755 (73 x 80 mm) z navedbo vsebine, evidenčna številka z modrim barvnikom (*Z Nr.1* ?) je dvomljiva, v levem zgornjem vogalu je arhivska nalepka *Sam A II 71.*

Knjižica meri 204 x 163 mm; platnice so kartonaste, čez hrbtišče je nalepljen fragment z besedilom homilije Bede Častitljivega, na vogalih so pergamentni odrezki brez zapisa ali likovnih prvin. Platnice so prevlečene s sivo-modrim ovojnim papirjem. Fragment je na robovih, na glavi in peti,

106 Gl. Giles, *Opera omnia*, str. 267–268.
107 Prim. pisavo v NUK, Ms 8/IV, Golob, *Srednjeveški kodeksi iz Stične*, sl. 156, 158–161.
108 Golob, Srednjeveški fragmenti v knjižnih vezavah, str. 82–85, sl. 3.

zavihan; ker je ena od vezic pretrgana, omogoča reža med dvema legama pogled v notranje lice fragmenta. Zato je razkritemu delu (200 x 50 mm) treba dodati zavihke in tako meri fragment v celoti 237 x 62 mm.

Desni stolpec meri pribl. 80 mm in rubriki, ki napoveduje homilijo »taistega prezbitra Bede Častitljivega«, sledi besedilo *Lectio sancti evangelii quae nobis lecta est ...* (Homilia I, 9). V levem stolpcu, ki je površinsko poškodovan in preganjen, pa je Bedova razlaga 16. poglavja o evangeliju po sv. Mateju.

Besedilo je prepisal kopist, znan pod zasilnim imenom Gregorjev mojster, iniciala *L(ectio)* pa je delo mnogostranskega rokopisnika Engilberta.[109] Najpomembnejše so njegove slikarske stvaritve v rokopisih Dunaj, ÖNB, Cod. 650, in Ljubljana, NUK, Ms 13.[110] Iniciala je visoka 43 mm in je v likovnem pogledu za Engilberta značilno nesimetrična, dinamična tvorba z živahnim izraščanjem listov.

Ta fragment je del istega kodeksa z Bedovimi homilijami kot fragment, nalepljen čez hrbtišče Registra cerkve sv. Marije Magdalene na Oštrcu (kat. 32), in fragmenti, nalepljeni na partiturah, sedaj v knjižnici Frančiškanskega samostana v Novem mestu.

34. SI AS 746, Cistercijanski samostan in državno gospostvo Kostanjevica, knj. 72, Knjiga davčnih zaostankov, 1657 (a)
Misal. Kaisheim (?), konec 13. stoletja

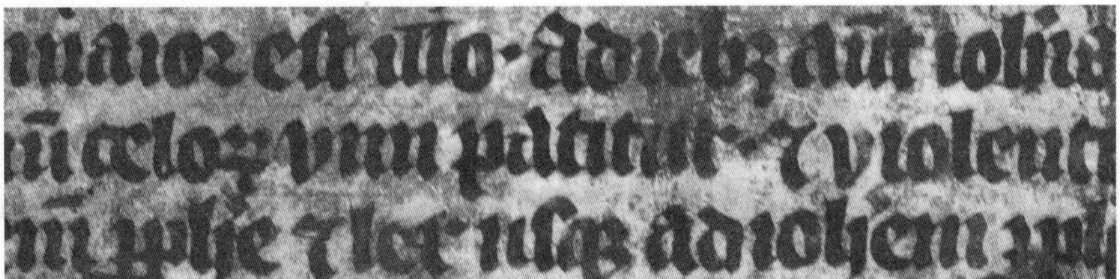

109 Engilbert je prepisal *O Božjem mestu* Avrelija Avguština (Dunaj, ÖNB, Cod. 650) in v kodeksu so predvsem njegove slikarske iniciale. Primerjalne slike: Golob, *Srednjeveški kodeksi iz Stične*, sl. 137–142, 146.

110 Golob 2017, Srednjeveški fragmenti v knjižnih vezavah, str. 82–85, sl. 3.

V zgornjem desnem vogalu sprednje platnice je z modrim barvnikom napisana številka *189*, ki se ponovi tudi na notranji strani sprednje platnice. Etiketa na hrbtišču je odpadla. Na prvem listu je na vrhu napisana oznaka vsebine, zraven je letnica *1657*.

Knjižni blok (307 x 200 x 40 mm) je šivan na tri vezice; mehak karton ni posebno dobre kakovosti. Platnice so pokrite z več fragmenti: na sprednji in hrbtni platnici sta po dva fragmenta iz enega rokopisa, čez hrbtišče je nalepljen trak rokopisnega stolpca, ki je videti romanski (kat. 35).

I.– IV:

Štirje fragmenti, ki pokrivajo obe platnici, so nalepljeni stično.

Na sprednji platnici je večji fragment na zgornjem delu in z zavihki vred meri 261 x 215 mm, pod njim je manjši, 125 x 215 mm; na hrbtni platnici je ureditev prevleke podobna in večji fragment meri 230 x 205 mm, manjši pa 123 x 205 mm. Vzeti so iz rokopisa, kjer je bilo besedilo napisano v enem stolpcu, širokem 165 mm, z vrstično višino 7,2 mm. Črke so velike, med vrsticami skorajda ni prostora in zato besedilo učinkuje težko, zgoščeno. Zdi se, da je kopist izhajal iz svojega starejšega dela in pustil črko *a* z odprtim zgornjim lokom, hkrati pa vedel za zapiranje v dve očesi, kakor je tudi nekajkrat napisal. Tako so tudi črke *o, c, e* itd. bodisi heksagonalne ali mehko ožene. Srednji deli črk so brez serifov, so pa nekatere konice odebeljene.[111] – Videti je nekaj lombard v modri barvi in rubriko, zapisano z rdečilom.

Fragmenti so površinsko zelo poškodovani in od prahu zelo temni, notranje strani pa ni mogoče videti. Pripadali so različnim delom misala in tako je mdr. prepoznati odlomek iz introita za 3. adventno nedeljo (*Gaudete in domino* ...), iz 144. psalma (18. verz: *omnibus in vocatibus* ...), iz 3. poglavja Malahijeve knjige (5. verz: ... *velox maleficis, et adulteris*...) itd., večina besedila pa ni čitljiva.

111 Prim. Klemm, *Handschriften des 13. Jahrhunderts,* kat. 145, sl. 422: München, BSB, clm 28185; rokopis je datiran med 1285 in iztekom 13. stoletja, opredeljen kot delo iz Kaisheima, vendar je treba značilnosti gledati s širšega kota rokopisnega razvoja v augsburški škofiji.

35. SI AS 746, Cistercijanski samostan in državno gospostvo Kostanjevica, knj. 72, Knjiga davčnih zaostankov, 1657 (b)
Neopredeljivo besedilo. Stična (?), konec 12. stoletja

Neenakomerno odstrižen fragment pokriva hrbtišče knjige, opisane kot kataloška enota št. 34. V zgornjem desnem vogalu sprednje platnice je z modrim barvnikom napisana številka *189*, ki se ponovi tudi na notranji strani sprednje platnice. Etiketa na hrbtišču je odpadla. Na prvem listu je na vrhu napisana oznaka vsebine in zraven je letnica *1657*.

Platnice knjižnega bloka (307 x 200 x 40 mm) so pokrite s štirimi fragmenti misala, hrbtišče pa je prekrito s kosom pergamenta iz romanskega kodeksa, ki v poprečju meri 300 x 72 mm. Videti je 30 vrstic, vendar je to samo desni rob pisnega stolpca, ker je dobršni del traku odrezan vzdolž zunanje margine. Pisava je lepa, poznoromanska in nekoliko ožena minuskula, ki je po slogu blizu rokopisom iz Stične iz časa opata Folknanda (1175–1180). Vrstice so visoke 9,2 mm. Na pregibih je besedilo dodatno poškodovano, mestoma besedilo manjka, zato – in zaradi površinske potemnelosti – zaenkrat vsebine ni mogoče opredeliti.

36. SI AS 746, Cistercijanski samostan in državno gospostvo Kostanjevica, knj. 73, Knjiga davčnih zaostankov, 1662–1666
Peter Komestor: Historia scholastica. Severovzhodna Francija in južnonemško rokopisno okolje, zgodnje 13. stoletje

Na zunanjščini sprednje platnice je na mestu odlepljene starejše etikete (135 x 180 mm) z modrim barvnikom številka *204*; še enkrat je napisana na prvem notranjem listu.

Knjižni blok (323 x 198 x 37 mm) je šivan na tri vezice, vendar sedaj ohranja svojo nalogo samo zgornja, preostali dve sta pretrgani; zavezovalni trakovi so bili galunski, sedaj so skoraj v celoti odtrgani. Na obrezi je modro-rdeč obrizg.

Mehak, sorazmerno debel karton je prekrit z bifolijem, ki pa je poškodovan in ga je na hrbtišču ostalo bore malo. Besedilo Petra Komestorja je na obeh folijih napisano na enako urejenem zrcalu z dvema stolpcema in vsak je širok 87 mm, besedilo je napisano v 48 vrsticah, ki so visoke 5,5 mm. Pisno polje meri 260 x 175 mm, ohranjene pa so vse štiri margine: spodnja = 72 mm, zunanja = 58 mm, notranja = 25 mm, zgornja, ki meri z zavihki vred 27 mm, pa je nemara nekoliko obrezana. Bifolij v celoti, skupaj z zavihki, meri 357 x 495 mm, dimenzije prvotnega kodeksa pa so po vsej verjetnosti bile 357 x 246 mm.

Zaradi površinske poškodovanosti je datacija pisave skorajda nemogoča, vendar je precej skladna s pisavo glosatorja k Lukovemu evangeliju in zaenkrat označena kot delo severovzhodne šole iz zgodnjega 13. stoletja.[112] To podpirajo tudi lombarde, ki imajo sorazmerno preprosta, nekoliko ožena telesa, izrazite serife in nezapleten okras (npr. vporedno nit ali bunko sredi

112 Klemm, *Handschriften des 13. Jahrhunderts*, kat. 128, sl. 375 in za nitasti okras sl. 376: München, BSB, clm 28197. Za primerjavo nitastih vzorcev bi bili upoštevanja vredni tudi rokopisi iz območja Konstance, npr. München, BSB, clm 4609, kat. 205, sl. 568, clm 7801, kat. 290, sl. 569.

stebla). Lombarde so narisane bodisi tik ob pisnem stolpcu ali pa so delno vključene v pisno polje. Tako je npr. iniciala *A(ddidit)* še poznoromansko sloka in spuščajočo se nogo prekinja bunka, od koder se razcepi v dva listna zaviha, to pa bi videli pri mnogih kaligrafskih inicialah poznega 12. in zgodnjega 13. stoletja. Zunaj pisnega polja so postavljene vse iniciale *I*, steblo iniciale *F* in steblo iniciale *L*. Zdi se, da so iniciale dodajali potem, ko je bilo besedilo že dokončano in jih po starejši rokopisni tradiciji postavili ob levi rob stolpca, v območje prvotnih verzalnih stolpcev. Lombarde so v rdeči, modri in zeleni tinti, kar kaže na cistercijanski izvor kodeksa.

Datacijo v zgodnje 13. stoletje podpirata tudi dve ohranjeni iniciali (*L* na hrbtišču in *F* na sprednji platnici), kjer je ob črkovni strukturi sorazmerno preprost nitast okras. Vzorci sicer niso jasni in izraziti, a zdi se, da so (podobno kot pri omenjenem glosiranem Lukovem evangeliju) čiste lombarde obdali z nekaj nitastimi potezami, te pa nakazujejo na južnonemško rokopisno šolo.

Besedilo je na prvi strani zelo poškodovano in ne dovoljuje identifikacije začetka, kjer se odlomek prične, na hrbtni platnici pa je na podlagi sklopov besed ... *de libello repudii* ... ter pozneje ... *in quo scripta erant hanc mulieri* ... prepoznati 13. poglavje iz *Liber Deuteronomii* v volumnu *Historia scholastica* Petra Komestorja, ki se nadaljuje s 14. poglavjem: *Iterum, si viderit*...[113]

Besedilo je napisano s skoraj črno in dobro rdečo tinto, kodikoloških prvin ni najti. Ker pa je vsaj ena od rubrik napisana tako, da se ob koncu vrstice nadaljuje navpično po medstolpičnem prostoru, se zdi, da se je prepisovalec uštel tudi pri odmerjanju prostora za rubrike, ne samo prostora za lombarde.

113 Prim. PL CXCVIII, *Petri Comestori Historia scholastica*, cap. XIII, stp. 1256.

37. SI AS 746, Cistercijanski samostan in državno gospostvo Kostanjevica, knj. 89, Urbar dvorca Rupercvrh, 1679–1693
Ptolemaj: Almagest. Italijansko delo, ok. 1200

Na zunanjščini sprednje platnice je arhivska etiketa *Sam A II 89, AS 746;* na sredini sprednje platnice je majhna nalepka, na kateri z modrim barvnikom piše *209* in številka se ponovi na sprednjem spojnem listu. Na sredini sprednjega lista je z roko poznega 17. stoletja napisano *Rupertsdorf Herrn Urbar de anno 1679.*

Knjižni blok (323 x 203 x 45 mm) je šivan na štiri vezice, vendar so ob hrbtni platnici vse potrgane in kodeks se je ohranil kot celota zaradi čvrstosti pergamentnega fragmenta, ki pokriva hrbtišče. Trije zavezovalni trakovi so v celoti odstranjeni, ostal je del četrtega; na obrezi je modro-rdeč obrizg.

Platnice iz kartona pokriva bifolij, ki je položen tako, da je nekdanji veznik na stiku med hrbtiščem in hrbtno platnico. Po višini meri bifolij z zavihki vred 370 mm, a nedvomno je bil izvirni kodeks precej višji: besedilo sega od zgornjega do spodnjega roba platnic in nekdanje margine so precej obrezane. Kako široke so bile, ni mogoče reči, ker ne vemo, ali so bile predvidene kot polja za pripise bralcev. Nesporna je edino širina notranje margine, ki na fragmentu s hrbtne platnice meri 38 mm, na fragmentu s sprednje pa 12 mm.

Izmere pisnih polj na teh dveh straneh ne veljajo za ves prvotni rokopis, ampak samo za ti dve strani: glede na naravo znanstvenega besedila je bila vsaka stran posebej oblikovana in je v postavitvi pisnega polja prišlo do nihanj. To so zahtevale tabele Ptolemajeve razprave in zato je na foliju s sprednje platnice 51 vrstic, visokih 5,8 mm, na hrbtni platnici pa je 65 vrstic z višino 4,8 mm. Ker je bil po vsem sodeč cel rokopis estetsko lepo, a izvedbeno zahtevno delo, je očitno kot standard obveljalo načelo skladnega razmerja med popisanim in praznim delom (ki se bliža zlatemu rezu), zato se je število vrstic in vrstičnih višin spreminjalo. Vseeno pa je vsaj v tem primeru višina popisanega folija enaka: spredaj meri pisno polje 318 x 230 mm, zadaj 318 x najmanj 190 mm. Zaradi poškodovanosti pergamenta je identifikacija šole oz. prepisovalskega okolja precej nezanesljiva, a zdi se, da je blizu Priscijanovemu fragmentu (kat. 19); pisava je t. im. *semi-textualis*, kar najbolj potrjuje oblika črke *a* z enim očesom. Ta tip pisave je prav pogost v Italiji, četudi jo je najti tudi drugod po Evropi.[114]

Potem ko je ok. 1175 Gerardo da Cremona (Gherardus Cremonensis, ok. 1114–1187) v Toledu prevedel Ptolemajevo delo v latinščino, je besedilo kmalu našlo bralce po Evropi, modelni rokopis pa je že vpeljal nekatere vsebinsko pogojene oblikovne principe, ki jih izraža tudi ta fragment, npr. zaobjetje ene tabele na svoji strani, zapisovanje številk v gostih stolpcih v menjavi rdeče in črne, da so bili podatki lažje čitljivi. Tako je na hrbtni strani vsebina zapisana v 13 stolpcih, na sprednji pa v 16. Temu so sledili tudi natisi.

Ker je površina bifolija zelo poškodovana in dva večja madeža prekrivata velik del vsake platnice, je zanesljiva samo identifikacija besedila na hrbtni platnici, ki se ujema z 8. knjigo *Almagesta*,[115] na sprednji strani pa je prepis tabel iz 9. knjige.[116] V dikciji se rokopisna in tri stoletja poznejša tiskana verzija Ptolemajevega *Almagesta* nekoliko razlikujeta, vsebinsko pa ne.

114 Albert Derolez, osebno pismo 23. 9. 2018.

115 Prim. *Claudii Ptolemaei Pelvsiensis Alexandri omnia quae extant opera ... Almagesti seu magnae compositionis mathematicae opus* etc. Basiliae 1541. Na str. 203 se prične 8. knjiga: *Magna compositionis Cl. Ptolemaei Pelvsiensis Alexandrini, Liber octavus. Expositio tabularis constallationis hemispherij australis.* Odlomek o Orionu je na str. 209 in 210. – NUK hrani izvod, ki je bil natisnjen v Baslu; v njem je prevodna verzija Georgiosa Trapezuntia (1395–1484).

116 Str. 233–247: *Liber IX. Tabula M. M. Longitudines et innaequalitatis.*

38. SI AS 746, Cistercijanski samostan in državno gospostvo Kostanjevica, knj. 92, Izkaz o imenju, prodanem baronu Maksimilijanu Antonu Taufferju, prva polovica 18. stoletja
Avrelij Avguštin: Razlage psalmov. Stična, ok. 1175–1180

Starejše signature je najti na zunanjščini sprednje platnice, to je arhivska etiketa *Sam A II 92, AS 746*, na predlistu piše *No. 23*, na katerem je tudi žig *Drž. Arhiv Ljubljana*, isti je na notranji strani hrbtne platnice in na verso strani zadnjega papirnega lista.

Knjižni blok (320 x 200 x 35 mm) je vezan v trde kartonaste platnice, ki so nekoliko večje od dimenzij papirja. Šivane so na tri vezice, na obrezi je modro-rdeč obrizg. – Prekrite so z obrezanim bifolijem *Razlag psalmov* Avrelija Avguština. Besedilo, ki je napisano na recto strani bifolija, je položeno na sprednjo platnico in hrbtišče, nekdanji veznik pa je že na hrbtni platnici, kjer je še en stolpec besedila v celoti in del levega. Sedaj je videti tri stolpce (vsak je širok približno 90 mm), medstolpični prostor (10 mm), pa tudi nepoškodovani zunanjo (56 mm) in notranjo margino (25 mm), medtem ko sta zgornja in spodnja margina precej obrezani (sedaj 40 in 25 mm). Čeprav je bifolij poškodovan, je mogoče reči, da je izvirni kodeks meril približno 380/400 x 353 mm.

Ureditev zrcala ni identična na obeh straneh; spredaj je 38 vrstic besedila, zadaj pa 36, a so vedno visoke 7,8 mm.

Besedilo je napisano v lepi poznoromanski minuskuli, ki je nekoliko ožena in po gibko oblikovanih stavčnih začetnicah (npr. C, N, O itd.), ki so v sredini upognjene, spominja na slog Gregorjevega mojstra ali Bernarda iz Stične v času opata Folknanda. Kaj več ni mogoče reči, ker je površina poškodovana, posebej so moteče posledice mokrote.

Rjava tinta je mestoma do nespoznavnosti razlita, sorazmerno dobro se je ohranilo besedilo rubriciranih citatov. Na hrbtni strani je v 7. vrstici desnega stolpca mogoče prebrati: ... *convertatur ad vesperam. Et famem patiantur ut canes.* S tem je bilo dano izhodišče za dopolnitev besedila nad in pod citatom: *Ille sic voluit more, ut sanguine suo etiam effufores eiusdem sanguinis redimeret. Fudistis saevientes, bibite confitentes. Merito* ... To je del besedila v razlagi Avrelija Avguština glede 58. psalma.[117] Tako kot je na tem rokopisnem fragmentu vsaka dobesedna navedba psalma zapisana z rdečilom, tako je v tiskanih izdajah najti citate bodisi v narekovajih ali poševnem tisku. – Ta fragment *Enarrationes in psalmos* predstavlja dopolnilo k rokopisu NUK, Ms 24, kjer so razlage od 119. do 133. psalma.[118]

39. SI AS 746, Cistercijanski samostan in državno gospostvo Kostanjevica, knj. 93, Urbar, 1674–1685
Liturgični molitvenik. Stična, ok. 1175–1180

Na zunanjščini sprednje platnice je arhivska etiketa *Sam A II 93, AS 746*, na nekoliko svetlejšem polju papirne etikete je z modrim barvnikom napisano *190*. Napis oz. naslov na etiketi ni več čitljiv.

Knjižni blok (318 x 204 x 35 mm) je s tremi vezicami šivan na trde kartonaste platnice, ki so nekoliko večje od dimenzij papirja. Povezavo ohranja edino srednja vezica, preostali dve sta potrgani, odstranjeni so tudi zavezovalni trakovi; na obrezi je modro-rdeč obrizg.

Platnici sta prekriti z dvema kosoma pergamenta, ki sta položena poprek; večji je pokril sprednjo platnico, hrbtišče in del hrbtne. Na tem delu je videti spodnji del folija z besedilom, urejenim v dva stolpca, na drugi strani

117 Preverjeno po: *Divi Aurelii Augustini Hipponensis Episcopi. Opus continens enarrationes in psalmos* etc.; *In psalmum LVIII*, 294.

118 Kos, Stelè, kat. 57; številke so navedene po Kosovi dikciji. Gl. tudi Golob, *Srednjeveški kodeksi iz Stične*, str. 187 dalje.

veznika pa še del stolpca s sosednjega lista. Večji fragment meri skupaj z zavihki 378 x 360 mm, pri čemer je pisno polje z dvema stolpcema pribl. 303 x 205 mm. Stolpca sta široka po 85 mm, ohranjena je vsa spodnja margina (62 mm) in notranja (27 mm), zgornja in zunanja pa sta bili odrezani. Manjši fragment je nepopisan je del spodnje margine nekega drugega folija iz verjetno istega kodeksa; meri 358 x 82 mm. Na zunanji strani je prazen, na zavihku pa je videti konice spodnjega dela črk, ki so enako oblikovane kot na večjem fragmentu.

Pisava v dveh velikostnih redih je značilna za slog poznega 12. stoletja in po vsem sodeč gre za delo enega od rokopisnikov iz Stične. K temu predlogu največ pripomore 32 mm visoka silhuetna iniciala *V(enintes)* z dvema hrustančasto izboklima obrobama in notranjim poljem, pokritim s presojno rumeno barvo, kakršne vidimo v drugih stiških rokopisih.[119]

Zaradi nečiste in poškodovane površine je dovolj čitljiv samo del molitve[120] (sufrage za sv. Križ): *Deus qui salutis aeterne, beatae Mariae Virginitate fecunda ...*[121], medtem ko je del besedila, ki ga rubrika imenuje *Bedae, lectio I.,* povsem nečitljiv.

Besedilo je napisano s skoraj črno in dobro rdečo tinto, kodikoloških prvin ni najti.

119 Prim. NUK, Ms 8/III, 9/I, Wolfenbüttel, Cod. Guelf. 206: Dunaj, ÖNB, Cod. 659, 685, 935; Golob, *Srednjeveški kodeksi iz Stične*, sl. 81 in razpredelnica.

120 O pomenu sufrag (srečanju Boga in pokojnika) obstaja obsežna literatura. Glede njihovega oblikovanja v visokem srednjem veku gl. v.a.: *The Liturgy Documents. Volume Four. The Parish Worship, Devotions, Formation and Cathesis*, str. 454.

121 Preverjeno po *Breviarium monastico-benedictinum ... Monasteria Mellicense et B.M.V. ad Scotos Vindobonense, Pars Hiemalis*, str. 111.

40. SI AS 747, Gospostvo Križ in Mekinje, knj. 1, Sodni register, 1721–1736
Himna o sv. Uršuli. Južnonemška pisna šola, 1. polovica 15. stoletja

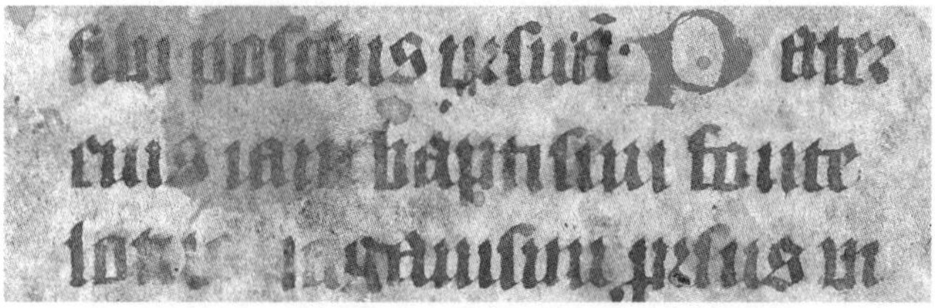

Sprednja platnica nima prevleke in na kartonasti osnovi je arhivska etiketa *Gr. A. CII. Križ-Mekinje št. 1.* Na notranji strani platnice je z rdečim barvnikom napisana številka *1723.*

Platnice knjižnega bloka (316 x 200 x 50 mm) so bile šivane na štiri vezice, vendar so ob hrbtni platnici potrgane in strukturno je knjiga labilna. Po končanem šivanju je bilo hrbtišče prelepljeno s kosom rjavega in s pečatniki okrašenega usnja, ki pa je ob glavi in peti poškodovano in sta kapitala razkrita. Platnici sta bili nato prekriti z rokopisnima fragmentoma; na sprednji platnici ni več ohranjen.

Fragment na hrbtni platnici je sicer precej poškodovan, videti je črvojedine in več madežev, vendar je nedvomno ohranjena verso stran z besedilom himne za sv. Uršulo. Večino površine zavzema desni stolpec z medstolpičnim prostorom, medtem ko je levi z zunanjo margino vred odrezan. Sedaj meri 322 x 217 mm; pisni stolpec je širok 70–75 mm in šteje 25 vrstic, visokih 9,3 mm. Mogoče je reči, da je pisno polje merilo 228 x 165 mm, da je notranja margina široka pribl. 20 mm in spodnja 60 mm, vsi drugi podatki pa zaradi obrezanosti niso zanesljivi. – Pogled na značilne poteze pisave, ki jih je videti, je omejen, vendar je mogoče trditi, da je *a* zaprt v dve očesi, *e* ima ozko zgornjo zanko, uncialni *d* je skoraj brez diagonale, stebla *b* in *l* so poševno rezana in imajo včasih lasno tenko potezo na levo, zgornje kvadrangule so skoraj pravilo. Že te lastnosti dovoljujejo predlog, da gre za delo 1. polovice 15. stoletja iz salzburško-južnonemškega prostora.[122]

122 Prim. Hamburger et al., *Bilderwelten*, str. 48: München, BSB, clm 15701, t. i. *Grillingerjeva biblija*.

Kodikoloških prvin ni najti. Na tem fragmentu je videti 13 lombard, vse so visoke 1 vrstico (= 9 mm) in so rdeče, precej široko oblikovane; z rdečilom so zapisane tudi liturgične oznake in paragrafi.

Večji del fragmenta je namenjen himni o sv. Uršuli, kjer pa začetka ni mogoče prepoznati, ker so vrstice obrezane. V nadaljevanju (npr. verz *Pater eius iam baptismi fonte* etc.) se himna ujema s pesmijo, objavljeno v zbirki H. A. Daniela.[123]

41. SI AS 748, Gospostvo Krumperk, fasc. 48, Urbar dvorca Guettenhart, 1595
Lekcionar. Srednjeevropska pisna šola, sredina 13. stoletja

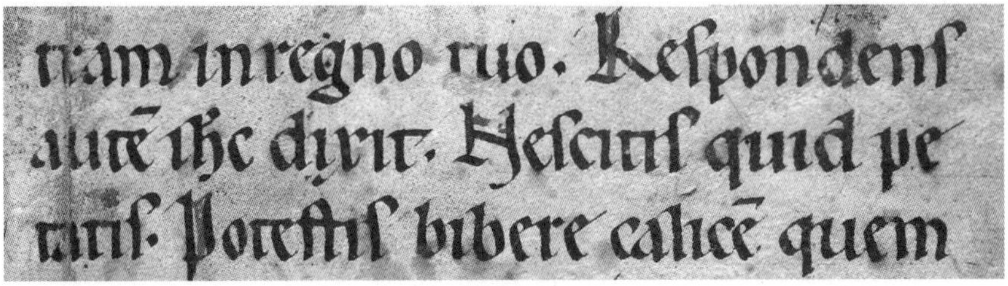

Knjiga (214 x 160 mm) ima v desnem zgornjem vogalu napisano *No. 15*; drugih starejših signatur ni najti. Zvezek ima 18 (2 x 9) listov in je šivan z eno vrvico, ki je na koncu zapisa, ob letnici 1595 pritrjena z dvema pečatoma.

Platnice so mehke, so le enoslojni pergamentni bifolij, odrezan po meri papirnega zvezka; na notranji strani je polepljen s papirjem, zavihkov ni. Fragment je položen tako, da na sprednji platnici vidimo besedilo v vsej širini in (skoraj vso) zunanjo margino (najmanj 43 mm), na hrbtni platnici pa obe notranji margini ob vezniku (vsaj 28 mm) in večji del stolpca z besedilom; vprašanje je, za koliko so znižali gornjo margino (sedaj meri samo 19 mm), spodnje margine ni videti, ker je prerezano besedilo sredi stolpca.

Po vsem sodeč je bil izvirni kodeks napisan v enem stolpcu, ki je širok 115 mm. Ohranilo se je 18 vrstic, ki z višino 10,3 mm nakazujejo, da je šlo za korno knjigo. Kodikoloških prvin ni dosti, navpične in prečne črte zrcala se medlo vidijo.

123 Daniel, *Thesaurus hymnologicus,* str. 260.

Knjiga beril je pisana v poznoromanski karolini prehodnega sloga, črke še niso povezane, čeprav je večinoma videti tenko odstavno potezo (*m, n, u, i, t*). Črke so sicer ožene (npr. b, *o, e*), vendar zaobljene, *f* in *s-longa* imata izrazit lok, *a* ima zgornjo potezo kratko in odprto nad široko spodnjo zanko itd. To je pisava, ki je v več osebnih različicah prisotna v avstrijskem in južnonemškem prostoru v 2. tretjini 13. stoletja, ne smemo pa pozabiti na vpliv redovnih povezav. Kopist je uporabil rjavo tinto, rdečilo je prišlo v poštev za okrasne poteze v stavčnih začetnicah, za liturgične oznake in eno lombardo. Pergament je površinsko gladek, odlično pripravljen, le da je spredaj precej manjših madežev.

Večji del besedila je vzet iz evangelijev; obakrat beremo odlomke iz evangelija po Mateju, spredaj iz 20, 20 (...*filiorum Zebedei cum filiis suis adorans et petens* ...), na hrbtni strani pa 19, 27 (... *Ecce nos reliquimus omnia et secuti sumus*).

42. SI AS 748, Gospostvo Krumperk, fasc. 48, Računska knjiga oskrbnikov, 1622–1755

Brevir. Srednja Evropa, 2. polovica 13. stoletja

Računska knjiga (200 x 145 mm) nima nobenih starejših signatur; kartonaste platnice segajo nekoliko čez knjižni blok in imajo ob navpični strani z vrezilom potegnjeni dve slepi črti. Prekrite so z dvema rokopisnima fragmentoma iz istega kodeksa, ki je bil precejšnjih dimenzij, širok vsaj 290 mm. Besedilo je napisano v dveh stolpcih, pri čemer je vsak stolpec širok dobrih 80 mm, medstolpični prostor pa 27–28 mm. Videti je le spodnji del bifolija in na njem 14 vrstic besedila, visokih 9,0 mm. Nedvomno spodnja margina z višino 80 mm in notranja (do veznika) s širino 46 mm nakazujeta, da je bil lekcionar po dimenzijah veliko delo.

Na sprednji platnici je del evangelija po sv. Luku (1, 64), ki pa se v desnem stolpcu prične z različico, kakršno je zapisal Evzebij Vercellijski: ... *soluta est lingua eius et apertum est os eius* ...[124] V zadnjih treh vrsticah levega stolpca je v nediastematskih nevmah gregorijanski responzorij *Inter natos mulierum non surrexit maior Ioanne Baptista*[125] na besedilo odlomka iz evangelija po sv. Mateju (11, 11).

Večji fragment meri z zavihki vred 385 x 220 mm, manjši pa 27 x 220 mm in videti je le spodnji rob črk v spodnji vrstici.

Brevir je v gibko oblikovani knjižni gotici: vertikale so malce upognjene, črke so dostikrat še samostojno zapisane, vendar imajo na koncu kratko odstavno potezo (pri *m* sta prvi dve nogi povsem navpični). Loki so ponekod za spoznanje koničeni, *a* in *s-corta* sta odprta, *e* ima visoko postavljeno zanko, *h* ima spodvit lok; zdi se, da med okrasnimi zobci na levi strani stavčnih začetnic in kljukice na *s-longa* vlada podoben estetski princip.[126] Rokopis je bil napisan na zelo kvalitetnem pergamentu, ki je bil svetel, mehak in žametastega otipa, sedaj pa je površinsko zdrsan in na hrbtni platnici je velik rjav madež. Rjava tinta je mestoma razredčena, z rdečilom pa so potegnjene okrasne črte v stavčnih začetnicah, melodije, liturgične oznake in okrasne črke na začetkih odlomkov.

43. SI AS 748, Gospostvo Krumperk, fasc. 48, Kopialna knjiga Marije Lucije Rasp, 2. polovica 17. in začetek 18. stoletja
Evangelij po sv. Marku. Stična, ok. 1175–1180

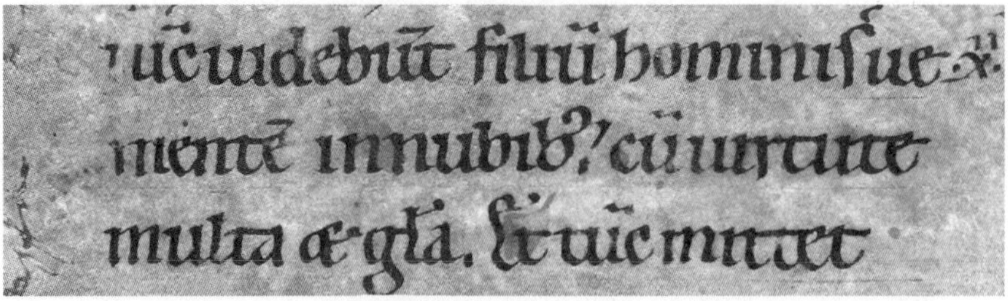

124 Prim. *Eusebii Vercellensis Evangelium cum variis codicis collatum* etc., PL XII, stp. 511.
125 Hesbert, *Corpus antiphonalium Officii*, št. 6979.
126 V katalogu rokopisov iz avstrijskih in južnonemških šol je večkrat zapisana oznaka »podonavski prostor«, ki se povezuje tudi s salzburškimi deli.

Kopialna knjiga Marije Lucije Rasp[127] ima kartonaste platnice (195 x 157 x 27 mm), zvezek pa je šivan prek treh vezic, ohranjeni so galunski zavezovalni trakovi, obreza ima rdeče-moder obrizg.

Na sprednji platnici ni nobene starejše evidenčne oznake, je pa na zgornjem delu hrbtišča nalepljen papir s številko *314*, ki je nemara iz 19. stoletja. Nekaj sprednjih listov manjka, vseeno pa je zvezek dobro ohranjen.

Platnice iz trdega kartona so prevlečene z delom folija, na katerem je odlomek iz evangelija po sv. Marku. Vidimo levi stolpec z besedilom (š = 92 mm) in del desnega, zunanjo (62 mm) in spodnjo margino (89 mm), odrezan pa je dobršni del desnega stolpca ter zgornja in notranja margina. Vidni del stolpca ima 28 vrstic, kjer je vrstica visoka celih 10,2 mm. Fragment, ki ga vidimo na razprti knjigi, meri približno 193 x 343 mm.

Stavčne začetnice so poudarjene z rdečo črto, začetnice verzov so enovrstične rdeče črke, na začetku novega poglavja je iniciala *E(rat)*, ki ima nesimetrično razprto telo, notranja poteza pa je spremenjena v nitasto valovnico.

Črke, posebej stavčne začetnice, so dinamično oblikovane, dajejo vtis valovanja, tudi dolgi *ſ* je sklonjen daleč nad naslednjo črko, *g* ima zanko upognjeno in spodaj odprto itd. Celota teh in drugih paleografskih elementov daje vtis, da gre za delo Bernarda, meniha iz Stične, posebej če ta zapis primerjamo z njegovimi že utečenimi kopijami.[128] Napačno bi bilo pričakovati, da bo format kodeksa z Markovim evangelijem povsem enak kot pri npr. kodeksu s petimi Mojzesovimi knjigami,[129] ker tudi v drugih primerih niso volumni istega večdelnega opusa enakih dimenzij. Iniciala *E(rat autem)* pa se ujema s slogom inicial v več rokopisih,[130] značilne polrozetne izbokline vidimo tako na kaligrafskih kot silhuetnih inicialah in sledijo enotnemu estetskemu načelu.

Zapisana je vsebina iz evangelija po sv. Marku: na levem stolpcu beremo besedilo 13. poglavja od 24. verza dalje (... *Sed in illis diebus post tribulationem illa* ...), sredi desnega stolpca pa se po končanem 13. poglavju prične 14. (*Erat autem Pascha* ...) in konča pri 6. verzu (*Bonum opus operata est* ...).

127 Marija Lucija Rasp, roj. Kunstl, soproga Janeza Jurija Raspa, prim. Golec 2009, str. 18–19.

128 Bernardov opus je velik, dobro je razviden v rokopisih Ljubljana, NUK, Ms 7, 8/II, 18. Golob 2017, *S črnilom in zlatom*, posebej str. 96–104.

129 Dunaj, ÖNB, Cod. 649.

130 Prim. Ljubljana, NUK, Ms 11, 16; Dunaj, ÖNB, Cod. 649, 659, 756 itd. Golob, *Srednjeveški kodeksi iz Stične*, sl. 14, 66, 120, 124, 175 in predvsem tabele s kaligrafskimi inicialami.

Fragment kaže pričakovane lastnosti rokopisov iz tedanje Stične: kakovosten pergament, odlična črna in rdeča tinta, pa tudi drobne tehnične podrobnosti, npr. z rdečo okrasno potezo obrisane vreznine v okviru pisnega polja.

44. SI AS 748, Gospostvo Krumperk, fasc. 125, Register žitne desetine, 1706–1739

Sekvencijar. Južnonemška pisna provinca, zgodnje 15. stoletje

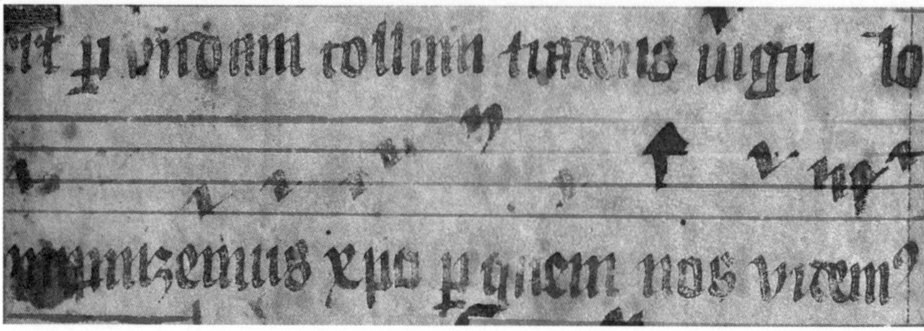

Na zunanjščini ni nobene starejše signature, vsebina je zapisana na prvi strani in zaznamovana z letnico. Knjižni blok (150 x 200 x 27 mm) ima platnice iz trdega kartona; šivan je na tri vezice, ki so skrite pod pergamentno prevleko. Register ima rdeče-moder obrizg na obrezi, zavezoval se je s svilenimi trakovi zelene barve.

Hrbtišče ni okrepljeno, tako da se pergamentna prevleka ob odpiranju upogne navznoter. Uporabili so zgornjo polovico bifolija glasbenega rokopisa, ki je prerezan sredi 5. skupine notnega črtovja. Tako je na sprednji platnici dobršni del vsebine, napisane na recto strani bifolija, ki se nadaljuje čez predel hrbtišča; vidita se zunanja (z zavihki vred 67 mm) in zgornja margina (v celoti 42 mm), notranja (40 mm) je pa že na hrbtni platnici, kjer se nadaljuje del glasbenega zapisa na verso strani bifolija. Če razpremo obe platnici, je površina fragmenta 150 x 430 mm.

Ena skupina notnega črtovja s pripadajočim besedilom je visoka 27 mm. Notno črtovje je narisano v širini 192 mm z rdečilom, notacija rombskega tipa in besedilo pa v ne posebno kakovostni črni tinti. Vendar je notni in besedilni zapis lepo delo, vtis je gibek, ker so minimi na sredini posneti, črke imajo odstavne poteze, na pozno 14. ali zgodnje 15. stoletje kaže npr. črka *a*, ki ima sklenjeno obliko v dve očesi, zato pa je zanka pri *g* toliko potegnjena do spodnje črte, da se je dotakne, vendar ne tvori ovala itd. Nemara bi – glede na paleografske poteze besedila – smeli videti sekvencijar kot delo rokopisnika iz avstrijskih ali južnonemških krajev. Lombarde (v = 25 mm) so ožene, napisane v rdeči in modri tinti; so brez okrasa in že na pogled skromne, a vešče oblikovane iniciale.

Folij in s tem besedilo je zaradi knjigoveških potreb prerezano in mestoma odstrgano, vendar iz odlomka ... *verbis conas fulguras signis roras graciam* ... razberemo, da gre za sekvenco *in divisione apostolorum*.[131] Fragment sekvenciarja je poleg tega na obeh platnicah pokrit z madeži.

45. SI AS 748, Gospostvo Krumperk, knj. 15, Piročni urbar, 1694–1707
Neopredeljeno besedilo. Južnonemški prostor, 13. stoletje

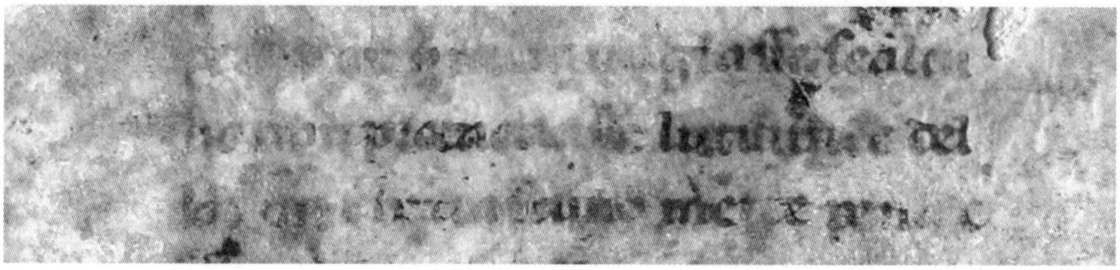

Knjižni blok je ostal brez sprednje platnice in prevleke čez hrbtišče; ohranila se je samo hrbtna platnica (320 x 195 mm), ki je v osnovi iz mehkega kartona, zato so vogali močno poškodovani.

Na sprednjem notranjem listu je arhivska etiketa *Gr A XV. Krumperk*, drugih starejših signatur ni. Pergamentna prevleka na hrbtni strani je zelo poškodovana, v dobršni meri tudi odtrgana ter površinsko obdrsana in sprana. Ker je odtrgan del prevleke na zgornjem in na spodnjem robu, je mogoče reči le malo: besedilo je urejeno v dva stolpca, vsak je širok približno 68 mm, vrstice so visoke 6,4 mm.

131 Celotno besedilo prim. Wackernagel, *Das deutsche Kirchenlied*, sekvenca št. 163, str. 107.

Glede na obliko lombarde L (v = 17 mm) z vzporednimi snopi nitastih izrastkov, ki rokopis utegnil biti delo iz južnonemškega okolja iz sredine 13. stoletja.[132]

46. SI AS 764, Gospostvo Ortnek, knj. 1, Urbar, 1593–1598
Sekvencijar. Avstrijska pisna šola, 1. polovica 15. stoletja

Na zunanjščini ovitka so različni pripisi; zvečine so precej zabrisani, med njimi so računi, fantazijske iniciale, letnica (?) 1681 in v celoti se zdi, da niso povezani z nastankom in vsebino urbarja. Na levem zgornjem vogalu je arhivska etiketa *Gr A XII Ortnek 1.* Na sredini hrbtne platice je napisano *Nr. 4.3.*

Knjižni blok (308 x 208 mm) je vezan prek treh tenkih vezic, ki se na stiku med platnico in hrbtiščem pretaknejo na zunanjo stran. Bifolij so namestili tako, da prvotni veznik teče ob stiku hrbtišča in hrbtne platnice. Knjigo se je zavezovalo z dvema trakovoma. – Platnice so mehke, ker je bifolij na notranji strani polepljen s papirjem, drugih opor pa nima. Ker se višina uporabljenega bifolija ujema z višino knjižnega bloka, niso mogli zavihniti pergamenta na zgornjem in spodnjem robu, ampak le na zunanjem robu knjižnega bloka, kar so sicer zunanje margine. Dimenzije rokopisnega kodeksa so po vsem sodeč bile 312 x 243/246 mm, rokopisni bifolij pa z zavihki vred meri 312 x 492 mm.

Besedilo je urejeno v dva stolpca, tako da pisno polje meri 215 x 165 mm, en stolpec je širok pribl. 75 mm, medstolpični prostor pa 15 mm. Margine

132 V oblikovanju nitastega okrasa okoli lombarde, napisane na hrbtišču, je videti nekaj slogovnih podobnosti s fleuronnéjem ob inicialah na fragmentu iz južnonemško-švicarskega okolja; fragmenta pa imata povsem različne kodikološke poteze. Gl. kat. 36.

so precej široke (zgornja = pribl. 30 mm, zunanja = 50 mm, spodnja = 65 mm, notranja = 35 mm). Besedilo ima v vsakem stolpcu po 28 vrstic, visokih 7,8 mm; napisano je s temnorjavo, skoraj črno tinto, poleg tega so uporabili rdečilo za rubrike (*De sancto Stephano*, *In Conversionis S. Pauli* itd.), za iniciale in druge oznake, modro tinto pa samo za lombarde. Enovrstičnih lombard (v = 8 mm), ki imajo vlogo vrstičnih ali verznih začetnic, je 35, dvovrstične (v = 15 mm) pa so 3. Lombarde so sicer dekorativno odebeljene in imajo izrazite serife, vendar so – z izjemo kakšne podvojene črte ob inicialnem telesu – brez primarnega okrasa.

Pisava pripada 1. polovici 15. stoletja, ker so črke ožene in koničene oz. imajo zlomljene loke (*m, h, o, p* itd.). Kvadrangulni serifi sicer niso izrazito oblikovani, se pa pojavijo zgornje odstavne poteze, ki učinkujejo kot kljukice (npr. na hasti uncialnega *d*); *a* je zaprt v dve neenaki očesi, *e* ima visoko zanko, *g* pa zanko na romb; *l* in *s-longa* imata odstavno črto spodvito, zgornji lok pa je diagonalno posnet. Pisava ima lastnosti, ki niso ožje zamejene, vsekakor pa pripada izurjenemu kopistu iz avstrijskega prostora.[133]

O kakovosti uporabljenega bifolija pričajo polja, ki se kažejo na notranji strani ob mestoma odtrganem papirju; pergament je bil odlične kakovosti, svetle, smetanove barve, vodoravne črte so narisane z lasno tankimi potezami. Drugih kodikoloških prvin ni videti.

Vsebino je mogoče opredeliti na temelju posameznih besednih skupin. V levem stolpcu zgoraj, kjer je verz iz pesmi slednice ... *Quia erat dragma perdita* ... in je znana pod naslovom *In Nativitate Domini aurora sequentia,*[134] na hrbtni strani pa se v prvi vrstici levega stolpca bere odlomek iz sekvence za sv. Agnes: *Tunc inducta lupanari, cella fulget ut solari splendore lucis* ...[135]

---

133 Prim. Hranitzky et al., *Mitteleuropäische Schulen V*, kat. 23, sl. 200: Dunaj, ÖNB, Cod. 13.713; pisava na gradualnem fragmentu iz dunajske okolice (Perchtolsdorf?, 1. četrtina 15. stoletja) se v splošnih potezah ujema z zapisom na fragmentu sekvencijarja z gradu Ortnek.

134 Gl. rokopis: Trento, Biblioteca Capitolare, Cod. 93, gl. http://www1.cpdl.org/wiki/index.php/Trent_codices (dostop 17.05.2018).

135 Daniel, *CCLXXIV. De S. Agnete,* str. 254.

47. SI AS 764, Gospostvo Ortnek, knj. 5, Urbar, 1674–1679
Psalter. Avstrijska pisna šola, pred 1400

Urbar ima kartonaste platnice, ki so ostale gole, le na sprednji platnici je kos papirne nalepke. Hrbtišče je polepljeno s trakom, odrezanim z razgrnjenega bifolija: na sredini hrbtišča je na praznem polju obeh notranjih margin videti letnici *1674* in *1679*, ki pa sta precej zabrisani. V levem zgornjem vogalu je arhivska etiketa *Gr A XVI, št. 5*. Knjigo se je zavezovalo z dvema irhastima trakovoma. Knjižni blok urbarja (315 x 203 x 37 mm) je vezan prek treh vezic, čez hrbtišče prilepljen kos bifolija pokriva tudi del vsake platnice; na obrezi je modro-rdeč obrizg.

Fragment je zgornji del bifolija, odrezan na dimenzije 83 x 315 mm. Ohranili sta se obe zunanji margini (vsaka 30 mm), obe notranji (vsaka 23 mm) in zgornja (24 mm). O dimenzijah celotnega bifolija oz. prvotnega kodeksa ni mogoče reči nič zanesljivega.

Na fragmentu je videti 6 vrstic besedila in delček sedme, ki je – glede na širino nekdanjega kodeksa, ki ni presegala 160 mm – zapisano v precej velikih črkah (11 mm). Gre za knjižno gotico s preloma 14. v 15. stoletje; črke so oblikovane kot oglati liki (npr. *u*), ki so zaradi rombastih serifov (kvadrangula) videti kot nepretrgano zaporedje minimov, *p* in *q* nimata serifov na spodnjem steblu, *a* in *g* pa nimata zaprtih zank. Vsak verz se pričenja z enovrstično rdečo lombardo.

Fragment, ki pokriva hrbtišče urbarja, je površinsko obrabljen, zato kodikološke prvine niso razvidne. Medtem ko je na levem stolpcu površina fragmenta močno poškodovana, je na desnem stolpcu mogoče izluščiti naslednje besede: *Nec enim in gladio suo possederunt terram neque bracchium eorum ...* Zapisane so v psalmu 43, 4.

48. SI AS 767, Jezuitska rezidenca in državno gospostvo Pleterje, fasc. 2, Urbar, 1696–1699
Lekcionar. Južnonemški prostor, sredina 13. stoletja

Knjižni blok (305 x 200 mm) je zelo poškodovan in manjka sprednja platnica. Na sredini sprednjega lista je z modrim barvnikom zapisana evidenčna številka *181*, nad njo pa recentna notica *Pleterje 1696 ss.*

Glede na ohranjenost urbarja kot knjižne celote je težko trditi, kakšna je bila sprva vezava; zdi se, da sta bili platnici prevlečeni vsaka s svojim fragmentom bifolija, ki sta se delno prekrivala oz. stikala na hrbtišču. Ohranjena je samo hrbtna platnica iz mehkega večslojnega kartona; ker je škrobno lepilo popustilo, je bifolij prost. Je precej obrezan in kot takšen meri 347 x 226 mm; nekdanji veznik je pomaknjen proti zgornjemu delu platnice. Glede na ohranjenost je mogoče reči, da je prvotni kodeks meril kakih 285 x 194 mm, sedaj določljivi višini prvotnega folija (225 mm) je treba prišteti kakih 60 mm.

Besedilo je napisano na enostolpičnem zrcalu; pisno polje meri 195 x 120 mm, na strani je 25 ali 26 vrstic in so visoke 7,8 mm.

Zaradi splošnega estetskega vtisa, ki ga pušča oblikovanje črk, je umestitev v zgodnji čas gotike umesten, to pa podpirajo tudi posamezne poteze: npr. zaobljenost črk, *o*, ki je le nekoliko poševen, loki so mehki (*g, m, n, u, p, q*), vendar sta *b* in *h* na spodnji črti malce koničena, minimi pa niso posneti. Vsaka črka je samostojno oblikovana, med seboj se s kratkimi in diskretnimi odstavnimi potezami združujejo, vendar je vtis v celoti zračen.[136] Skladnost s

136 Prim. Klemm, *Handschriften des 13. Jahrhunderts,* kat. 266, sl. 255: München, BSB, clm 1269; rokopis je bavarsko delo, pisava je opredeljena celo kot delo 12. stoletja; glede pisave in skladnosti nitastega okrasa v iniciali gl. tudi: kat. 155, sl. 444: München, BSB, clm 7916; rokopis je opredeljen kot švabsko-frankovsko delo iz 1. četrtine 13. stoletja.

fragmentoma kat. 11 in 56 je očitna tako glede pisave kot oblikovanja nitastega okrasa v inicialah, pa tudi kodikološke prvine se ujemajo, npr. višina vrstic, oblikovanje pisnega polja itd.[137]

Nekaj besed je čitljivih na zavihku hrbtišča, kjer je zaradi rubrike *in sabbato IIII . Lectio secundum Lucam* ... ter dela stavka ... *dicebat Jesus turbis* ... (Luka 22, 52) mogoče predlagati, da gre za fragment lekcionarja.

Na odlepljenem bifoliju je videti dve lombardi z nitastim okrasom, ki – glede na čas, ko je bilo posnemanje italijanskih rokopisnih vzorov moderno – oponašajo strunski okras, vendar so nagrebenjene polovične rozete in oblika nitastih vej v skladu s srednjeevropsko estetiko. Modro telo iniciale *I(n illo tempore)* obrobljajo vzporedne rdeče niti s preprostimi prisekanimi krogi, ki prevzemajo vlogo volut iz arhitekturnega repertorija. Iniciala *D(ominus redemptor)* je v obratni barvni kombinaciji, ob telesu uncialnega D so polovične rozete, tako kot pri iniciali *C* na fragmentu kat. 11.[138]

49. SI AS 767, Jezuitska rezidenca in državno gospostvo Pleterje, fasc. 3, Desetinski register, 1643–1648
Misal. Nemška pisna šola, 15. stoletje

137 Merodajne so primerjave z rokopisi: Klemm, *Handschriften des 13. Jahrhunderts,* kat. 46, sl. 139: München, BSB, clm 13029, rokopis iz Prüfeninga; kat. 94, sl. 266: München, BSB, clm 9572, rokopis iz Niederaltaicha; kat. 81, sl. 240: München, BSB, clm 2610, rokopis iz Aldersbacha; kat. 204, sl. 566: München, BSB, clm 4323, rokopis iz Salema; kat. 205, sl. 571–573: München, BSB, rokopis iz škofije Konstanca; kat. 206, sl. 574: München, BSB, rokopis iz vzhodne Švice.

138 Prim. Klemm, *Handschriften des 13. Jahrhunderts,* kat. 27, sl. 98: München, BSB, clm 7767; kat. 31, sl. 103: München, BSB, clm 6217; kat. 29, sl. 99: München, BSB, clm 16013.

Zvezek meri 200 x 145 mm; šivan je na štiri vezice iz rjavega usnja. Platnici sta sestavljeni iz več slojev; zunanjega predstavlja pergamentni fragment, na katerega je nalepljen kos nekega pisma, čez je položen potiskan papir in nato gladek bel papir, ki služi tudi kot spojni list. Fragment meri približno 220 x 317 mm.

Zunanjost pergamentne prevleke je tako poškodovana, da besedila ni mogoče opredeliti. Na zunanjosti je mogoče razbrati le nekaj podatkov o ureditvi prvotnega kodeksa: besedilo je napisano v dveh stolpcih, vsak je širok 104 mm in tudi medstolpični prostor je širok, 20 mm, kar govori o tem, da je bil rokopis impresivnih dimenzij. Notranja stran pergamentne prevleke na platnici je prelepljena, odstopil pa je del prekrivnega papirja ob sprednji platnici in tako je videti približno 20 mm zavihka, kjer je nekaj črk (v = 11,4 mm) in ob robu delček besedila. Iz besed ... *conspectu regis pharaonis circuivit* ... je mogoče ugotoviti, da gre za Knjigo o stvarenju (41, 46). Če povežemo vsebino in ugotovitev, da je besedilo zapisano v psalteriali, ki izstopa z izjemno vrstično višino, se zdi logičen sklep, da je to preostanek kornega misala.

Od strukturnih značilnosti je na notranji strani videti le naris zrcala z zelo tenkimi črtami.

50. SI AS 767, Jezuitska rezidenca in državno gospostvo Pleterje, fasc. 3, Desetinski register, 1656–1662
Cistercijanski lekcionar. Srednja Evropa, 2. polovica 14. stoletja

Na notranji strani knjižnega bloka (210 x 158 mm) je z modrim barvnikom napisana številka *118*, nalepka z naslovom (45 x 90 mm), ki je bila na sprednji platnici, pa je odpadla.

Knjižni blok ima platnice iz večslojnega kartona, poleg tega je na notranji strani polepljen s kosi potiskanih in praznih papirjev. Šivan je čez tri trakaste vezice, ki jih je videti na stiku med hrbtiščem in platnico. Ovit je v dva folija, ki sta pripadala istemu kodeksu, nalepljena pa sta tako, da večji fragment, ki je del bifolija, pokriva sprednjo platnico, prazni notranji margini tečeta vzdolž hrbtišča. Nalepljen je prek drugega, manjšega fragmenta, ki prekriva večino hrbtne platnice. V celoti je površina, ki jo pokrivata, z zavihki vred velika 340 x pribl. 255 mm. Obema je skupna ureditev v dva stolpca, ki sta široka po 60 mm, v vsakem je 26 vrstic, visokih 7,0 mm. Ponekod, zlasti na razkritih notranjih delih zavihkov, je videti prečne črte, potegnjene z zelo tenkim pisalom. Večji fragment meri približno 255 x 187 mm, manjši pa približno 255 x 155 mm.

Z rdečilom so napisane rubrike, nekaj paragrafov, iniciala *I(sti iudi ...)*, lombarde, poteze v stavčnih začetnicah, z modro pa lombarda *U*. Značilnosti pisave je mogoče zbližati s tistimi fragmenti, ki jih lahko širše opredelimo kot srednjeevropska dela iz 2. polovice 14. stoletja.

Pod raztrgano prevleko čez hrbtišče je videti kanček drugega, neopredeljivega fragmenta z besedilom v zelo majhni pisavi.

Na zunanji strani je knjiga *Desetinskega registra* umazana, obdrsana, na mnogo mestih je preluknjana zaradi črvojedin in na spodnji tretjini sta pergamentni prevleki nagrbančeni. Na notranji strani pa se pergamentnih fragmentov držijo kosi zlepljenih papirjev in je besedilo nečitljivo. Ni ga mogoče prepričljivo prepoznati, a po citatu ... *et nunc per mirabilia* ... in rubriki *Lectio II* (ali *III*) bi utegnil biti odlomek iz cistercijanskega lekcionarja.[139]

139 Gl. *Lectionarium cisterciense*, str. 255; citat bi našli v berilu za 29. december.

51. SI AS 767, Jezuitska rezidenca in državno gospostvo Pleterje, fasc. 3, Desetinski register, 1663–1669
Misal. Avstrijsko delo, 1. tretjina 15. stoletja

Zunanjščina zvezka je zelo poškodovana; knjižni blok registra meri 195 x 165 mm. Fragment je sekundarno uporabljen, kar dokazuje napis na margini (sedaj zgornji rob), ki je prerezan, tako da iz črk sestavimo le, da je najprej pokrival urbarialno knjigo za Pleterje (... *IA VRBARI N. Soc. PLETR*...). Na zvezku piše *Zehensregis*(*ter*), zraven je pečat *Deželni muzej v Ljubljani Knjižnica* ter z modrim svinčnikom številka *17.*

Fragment meri 310 x 195 mm in dimenzije ustrezajo površini po sredini prerezanega dvostolpičnega folija. Stolpec je namreč širok 160 mm in na sredini nekdanjega medstolpičnega prostora je risba z rdečo tinto, ki je parafraza jonskega kapitela z neopredeljenim napisom, torej je imel vlogo kartuše okoli kustode. Misal je bil zelo lepo delo; tenek in mehek pergament ni bil dovolj odporen za pogosto uporabo kot ovitek desetinskega registra. Prvotnih dimenzij misala ni mogoče določiti.

Z izjemo fino narisanega pisnega polja in slikovne kartuše ni drugih kodikoloških prvin. Besedilo v knjižni gotici (v = 11,4 mm), ki jo zaznamuje oblika šesterokotnika (zlasti *o, c,* trebuh *p* itd.), rombasti nastavki na vrhu črk ustvarjajo vtis ostrine in tenke odstavne poteze (na koncu črke *s-corta*, na vrhu *s-longa* itd.) poudarjajo zamisel odličnosti. Čas določajo detajli, kot so dvojno oko črke *a*, komajda zaprt *g*, majhna zanka črke *e* ipd. Celoto dopolnjuje nekaj lombard, od katerih je modra iniciala *A* obogatena z nitastim okrasom. V notranjem inicialnem polju so sorazmerno veliki brsti, zunanji rob je obdan z rozetami in skupinami treh biserov, izteka nitastih odrastkov ni videti.[140] Z rdečo so zapisane mašne rubrike (*off.*, *complenda*, *feria secunda* itd.).

52. SI AS 767, Jezuitska rezidenca in državno gospostvo Pleterje, fasc. 3, Desetinski register, 1670–1675
Gradual. Srednjeevropska rokopisna smer, 1. polovica 15. stoletja

Knjižni blok (197 x 152 x 48 mm) je oplatničen s fragmentom glasbenega rokopisa, ki je po vsem sodeč že bil uporabljen: svetlejše polje, ki ga je svoje čase pokrivala etiketa, sega čez del sprednje platnice, hrbtišča in delno čez hrbtno platnico. Na tem polju je z modrim barvnikom napisana številka *85*.

Pergamentni fragment nima opore, preostanek folija je na robovih zavihan, z notranje strani je polepljen s papirjem. Knjiga je bila šivana na tri vezice, vendar so na pregibu s sprednjo platnice pretrgane.

Z zavihki vred meri razgrnjen fragment v celoti 243 x 349 mm. Videti je malo več kot dve glasbeni enoti (visoki 42 mm); štiričrtni notni naris sega

140 Prim. Hranitzky et al., *Mitteleuropäische Schulen V*, kat. 43, sl. 259: Dunaj, ÖNB, Cod. 4170, tip dunajskega nitastega okrasja ok. 1420-1425; kat. 121, sl. 455: Dunaj, ÖNB, Cod. 1238, slog dunajskega nitastega okrasja v lombardah ok. 1435; kat. 132, sl. 492: Dunaj, ÖNB, Cod. 1833, dunajsko delo iz 2. četrtine 15. stoletja. Dodati je treba, da so nekateri napredni rokopisi že ok. 1400 vpeljali goste, nasičene obrobe in kot kvalitetno, verjetno tudi odmevno delo, bi lahko navedli marsikateri rokopis. Kot primer gl. Fingernagel, Roland, *Mitteleuropäische Schulen II*, kat. 38, zlasti sl. 212 in 218: Dunaj, ÖNB, Cod. 174, rokopis iz časa ok. 1400 je naveden kot avstrijsko delo brez posebnih regionalnih opredelitev.

čez širino 223 mm, ohranila se je le ena večja, neokrašena lombarda *Q* (115 mm), notni zapis in besedilo sta formalizirana. Videti je, da sta zunanja in notranja margina (14 in 9 mm) ostali nepoškodovani, tako da je po vsem sodeč imel prvotni kodeksa zelo velike folije, široke 349 mm; primerjalni rokopisi nakazujejo, da je bil visok blizu 500 mm.

53. SI AS 767, Jezuitska rezidenca in državno gospostvo Pleterje, fasc. 3, Desetinski register, 1676–1683

Liturgični rokopis. Srednjeevropsko delo, 1. polovica 14. stoletja

Na sprednji platnici sta dve številčni oznaki: v levem zgornjem kotu je starejša, *182*, na desnem robu pa je poznejše pripisana številka *5* z modrim svinčnikom.

Zvezek (197 x 160 x 18 mm) je zelo poškodovan, manjka mu hrbtna platnica in prevleka čez hrbtišče. Sprednja platnica je sestavljena iz več slojev različnih papirjev, čez katere je ovit pergamentni folij. Pergament je bil tenek in črnilo je poškodovalo fragment, ki je zelo luknjičav.

Videti je 14 vrstic zapisa in, ker se stolpec ni v celoti ohranil, so vrstice dolge vsaj 120 mm in črke so visoke 11,6 mm. Že zaradi dimenzij margin (zunanja je precej široka, 67 mm, prav tako zgornja, 26 mm), si smemo predstavljati, da je bil rokopis liturgično delo, narejeno s posebno pozornostjo. Na sprednji platnici se besedilo pričenja z rdečo lombardo *B(ine*, v = 24 mm). Ugotoviti je mogoče le nekaj besed [*euangel* ..., *angelo(rum*?), *dedicavit*], zaradi katerih je utemeljena misel, da je bil rokopis liturgične narave. – Glede na oblikovanje črk, kjer ne *a* niti *g* nimata zaprtega loka, kjer je izrazito oženje (npr. *p* ima pravokoten trebuh) in koničenje (vendar imata *f* in *s-longa* zaobljen lok), raba rombastih serifov ni dosledna (*i, m, n, u* itd.) in se črke ne povezujejo, bi smeli predlagati 1. polovico 14. stoletja kot čas nastanka.

Na delno odlepljeni notranji strani pergamentne prevleke je videti fino izrisano zrcalo, kar je edini kodikološki podatek.

54. SI AS 767, Jezuitska rezidenca in državno gospostvo Pleterje, fasc. 3, Register prirastka živine, 1688–1692
Neopredeljivo besedilo. Neznana šola, 14. stoletje

Zvezek prečnega formata (150 x 195 mm) ima platnice iz mehkega kartona; na sredini sprednje piše *Jugentzehent ... ad annum 88*, zraven pa modrim barvnikom *16*. Na prvem listu je pečat muzeja Rudolfinum.

Kakor je poškodovan zvezek v celoti, sta tudi kosa pergamentnega rokopisa, ki sta nalepljena čez hrbtišče. Oba skupaj merita 145 x 65 mm in se delno prekrivata. Na vsakem je videti nekaj vrstic (visokih 3,5 mm), kjer so tudi drobne rdeče stavčne začetnice in rdeči paragrafi.

Vsebine ni mogoče določiti; fragment ni dovolj ohranjen, da bi bilo zapis mogoče prebrati.

55. SI AS 767, Jezuitska rezidenca in državno gospostvo Pleterje, fasc. 3, Desetinski register, 1688–1692
Svetopisemsko besedilo (?). Srednjeevropsko območje, zgodnje 14. stoletje

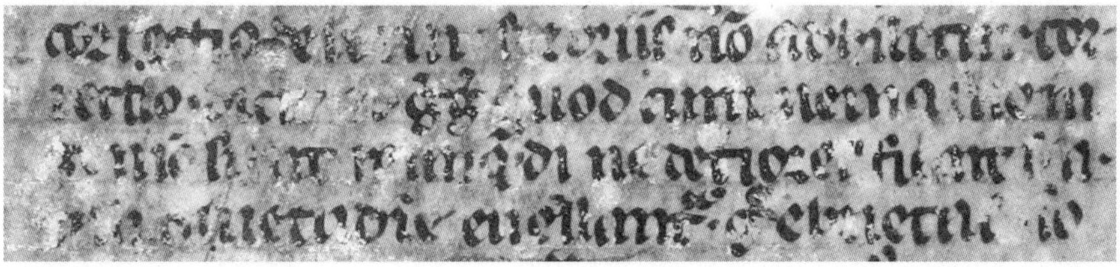

Na spodnjem robu sprednje platnici sta dve številčni oznaki z modrim barvnikom, od katerih je ena prečrtana, zraven piše 5. Na medstolpičnem prostoru večjega fragmenta je z rdečo tinto oznaka *Q*, ki pa se ne nanaša na starejše signaturne podatke.

Zvezek prečnega formata (187 x 147 mm) je precej poškodovan v hrbtnem delu: enoslojna prevleka je skorajda v celoti pretrgana, čeprav je to sedaj edina povezava med platnicama, ker so vezice potrgane. Kartonaste platnice so prekrite z dvema fragmentoma iz istega rokopisa s svetopisemsko ali teološko vsebino, kar je mogoče sklepati po nekaterih besedah (*Johannes Petri ... Est Syon ...* ipd.). Platnice je poškropila jedka tekočina, ki je povzročila lisasto razbarvanje površine, drugod pa je površina pergamenta potemnela od prahu. Zvezek se je zavezovalo z dvema trakovoma, ki sta skoraj v celoti potrgana.

Na večjem fragmentu je videti površino enega stolpca (š = 73 mm) in medstolpičnega prostora (š = 11 mm). V celoti se zdita ohranjeni spodnja (76 mm) in zunanja margina (69 mm); medtem ko je bila zgornja margina visoka vsaj 28 mm, ni mogoče potrditi, da bi tudi notranja margina merila približno enako. Iz ohranjenih podatkov je mogoče sklepati, da je prvotni kodeks meril približno 335 x 260 mm.

Na notranji strani platnic je na zavihkih videti lasno tenek naris pisnega polja. Na teh mestih je tudi videti, da je bil kakovosten in svetel pergament, da je bila tinta odlične črne barve, pero ostro prirezano; rdečilo so uporabili za paragrafe, eno lombardo, oznako *Q*, modro pa za eno lombardo in paragrafe. Samo na enem zavihku je videti nekaj črk, največ jih je šest v vrsti.

Ali je neenakomernosti zapisa (ponekod so črke precej oddaljene, drugod stisnjene, prav tako niha velikost) botrovala naglica ali je bil kopist premalo vešče roke, ne moremo izvedeti, po oblikah črk pa je mogoče ugotoviti, da gre za prepis iz zgodnjega 14. stoletja: *a* ima dve očesi, *b* ima na dnu nekoliko zašiljen trebuh, črke *n, m, u* itd. imajo kratke odstavne poteze in se povezujejo z naslednjo črko, lok na *s-longa* je prisekan.

I.

Večji fragment pokriva hrbtišče, sprednjo platnico in del hrbtne ter meri 335 x 163 mm, na njem je 28 vrstic, visokih 4,3 mm. Videti je preostanka dveh lombard; *A* v modri tinti z rdečimi nitmi in rdeča ožena črka *A*, vendar ju ni mogoče slogovno opredeliti; drugega okrasa verjetno ni.

II.

Manjši fragment meri 89 x 144 mm in pokriva preostali del kartonaste platnice; prilepljen je tako, da je zasukan za 90° glede na večji fragment.

56. SI AS 767, Jezuitska rezidenca in državno gospostvo Pleterje, fasc. 3, Register prirastka živine, 1689–1694
Liturgični rokopis. Južnonemški prostor, sredina 13. stoletja

Zvezek prečnega formata (158 x 195 mm) ima platnice iz mehkega kartona, ki so jih zavezovali z galunskima trakovoma. Na robu velike etikete (112 x 166 mm) na sprednji platnici je z modrim barvnikom napisana številka *11*. Na etiketi je dekorativno izpisana vsebina (*Jugentzehent .... von 1689 bis 1694*).

Rokopisni fragment (163 x pribl. 32 mm) so uporabili le za prelepitev hrbtišča, da so pokrili povezavo med kartonastima platnicama. Fragment je poškodovan in strgan, tako da ni mogoče natančneje določiti vsebine. Iz besed (*s)uos sub alas et* ... ni mogoče reči, ali gre samo za verz iz evangelija po sv. Mateju (23, 37) ali je to del liturgičnega berila ali odlomek iz komentarja Bede Častitljivega k 1. Knjigi kraljev[141] ali – najbrž manj verjetno – odlomek iz VI. poglavja Prospera Akvitanskega.[142]

Pergament, kakor se kaže na notranji strani preostanka fragmenta, je bil odličen in besedilo napisano v enakomerni in estetsko izpiljeni pisavi, kjer črka *a* še ni oblikovana z dvema očesoma, ta sprememba pa se je izvršila po 1320.[143] Značilne so nekoliko zaobljene, mehke črke, vrstična višina niha in povprečje bi bilo okoli 7,8 mm. Kakor je razbrati, je ta pergamentni trak odrezan s folija rokopisa, ki je v dveh večjih fragmentih ohranjen na prevlekah enot kat. 11 in 48.

57. SI AS 767, Jezuitska rezidenca in državno gospostvo Pleterje, fasc. 3, Register prirastka živine, 1689–1696
Liturgično besedilo. Srednjeevropsko delo, 14. stoletje

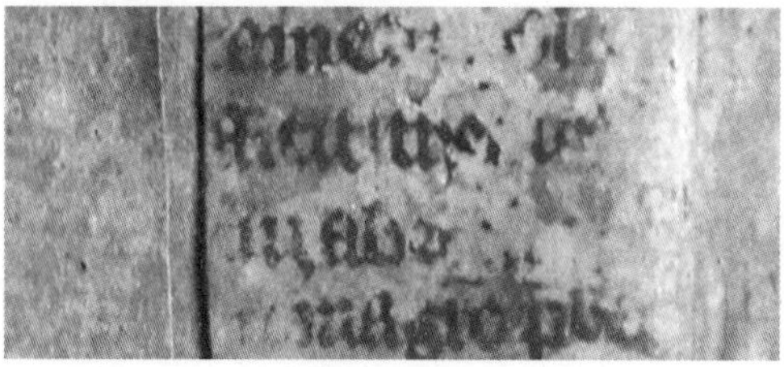

Zvezek (158 x 200 mm) ima gladke kartonaste platnice, na katerih je velika etiketa (140 x 145 mm) z napisom *Jugendtzehend Register ... Anno 1689 bis 1696*. Na etiketi je nekoliko pozneje napisana zaporedna signaturna številka *No.:4:*, ter z modrim barvnikom *14*.

Vezava je polpergamentna; hrbtna platnica je v dobršni meri odtrgana, hrbtišče, čez katerega je nalepljen pergamentni odrezek, pa ni podloženo in se pri razpiranju na več mestih prelamlja.

141 Preverjeno po Giles, *The Complete Works of Venerable Bede,* str. 140; gre za odlomek z alegorično razlago 1. Knjige kraljev, 20. poglavje.
142 Prim. *PL LI, Ad opera S. Prosperi Aquitani appendix*, stp. 775. Prosper Akvitanski se v tem odlomku prav tako vrača k izhodišču, besedam evangelista Mateja.
143 Gl. Schneider, *Paläographie und Handschriftenkunde*, str. 49.

Nepodloženi fragment je zaradi rabe zelo poškodovan, fragment pa je neenakomerno odrezan in meri 151 x 52 mm, pri čemer ne dosega višine platnice. Širok je 52 mm, a je od tega 37 mm praznih zaradi margine. Na preostalih 15 mm ni najti zaporedja besed, ki bi omogočale opredelitev besedila; gre za liturgično besedilo in utegnil bi biti molitvenik za zasebno rabo.

58. SI AS 767, Jezuitska rezidenca in državno gospostvo Pleterje, fasc. 3, Desetinski register, 1699–1739
Psalter. Južnonemško območje, 1. polovica 13. stoletja

Zvezku manjkajo prvi listi; na sprednji platnici je bila etiketa (90 x 100 mm) in na tem mestu je sedaj z modrim barvnikom napisana številka *116*, ki se ponovi tudi na prvi strani. Kartonaste platnice (203 x 164 x 22 mm) so bile šivane na tri vezice, ki so sedaj potrgane in knjižna celota je povezana le zaradi pergamentne prevleke na hrbtišču; platnice so prekrite z dvema pergamentnima fragmentoma iz istega rokopisa.

I.

Večji fragment prekriva hrbtno platnico, hrbtišče in dobršni del sprednje. V celoti, z vštetimi zavihki, meri 315 x 212 mm. Videti je 18 vrstic, ki so dolge približno 150 mm. Mašno besedilo, napisano z rjavo tinto, je zaradi površinske obrabljenosti zvečine nečitljivo, vidi se rubrika *collecta super psalmos*. Na prostoru nekdanje etikete se bolje vidi nekaj besed (npr. *sollempnitas*, ki dokazujejo paleografsko povezavo teh dveh fragmentov s kat. 59, ampak tudi bližino s paleografskim okoljem fragmenta kat. 10. Na fragmentu sta dve večji dvobarvni iniciali (*S* in *M*), ki sta zelo poškodovani; po tipu spadata med *litterae duplices*, kjer telo črke sestavljata dva segmenta, vsak v svoji barvi, med njima pa teče bela delilna črta. Modro in rdeče telo ima vsaj v notranjem inicialnem prostoru nitast okras, ki je videti sorazmerno zračen in ni zapleten. Iniciali sta blizu slogovnim značilnostim rokopisnih del iz samostana Oberaltaich.

II.

Na manjšem fragmentu (206 x 67 mm) je videti dve vrstici besedila, ki se pričenja z dvobarvno razprto inicialo *E(xaudi nos),* in se slogovno ujema z inicialama na večjem fragmentu.[144]

59. SI AS 767, Jezuitska rezidenca in državno gospostvo Pleterje, fasc. 3, Desetinski register, 1700–1706
Psalter. Južnonemško območje, 1. polovica 13. stoletja

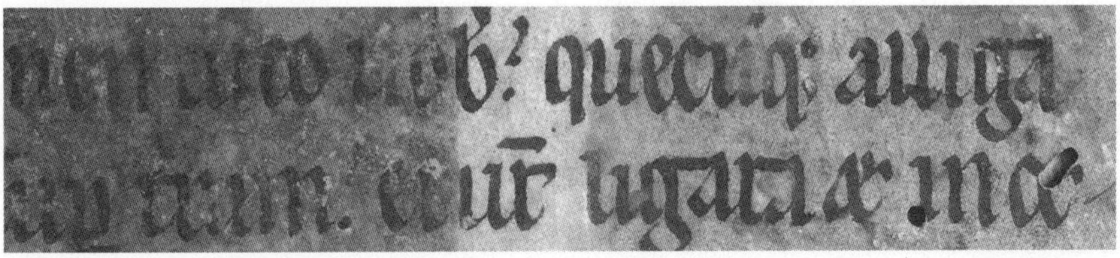

Zunanjščina zvezka je površinsko precej obdrsana in umazana; na sprednji platnici ni več etikete (102 x 142 mm), je le z modrim barvnikom napisana številka *89.* Knjižni blok (197 x 155 mm) je šivan prek treh vezic, od katerih je ena pretrgana, obreza ima modro-rdeč obrizg. Kartonaste platnice so prevlečene z dvema fragmentoma, ki sta pripadala istemu rokopisu. Nalepljena sta nekoliko poševno; zvezek se je zavezoval s temnomodrima tkanima trakovoma.

144 Prim. Klemm, *Handschriften des 13. Jahrhunderts,* kat. 51, sl. 156, München, BSB, clm 9547; na navedeni reprodukciji (fol. 3r) sta pozornosti vredni le dvobarvni, prav tako razprti iniciali z dekorativno vmesno linijo, ki sta opora pri določanju sloga inicial na fragmentih. Klemm, *Texband,* str. 72, navaja, da je kodeks delo več prepisovalcev, zato je pisava ob iniciali na 3r povsem drugačna od pisave na fol. 91v, sl. 157, na katero se sklicujem s paleografskega vidika. Benediktinski samostan Oberaltaich, ustanovljen ok. 1080, je imel velik samostanski skriptorij. Prim. *Germania Benedictina,* 2, str. 201–206.

Besedilo je pisano v zgodnjegotski minuskuli prehodnega tipa, lepo oblikovanje oženih in še ne izrazito koničenih črk je značilno za čas med pozno romaniko in zgodnjo knjižno gotico; telesa črk so videti gibka, minimi in ovalne strukture so v sredini nekoliko ožene. Črka *a* ima izrazit trebuh, *e* in *c* imata enak obod, pri tem je zanka črke *e* visoko postavljena in je drobna, *g* nima zanke povsem zaprte itd. Najbližje vzporednice bi našli v rokopisih iz južnonemškega prostora.[145]

Besedilo je napisano z rjavo tinto, z rdečilom pa so napisane rubrike, paragrafi in črte v stavčnih začetnicah.

Iz istega misal kot ta fragmenta sta tudi fragmenta kat. 58.

I.

Večji fragment meri 263 x 316 mm; videti je 16 vrstic, ki so dolge pribl. 140 mm, tako da je pisno polje pribl. 225 x 140 mm. Širina margin je vprašljiva (zgornja = 29 mm, notranja = 34 mm, zunanja je obrezana na 25 mm, spodnja meri 63 mm), a vse kaže, da je šlo za slavnostni rokopis, saj je pisava izjemno lepa, velika (12,5 mm).

Del besedila je iz evangelija po sv. Mateju in se konča z besedami (18, 18): *Amen dico vobis, quaecumque alligaveritis super terram, erunt ligata et in* ..., ki so dobro vidne, ker so bile sprva prekrite z etiketo.

II.

Manjši fragment (56 x 210 mm) je pokril preostanek hrbtne platnice in je skorajda prazen; na zavihu je videti le konice črk.

145 Prim. Klemm, *Handschriften des 13. Jahrhunderts,* kat. 53, sl. 163: München, BSB, clm 9517; kat. 51, sl. 157: München, BSB, clm 9547, oba rokopisa sta iz regensburške škofije (samostan Oberaltaich).

60. SI AS 767, Jezuitska rezidenca in državno gospostvo Pleterje, fasc. 3, Desetinski register, 1707–1716
Misal. Srednjeevropski prostor, 3. tretjina 14. stoletja

Knjižni blok (197 x 152 x 48 mm) nima sprednje platnice in je v hrbtu usločen. Na prvem papirnem listu je z modrim barvnikom napisana številka *88*.

Hrbtna platnica iz kartona je prevlečena s pergamentnim fragmentom, ki je na zunanji strani povsem uničen. Ker je lepilo popustilo, je mogoče odvihati del prevleke in videti nekaj notranje strani; na besedilu misala so ostale površine odtrganega kartona. Besedilo je kaligrafsko skrbno napisano, pisava pa je videti individualizirana, kar je značilno za ta čas, ko postaja knjižna gotica pridržana za naročila liturgičnih rokopisov in je pogosto poimenovana »misalna pisava« ali »misalna gotica«.[146] Tako so značilne okrasne črtice na vrhu stebel *b, l, h*, ki se ponekod viličasto odprejo, odstavne poteze na spodnji črti v ostrem kotu povezujejo črke, izjema pa je dvojni *s*, ki je spodvit na desno v blagem loku; zgornji deli črk (npr. lok *h, p, q, s*) so obli, na minimih (*m, n, u*) pa so že rombasti nastavki; tudi nad črko *i* je najti piko in črtico, torej obe obliki, v dveh oblikah je tudi okrogli *r*, v zlomljeni in zaobljeni potezi.

Odlomek misala je napisan v stolpcu, ki je širok 148 mm; sedaj je videti 16 vrstic, ki so visoke 9,0 mm. To je tudi širina prvotnega kodeksa, zunanja margina je široka 40 mm, na notranji, široki 15 mm, pa so se ohranile knjigoveške zareze v nekdanjem vezniku. Višine prvotnega folija ni mogoče ugotoviti, ker je fragment odrezan.

Vsebina je podana suspenzivno in vmes preberemo del himne *Lauda Sion* Tomaža Akvinskega (... *tu nos bona fac videre in terra viventium* ...), ki jo je napisal za praznik Rešnjega telesa.

146 Schneider, *Paläographie und Handschriftenkunde*, str. 44–51.

Rokopis je bil nedvomno skrbno izdelan, napisan na kakovostnem pergamentu; v besedilu je 11 lombard, visokih eno vrstico (8 mm), in 2 dvovrstični (17 mm), vse so neokrašene.

61. SI AS 767, Jezuitska rezidenca in državno gospostvo Pleterje, fasc. 5, Register gornine in vinske desetine, 1704–1708
Misal. Južnonemška pisna pokrajina, 14. stoletje

Knjižica (194 x 158 x 17 mm) ima polpergamentno vezavo: kartonaste platnice niso prevlečene in tudi vrhnji sloj krepkejšega papirja je potrgan. Sredi sprednje platnice je bila z modrim barvnikom napisana evidenčna številka, vendar je od nje ostala samo številka *1*.

Fragment, ki je polepljen čez hrbtišče, je neenakomerno odrezan in v povprečju meri 212 x pribl. 95 mm. Čeprav je videti 20 vrstic besedila (v = 10,3 mm), je malone nečitljivo, predvsem zato, ker je bilo poškropljeno z jedko tekočino, ki je pustila madeže, poleg tega je pergament zaradi nečistoč temen. Kljub temu lepo oblikovana knjižna gotica dokazuje, da je bil misal skrbno prepisan rokopis; večina besedila je napisana z rdečilom.

62. SI AS 767, Jezuitska rezidenca in državno gospostvo Pleterje, fasc. 7, Sodni protokol, 1707–1785
Pavel Diakon (?): Homilija. Srednje- ali severnoitalijanska pisna šola, 2. polovica 11. stoletja

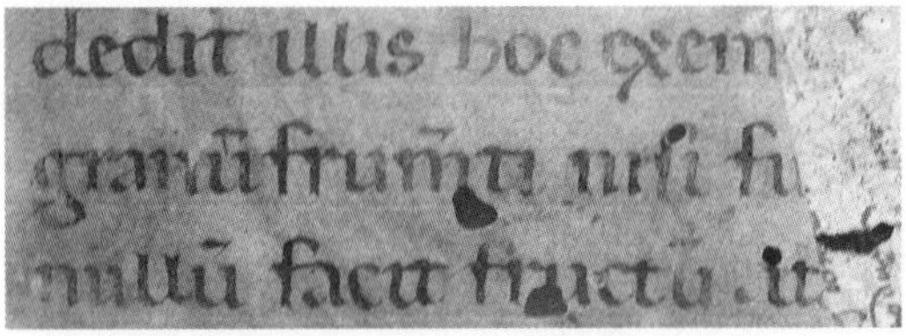

Knjiga sodnih protokolov (312 x 204 mm) ima samo hrbtno platnico, sprednja platnica in prvih 146 listov pa manjka. Na prvi ohranjeni strani je z modrim barvnikom napisana številka *107.* Knjiga ima še vedno kot okrepitve med vezicami trakove iz pergamentnega prvotiska, ohranil pa se je tudi trak pergamentnega prvotiska z besedilom misala, ki je pokrival hrbtišče, sprva je merilo 62 mm.[147] Na obrezi je rdeče-moder obrizg.

Knjigovez je za prevleko hrbtne platnice vzel bifolij rokopisa iz poznega 11. stoletja. V celoti je bifolij zelo poškodovan: večji del zunanjščine je površinsko zdrsan in pokrit z madeži, na robu blizu hrbtišču pa je platnica preluknjana zaradi lesnih črvov. Pergament je na notranji strani ohranil svetlo in žametasto površino.

Bifolij je nalepljen tako, da je leva (verso) stran na zgornjem delu hrbtne platnice in je ohranila prvotne dimenzije, na spodnjem delu pa je recto stran, ki je nekoliko obrezana. Bifolij nam vseeno posreduje nekaj podatkov o prvotnem kodeksu. Besedilo je pisano v enem stolpcu; na posameznem foliju je bilo vsaj 21 vrstic, visokih 10,3 mm, pisno polje pa meri 205 x 135 mm. Zavihe je delno mogoče odgrniti in tako izmeriti margine (notranja = 20 mm, zunanja = vsaj 25 mm, zgornja = vsaj 20 mm). Nikjer ni videti pikiranj, prečne črte so slepe, potegnjene z vrezilom. Približne mere nekdanjega kodeksa so verjetno bile 250 x 185 mm; razmerje med višino in širino nakazuje na čas otonskega oz. zgodnjeromanskega časa.

147 Ta kos pergamenta je bil preganjen po obliki hrbtišča; zunanje dimenzije so 315 x 142 mm, z zavihki vred pa meri 365 x 142 mm; na spodnjem zavihu se je ohranil prišit petni kapital.

Rokopis bi utegnil nastati v severno- ali srednjeitalijanskem rokopisnem okolju, v približno istem času kot rokopis z delom Orderika Vitala (kat. 6). Gre sicer za drugo roko in rokopisa imata različne kodikološke lastnosti, vendar je oblikovanje črk *m, n, a, g, r* itd. zelo skladno. Ker na zunanji strani ni mogoče prebrati besedila razen nekaj besed,[148] na odvihani notranji pa le posamične besede na začetkih vrstic, je prepoznava besedila otežena. Nekateri citati so svetopisemski, npr. ... *granum frumenti ... cadens ... multum fructum adfert*... (Janez 12, 24 – 25) in jih je najti v različnih homilijah, npr. Bedovi (*In Lucam*), v spisih sv. Avguština, sv. Hieronima[149] in drugih. Drugi odlomki so slabše čitljivi, a glede na dele posameznih besed bi fragment na knjigi sodnih protokolov iz Pleterij utegnil vsebovati (verzijo) ene od homilij iz sklopa, ki ga povezujemo s spisi Pavla Diakona.[150]

63. SI AS 770, Gospostvo Polhov Gradec, knj. 87, Protokol kupnih, ženitnih in drugih listin, 1704–1717

Gradual s sekvenciarjem in kirialom. Kranjska ali Avstrija, sredina 15. stoletja

Knjiga ima na sprednji platnici ročno izrezano, dekorativno nalepko z oznako vsebine (170 x 180 mm), o izvoru priča tudi napis na naslovni strani (*Prothocoll der Herrschafft Billichgraz de Anno 1704*), na sprednji platnici je arhivska nalepka *Gr A XIII 87.*

148 Na levem, torej verso delu fragmenta je mogoče prebrati besede ... *in corde nostro habeamus. Et sicut ipsi gaudium* ..., ki so zapisane v številnih delih, a besedilnega zaporedja v predhodnih in sledečih vrsticah zaradi poškodovanosti ni mogoče prebrati.

149 Prim. PL XXX, *S. Eusebii Hieronymi Stridonensis Presbyteri Opera omnia* etc., stp. 529.

150 Prim. Thomson, *Catalogue of the Manuscripts of the Lincoln Cathedral Chapter*, Ms 142 (C. 1. 2), str. 110.

Knjižni blok (320 x 205 x 50 mm) je vezan s tremi dvojnimi vezicami; kartonaste platnice so prevlečene z dvema obrezanima folijema iz istega kodeksa glasbene liturgije. Hrbtišče je pokrito s kosom temnorjavega usnja, okrašenega z vtisnjenimi pečatniki. Na hrbtni strani se je usnje delno odlepilo. Platnice so se zavezovale z irhastimi trakovi.

Oba folija sta precej obrezana in ni mogoče reči, koliko je kodeks prvotno meril; ker pa je spodnja margina merila vsaj 52 mm, je bil nedvomno korni rokopis večjih dimenzij. Sedaj meri fragment na sprednji platnici z zavihki vred 347 x 198 mm, fragment na hrbtni platnici pa 333 x 200 mm. Videti 9 oz. 8 glasbenih enot, vsaka meri 32 mm.

Za besedilo in note so uporabili dobro črno tinto, notne črte in liturgična navodila so v rdeči tinti. Pisava je skrbno oblikovana z mnogimi konicami in rombastimi serifi; značilne črke, npr. *a* (z dvema očesoma), okrogli *r* (z ostrim kolenom), *s* in *f* (s prisekanim lokom) ne dajo zanesljive opore za natančnejšo datacijo, edino kadelni iniciali na hrbtni platnici (v = 30 mm) sta s svojo preprosto in škatlasto strukturo detajla, ki nakazujeta proti sredini 15. stoletja. Kadeli in rdeči lombardi (v = 25 mm) so brez risarskega okrasa, njihova vloga je predvsem vsebinsko strukturiranje vsebine.

Zaradi površinske poškodovanosti in predvsem obrezanosti ni videti nobenih kodikoloških prvin.

64. SI AS 781, Cistercijanski samostan in državno gospostvo Stična, fasc. 6, Register prirastka živine, 1618–1622
Gradual. Kranjska ali Avstrija, 3. tretjina 13. stoletja

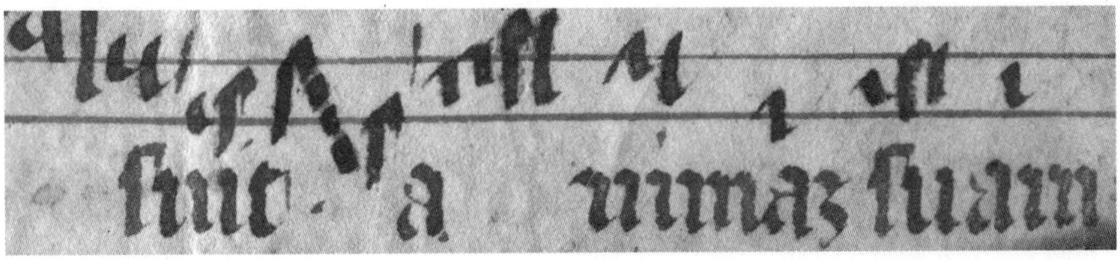

En obrezan folij za »register prirastka živine« nima nobene starejše signature ali podobnih zaznamkov. Je prišit okoli beležnice, narejene iz 36 preganjenih papirnih listov, tako da se na ozkem hrbtišču vidijo dolgi zunanji šivi. Beležnica meri 208 x 158 mm.

Fragment zgolj pokriva papirne liste in je enoslojna platnica, ki nima opore in je bil zato bolj izpostavljen poškodbam. Je del bifolija, ki v celoti meri 216 x 325 mm in nekoliko sega čez robove papirnih listov. Fragment je položen tako, da nekdanji veznik teče po hrbtnem delu pergamenta, kjer sta tudi obe nekdanji notranji margini in je vsaka široka 18 mm. Na polju, ki je bil zgornja margina in je sedaj njen preostanek, je na sprednji strani videti številko LXXXIII (83); na vrhu notranjega dela hrbtnega lista pa je številka LXXXVI (86). Čez širino sprednje platnice so narisane notne črte, tako da je širina pisnega polja približno 172 mm. Videti je 8 popolnih glasbenih enot na štirih notnih črtah, pri deveti pa manjka besedilo; ena enota meri 23 mm.

Gradual je bil precej večji od sedanjega fragmenta, vendar o prvotnih dimenzijah ni mogoče reči ničesar določnejšega. Besedilo je pisano v oženi teksturi – in tako kot note – z rjavo tinto. Pisava kaže na zadnja desetletja 13. stoletja v širokem okolju južnonemških in vzhodnoalpskih krajev: *a* je skoraj zaprt in na vrhu nekoliko koničen, *g* je oblikovan malone osmičasto, loki na *m* in *n* niso dosledno koničeni, odstavne poteze črk se po večini povezujejo.[151] – Z zeleno tinto so napisane valovnice, ki označujejo ohranjanje tona. Rdeča tinta je za pagine, poteze v kadelah, okrajšave verziklov, notno črtovje in lombarde. Tudi te so ožene, visoke približno 20 mm. Iniciale so skrbno izpisane; kljub oblikovni skromnosti so pred-kadele dobro narisane, so ozke, nekoliko fantazijsko oblikovane črke s podvojenim navpičnim ali nagnjenim steblom, ki ima malce zaobljene zobce. Glede na oblikovanje pisave in pred-kadel bi lahko kot oblikovno vzporednico navedli gradualni kodeks, ki je sicer gornjerensko delo iz okolja Konstance in iz 2. tretjine 14. stoletja; ne gre za popolnost ali površnost v zapisu, pač pa za slogovno stopnjo v pojmovanju črkovne, posebej kadelne strukture.[152] Iniciale so visoke približno 23 mm.

151 Klemm, *Handschriften des 13. Jahrhunderts,* kat. 178, sl. 484: München, BSB, clm 28169 ali kat. 179, sl. 483: München, BSB, clm 28170; v obeh primerih gre za rokopisa, ki zastopata švabske rokopise iz zadnjih desetletij 13. stoletja.

152 Gl. Fingernagel, Roland, *Mitteleuropäische Schulen II*, kat. 49, sl. 264–266: Dunaj, ÖNB, Cod. 12.865. Kot pravita avtorja, je oblikovanje inicial težko natančneje opredeliti. Ker je Konstanca imela škofijski skriptorij in ne monastičnega ali mestnega, kjer bi slog izhajal iz kontinuitete šole in bi zatorej kazal specifične poteze Konstanci lastne tradicije, je v tamkajšnjih rokopisih najti prvine, ki so se umestile v škofijski pisarni in imajo različna izhodišča.

Pergament je mehak in tenek, zato je bil kot fragment, prišit okoli papirnih listov, še bolj izpostavljen poškodbam. Na zunanji strani je precej temen in na sprednjem listu je večje polje, kjer je bila polita tekočina, ki je izbrisala zapis – za črkami so ostali samo reliefni, slepi sledovi. Mehanske poškodbe so zlasti ob robovih in vzdolž hrbtišča, kjer manjka del pergamenta. – Notranja stran je solidno ohranjena.

65. SI AS 781, Cistercijanski samostan in državno gospostvo Stična, knj. 26, Register dohodkov in izdatkov župnije Šentvid pri Stični in njenih podružnic, 1641–1647

Misal. Augsburško delo, 3. tretjina 15. stoletja

Knjižni blok *Registra* (305 x 200 x 32 mm) je vezan v platnice iz mehkega kartona; šivan je na štiri galunske vezice, ki se na stiku med hrbtiščem in platnico pokažejo na zunanji strani. Knjiga ima rdeče-modro obarvano obrezo; ohranili so se zavezovalni trakovi.

Na zgornjem delu hrbtišča je izvirna pergamentna etiketa (40 x 25 mm), na kateri je z rdečilom napisana številka *9*, ki je ponovno napisana tudi na prvem listu. Naslov *Registrum S. Viti In Se Continens Omnium Filialium Ecclesiarum Rationes* je napisan na listu pred vpisi.

Bifolij ni trdno nalepljen na kartonasto osnovo in tako je pod pergamentom čutiti zrak, pa tudi okoli robov platnic je mehko zavihan. Po višini je delno obrezan, pisno polje se vidi v celoti (265 x 185 mm). Bifolij je položen tako, da teče veznik po stiku med hrbtno platnico in hrbtiščem, vidna površina uporabljenega bifolija je 310 x 442 mm, z vštetimi zavihki pa ves bifolij meri 346 x 490 mm. Misal je bil prvotno precej večjih dimenzij, vsaj 370 x 250 mm.

V vsakem stolpcu (širine 80–83 mm) je 35 vrstic, ki so visoke 7,3 mm.

Besedilo je na sprednji platnici zelo obdrsano in je možno prebrati samo rubrike in prepoznati lombarde, teksta, napisanega z rjavo tinto pa ne. V

celoti je videti 19 enovrstičnih inicial v rdeči, zeleni in modri tinti (v = 8 mm), večji sta le dve iniciali (h = 20 mm, I = 45 mm).
Dekorativno, v južnonemškem slogu, so oblikovane črke ob slikarski iniciali *Resurrexi e(st).* Iniciala R služi kot okvir Kristusu, ki vstaja iz sarkofaga. Kompozicijo lahko identificiramo glede na druga južnonemška dela iz tega časa ali pa za primerjavo uporabimo slikarsko inicialo iz t. im. *Kranjskega antifonarja* Johannesa von Werd iz leta 1481, kjer je vstali Kristus v enaki pozi in ogrinjalu upodobljen v notranjem polju iniciale V.[153] – Iniciala na fragmentu, ki je uporabljen za prevleko *Registra*, je izredno slabo ohranjena in je vprašanje, ali je sploh bila dokončana. Poleg iniciale je med slikarske prvine treba šteti še zeleno steblo med pisnima stolpcema, kjer se na vsakem koncu iz rdeče oz. modre manšete obojestransko razvijeta vitični veji z značilnimi scefranimi listi. Olistana veja z velikimi modrimi, rdečimi in zelenimi listi se izrašča iz okvira slikarske iniciale in se razprostira vzdolž hrbtišča.

Kodeks je utrpel precejšnje poškodbe, ko so odrezali več listov na koncu in s tem razrahljali povezavo med vezicami in platnicami. Poleg tega je površinsko precej umazan in obdrsan, vendar ne kaže fizičnih poškodb.

66. SI AS 781, Cistercijanski samostan in državno gospostvo Stična, knj. 27, Register t. i. penzij župnij, vtelešenih stiški cisterci, 1680–1720
Kanonsko pravo. Srednjeevropsko delo, po 1200

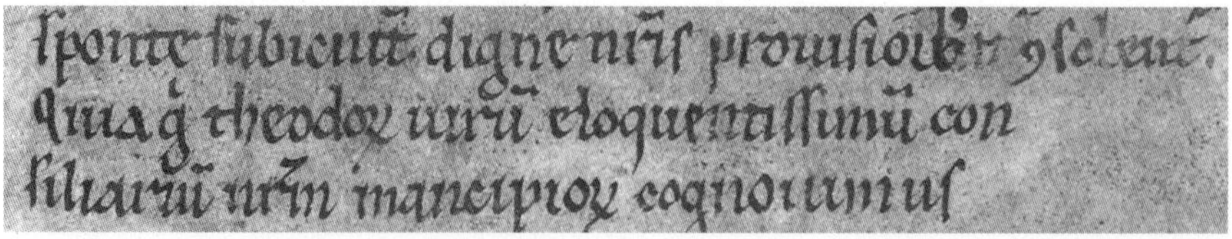

Knjiga z naslovom *Register t. i. penzij župnij, vtelešenih stiški cisterci 1680–1720* ima novejšo arhivsko etiketo *A. I. 27* in je vezana v fragment pergamentne inkunabule z besedilom misala.

Vanjo je vložena odtrgana platnica neznane rokopisne ali tiskane knjige, ki je prevlečena z rokopisnim fragmentom. Ta platnica nima svoje signature,

153 NŠAL, Ms 18, fol. 119v; gl. Golob, *Johannes von Werd de Augusta*, sl. 4.

kartonasta osnova meri pribl. 143 x 203 mm, ohranjeni sta galunski vezici. Na nekdanji notranji strani je podlepljena z odrezanimi kosi različnih tiskanih del[154] in nato prekrita s čistim papirjem.

Besedilo je urejeno v dva stolpca in fragment je nalepljen poprek čez platnico. Rokopis je bil predviden za študijsko delo s širokimi prostimi robovi, na katerih je nekaj glos: širina pisnega polja je bila približno 140 mm, en stolpec meri po širini 65 mm, vmesni stolpec, v katerega so vpisane (brez oznake verzalnega polja) lombarde, meri 7 mm. Zunanja margina je (z zavihki vred) pribl. 46 mm, notranja 42 mm, spodnja pa 60 mm. Ena roka je pisala tako besedilo kot sklice na temeljna pravna dela, napisana na marginah ob posameznih poglavjih. Videti je 18 vrstic, visokih po 4,6 mm.

Pisava je lepa, kaligrafirana karolinška minuskula z elementi gotskega sloga. Po slogu pripada 1. polovici 13. stoletja: črke so povezane z ostro pridvignjenimi odstavnimi črticami, črka *a* ima samo zgoraj razširjeno vertikalno naslonilo, ki se ne upogne v levo, sicer pa se nanjo naslanja velik lok, *s-longa* in *f* sta napisana z dvema potezama, *e* ima ostro potegnjeno spodnjo črto na očesu, nizki *r* ima različno prislonjene zgornje poteze, paragrafi v V-obliki še pripadajo romanskemu ali prehodnemu slogu.[155] Poznoromanskemu oz. prehodnemu slogu pripadajo tudi lombarde, ki imajo malo nitastega okrasa. So ožene, videti je vzporedno črto s polkrogom, ali pa so segmenti valoviti in s tem vplivajo na videz dinamičnega telesa iniciale. Narisane so z rdečo ali zeleno tinto in to nakazuje, da je rokopis nastal za cistercijansko ali kartuzijansko rabo.[156]

Besedilo pripada eni od redakcij kanonskega prava, oz. bi utegnil biti kodeks z izbranimi poglavji, ki so bila za naročnika pomembnejša. Na levem stolpcu je mogoče prebrati poglavje *De libertatis ecclesiae* (2/ep. VI.3), ki ga – povzetega po 3. toletinskem koncilu – najdemo v *Decretum*

154 Brez dodatnega razpiranja plasti tiskanih kosov je najti list iz knjige *Manipulus exemplorum* Jeana Dufaya, ki jo je leta 1614 objavil v komentirani izdaji Maximilianus Thieulainus, OSB, »religiosus Vedastinus«.

155 Klemm, *Handschriften des 13. Jahrhunderts,* kat. 38, sl. 116: München, BSB, clm 14081 in kat. 39, sl. 115, clm 14230: oba rokopisa oz. fragmenta sta opredeljena kot »domnevno regensburški deli«, poleg večje paleografske skladnosti s kat. 38, pa je pri enoti kat. 39 videti podobno oblikovane lombarde. Navedeni deli sta nekoliko poznejša od fragmenta kanonskega prava.

156 Značilno oblikovanje lombard, ki ni omejeno le na krajši čas, je najti že v rokopisih iz Stične v Folknandovem času, to je pred 1180; Golob, *Srednjeveški kodeksi iz Stične*, Ljubljana, NUK, Ms 15, sl. 63, Ms 16, sl. 54.

Gratiani,[157] na desnem stolpcu pa poglavje iz *Liber decretalium* papeža Gregorja IX., poglavje LXVI *Que de rebus Ecclesie in remunerationem obsequis prestantur*.[158]

Izvirni kodeks z izbranimi poglavji kanonskega prava je moral biti pretehtano asketsko, a lepo delo, napisano na odličnem pergamentu (katerega svetlo in gladko površino dokazujejo polja na nekdanji notranji strani), poleg tega pa gre za prepis odličnega kopista, ki je poskrbel tudi za rubriciranje in lombarde. Na zunanji strani ni videti nobenih kodikoloških prvin.

67. SI AS 781, Cistercijanski samostan in državno gospostvo Stična, knj. 28, Sodni protokol, 1659–1664
Antifonar. Avstrijsko delo (?), pozno 14. stoletje

Na zgornjem robu platnice, ki je bil sprva notranja margina, piše *Protokoll der Anwaltschaft Sittich*; na spodnjem robu, ki pa je bil zunanja margina, je z rdečim svinčnikom označena letnica *1659*, zraven je s svinčnikom recenten pripis *St – 25*. V levem vogalu je nalepljena arhivska etiketa s signaturo *Sam. A I. 28*. Na hrbtišču je pergamentna etiketa (86 x 52 mm), na kateri so v osmih vrsticah napisani podatki o vsebini; nalepka je površinsko poškodovana.

Knjižni blok (314 x 202 x 47 mm) je prišit čez tri dvojne vezice in povezan s kartonastimi platnicami; platnice se je zavezovalo z galunskimi trakovi, ostal je eden, trije so odstranjeni neposredno ob platnici. Fragment meri čez obe platnici in hrbtišče 470 x 315 mm, z zavihki na vseh štirih straneh pa 504 x 334 mm in to je približna velikost glasbenega kodeksa, ki mu je

---

157 Gratianus: *A patrocinio non discedant eccleciae liberti ad sacros ordines promoti*, cap. CLXIII; navedeno po: *Corpus iuris canonici. Pars prior*, stp. 707.
158 Prim. *Corpus iuris canonici. Pars prior*, stp. 708.

pergamentni folij pripadal. Na nekdanji zgornji margini je napisana številka folija LXXI (71). Pisno polje meri 365 x 222 mm, videti je 9 glasbenih enot v rombični notaciji, vsaka enota je visoka 41 mm.

Za besedilo in note so uporabili zelo temno sivo-rjavo tinto, za notne črte, liturgične oznake, lombarde, številko folija ipd. pa rdečo. Lombarde so visoke od 33 do 35 mm ter široke in sorazmerno dekorativno oblikovane, tako da je v tej estetiki mogoče prepoznati širše prisotni augsburški slog, zlasti značilno je oblikovana iniciala *U(iri Galilaei quid aspicitis)*, kjer se pričenja liturgija za praznik vnebohoda. Pisava je poznogotska rotunda (*gotico antiqua*).

68. SI AS 783, Gospostvo Škofja Loka, knj. 26, Urbar, 1668–1674
Notni zapis. Nemško-avstrijska šola, 15. stoletje (?)

Urbar je brez platnic, za knjigoveške potrebe pa so uporabili manjše rokopisne fragmente ter jih namenili dvema smotroma.

Na prazne ali pretežno prazne pergamentne trakove, široke približno 10 mm, so v 3. četrtini 17. stoletja napisali črke, ki se ujemajo z abecedno urejenimi vpisi krajev v urbarju. Tako so rokopisne fragmente spremenili v označke (*signacula*).

Poleg tega je na razkritem hrbtišču videti nekaj pergamentnih trakov, ki so jih uporabili za okrepitve vezave med vezicami. Uporabili so odrezke glasbenega rokopisa, ki je bil glede na pisavo najbrž delo 15. stoletja. Ker je videti le nekaj črk, ni mogoče opredeliti vsebine.

69. SI AS 791, Graščina Turn ob Ljubljanici, knj. 21, Urbar, 1694–1697
Brevir. Stična, ok. 1175

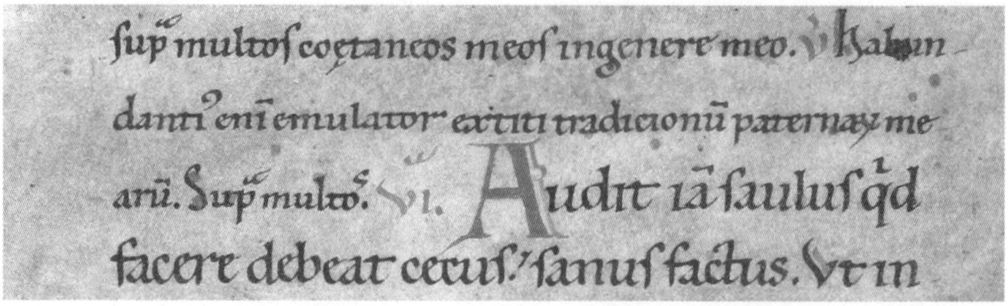
sup multos coetaneos meos in genere meo. Habun
danti⁹ eni emulator existiti tradicionu paternaru me
aru. Sup multos. VI. Audit ia saulus qd
facere debeat cecus. sanus factus. Ut in

Na zgornjem levem delu sprednje platnice je arhivska nalepka *Gr A XVIII, Turen, št. 21.* Knjižni blok urbarja je vezan v kartonaste platnice (193 x 161 mm), ki so na notranji strani polepljene s svetlim papirjem. Hrbet je nekoliko okroglen, urbar so zavezovali z dvema parova trakov, ki so odrezani.

Kot prevleko platnic so uporabili del pergamentnega folija, kjer je besedilo urejeno v dva stolpca. V celoti je videti desni stolpec, medstolpični prostor, del levega stolpca, zunanjo in spodnjo margino. Vidni del fragmenta meri 197 x 366 mm, z zavihki vred pa 221 x 390 mm. V neokrnjenem desnem stolpcu je 42 vrstic, ki so visoke 7,8 mm; besedilo je pisano v dveh velikostnih redih, nad nekaterimi besedami so nediastematske nevme. Levega stolpca ni videti v celoti in manjka notranja margina; zgornja margina je odrezana, vendar tik nad vrhnjo vrstico besedila. Desni stolpec je širok dobrih 90 mm, medstolpični prostor 12–14 mm; zunanja margina (skupaj z zavihkom) meri 48 mm, spodnja (z zavihkom) pa 52 mm.

Poleg paleografske skladnosti dovoljujejo ti kodikološki podatki utemeljeno domnevo, da je folij preostanek pogrešanega brevirja iz Stične iz časa opata Folknanda. Brevir je bil s svojo višino (390 mm in zgornja margina) malone enakih dimenzij kot so kodeksi NUK, Ms 3, ter Dunaj, Cod 649 in 650, ki še sedaj (kljub poznejši knjigoveški porezavi) merijo 423 mm.

Pisava, ki je nekoliko ožena romanska karolina, je vseskozi zanesljiva; duktus razkriva, da je vsaj ta folij brevirja prepisal rokopisnik z zasilnim imenom Gregorjev mojster. Dobro primerjavo dajo strani rokopisa NUK, Ms 8/IV, kjer je videti enako oblikovane okrajšave, značilna naglasna znamenja, znake za vprašaje, predvsem pa energično potegnjene prečne črte na končnem *t*, poševno potekajoč in kljukasto zaključen lok na črki *f*, posnet spodnji del okrogline pri *b* itd.[159] Uporabljeni sta temnorjava in živordeča tinta, videti je samo eno inicialo, kaligrafsko poudarjen *A(udit iam)* z nagrbančeno nitasto obrobo, z rdečo so napisane liturgične oznake in rubrike.

Besedilo je zanimivo, ker pripada zgodnji obliki cistercijanskega brevirja;[160] v zgornji vrstici desnega stolpca beremo od *[de]super interdictum saeviendi, cecidit in faciem suam prius prosternendus* ..., kar je vzeto iz 189. pridige sv. Avguština; v spodnji vrstici se besedilo konča s: ... *Creatura vilescat et creatura dulcescat*; tudi to je citat sv. Avguština, iz 189. pridige.[161]

Pergament je še vedno odlične kakovosti, je sorazmerno svetel in gladek.

70. SI AS 1073, Zbirka rokopisov, 139r, Teološke razprave, 17. stoletje
Psalter. Južnonemška pisna šola, sredina 15. stoletja

Knjiga vsebuje prepise teoloških razprav po osebnem izboru; papirni blok šteje 77 listov in meri 196 x 143 x 16 mm. Knjiga je ovita v bifolij psaltra; na spodnjem delu sprednje platnice je majhna papirna etiketa s številko *2*, v levem zgornjem vogalu pa arhivska z oznako *139r*. Na sprednjem spojnem listu je pečat *ODAS Ljubljana*, Osrednjega državnega arhiva Slovenije v Ljubljani, kamor je rokopis prišel kmalu po II. svetovni vojni. Na prvotnega lastnika usmerja monogram, sestavljen iz črk *P* in *D*, napisan s tenkim peresom nad 1. vrstico besedila.

Na obrezi je moder pikčast obrizg, trde kartonaste platnice (198 x 145 mm) se je zavezovalo s trakovi. Pergamentni bifolij je nemara uporabljen v

159 Golob, *Srednjeveški kodeksi iz Stične*, npr. sl. 152, 153, 155.
160 Waddel, *The Primitive Cistercian Breviary*, 1399, str. 441.
161 Gl. *PL XXXIX*, stp. 2099.

celoti; položen je tako, da teče veznik po sredini hrbtišča. Na vsaki platnici je videti enako urejeno besedilo v enem stolpcu, tako da pisno polje meri 150 x 110 mm in vidimo 16 vrstic z višino 9,7 mm. Razprta knjiga pokaže dobršni del bifolijev, 198 x 310 mm, sicer pa je mogoče izmeriti tudi zavihke (zgoraj 10 mm, spodaj 12 mm, spredaj 15 mm in zadaj 13 mm), tako da bifolij v celoti sedaj meri 220 x 337 mm. Iz tega sledi, da je prvotni kodeks najbrž meril 220 x 183 mm.

To so dimenzije psalterija za zasebno rabo, kar podpira jasen zapis z redkimi abreviaturami in ligaturami, 17 rdečih lombard (v = pribl. 8 mm) stoji na začetkih posameznih verzov in nazorno členijo besedilo. Razločna knjižna gotica je napisana z rjavo tinto, precej spominja na regensburške rokopise iz sredine 15. stoletja, kjer bi kot delo s sorodnimi potezami omenili rokopis *Historia Troiana*: pisava je enakomerna, stebla so videti razcepljena, ker se iz poševnega serifa na levo odcepi tenka okrasna poteza, minimi (*i, m, n*) so usločeni, črka *r* na koncu besede je okrogla, *s* na koncu je škatlast, izrazita poteza je raven spodnji del nekaterih črk: *b, d, o, p* itd., kot da je črta napisana ob ravnilu in nastane ob stiku z navpičnico izpahnjen vozel itd.[162]

Na sprednji platnici beremo besedilo od ... *et tradidit grandini jumenta eorum et possessionem eorum igni* ... do ... *sanctificationis suae, montem quem acquisivit dextera ejus. Et*... To je 77. psalm, od 48. do začetka 55. verza. Na hrbtni platnici teče besedilo od: ... *capita draconis in aquis* ... do ... *Respice in testamentum tuum, quia repleti sunt qui obscurati sunt terrae domibus iniquitatum. Ne*... To je besedilo 73. psalma, od sredine 13. do začetka 21. verza.

Pergament je čvrst, brez mehanskih poškodb, ima le nekaj madežev.

162 Schneider, *Paläographie und Handschriftenkunde*, sl. 11. *Historia Troiana*, Dunaj, ÖNB, 2773. Prim. Ziegler, *Martinus Opifex*, barvne sl. 14–16. Hranitzky et al., *Mitteleuropäische Schulen V*, kat. 132, sl. 492: Dunaj, ÖNB, Cod. 1833, dunajsko delo iz 2. četrtine 15.stoletja.

71. SI AS 1073, Zbirka rokopisov, 142r, Manuscriptum de variis vitis exemplis atque doctrinis, konec 17. stoletja
Lekcionar. Severnoitalijansko delo, 14. stoletje

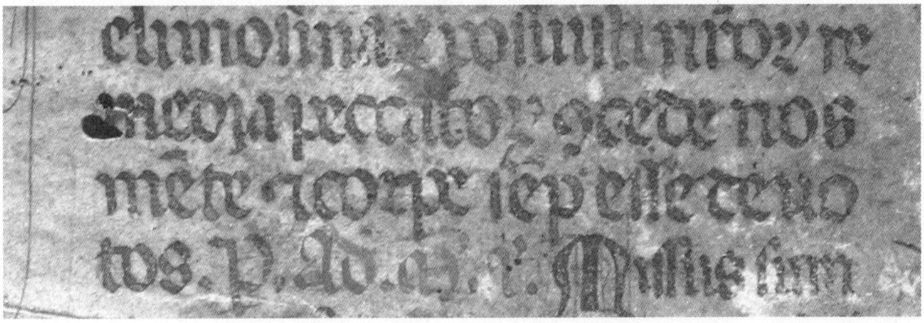

Vsebina rokopisne knjige bi lahko bila za 17. stoletje nekoliko presenetljiva, ker glavnino predstavljajo pridige in primeri (*exempla*), kakršni so bili pogosti v pridigah in so bili razširjeni v 14. in zgodnjem 15. stoletju. Zbirko besedil pojasnjujejo citati na prvi strani, najprej iz dela Lucija Eneja Seneke (*Dabo egenti, sed ut ipse non egeam; succurram perituro*), nato je Katov monostih (*Rem tuam custodi*). Kodeks torej sestavljajo različna pomembna, zgledna besedila. Knjiga je katalogizirana s skupnim naslovom *De Varijs Vitijs, Exemplis, atque Doctrinis.*

Knjiga je bila v lasti Jožefa Kalasanca Erberga,[163] kakor dokazuje njegov žig z imenom *Erberg* v ovalu, po letu 1945 pa v Osrednjem državnem arhivu Slovenije, kar je razvidno iz žiga *ODAS Ljubljana*. Na sprednji platnici je nalepljena arhivska etiketa *142*.

Knjiga (200 x 155 x 43 mm) je vezana na tri tenke, vendar dvojne galunske vezice, ki so med hrbtno platnico in knjižnim blokom pretrgane in samo pergamentna prevleka čez hrbtišče ohranja celoto. Notranja stran sprednje platnice je prelepljena s papirno polo, ki ima tudi vlogo spojnega lista, na koncu knjižnega bloka pa papirne zaščite več ni. V platnice so bili vpeljani irhasti trakovi za zavezovanje, ki so sedaj potrgani.

Platnice so sedaj precej poškodovane, zlasti rob sprednje platnice je scefran. Prevlečeni sta z dvema fragmentoma lekcionarja: prvi prekriva

163 Jožef Kalasanc Erberg (1771–1843), dvorni komornik,botanik in literrani zgodovinar. Kidrič, SBL I, str. 162–166.

sprednjo platnico, hrbtišče in del hrbtne platnice, drugi pa preostanek hrbtne platnice. Dimenzije I. fragmenta so (z zavihki vred) 222 x 253 mm, II. fragmenta pa 221 x 108 mm; zavihi na notranjo stran platnic so ozki. I. fragment je položen tako, da se spodnja vrstica besedila konča na stiku med hrbtiščem in hrbtno platnico; sledi prazno polje spodnje margine.

Besedilo je urejeno v dva stolpca, ki sta široka približno 65 mm, medstolpični prostor meri 18 mm. Pisano je v italijanski rotundi, pri čemer je besedilo II., to je hrbtnega fragmenta, malone izginilo, tako je zbledelo zaradi slabe kakovosti tinte in ne dovolj razmaščenega pergamenta.

Odlično so ohranjene rubrike z rdečo tinto (*lectio, omelia, cantica, versiculum* itd.), enako lombarde, ki so rdeče ali modre. Vseh je 12 in so delno izmaknjene iz pisnega stolpca. Vidi se skromen strunski ornament v notranjem inicialnem polju, zaradi površinskih poškodb pa ni jasno, ali so imele vse iniciale tudi snopaste izrastke ob pisnem polju.

72. SI AS 1073, Zbirka rokopisov, 240r, Pridige, 1. polovica 14. stoletja *Martinus Oppaviensis: Sermones de tempore et de sanctis, Promptuarium exemplorum. Jugovzhodna Nemčija ali Avstrija, 1. polovica 14. stoletja*

Kodeks[164] je bil leta 1990 restavratorsko očiščen in ponovno zvezan; na notranjo stran platnice je nalepljen list, na katerem piše: *E. L. Barth. Urschitsch. Car. Idriensis.*[165] Kodeks je pozneje bil v zbirki Narodnega muzeja, v jeseni leta 1945 je prešel v Osrednji državni arhiv v Ljubljani, kar je razvidno iz žiga *ODAS Ljubljana*.

Pergamentni kodeks ima v celoti 176 folijev, sestavljen je iz dveh delov, ki se vsebinsko skladata, ker gre za pridige za letni in svetniški cikel.[166]

---

164 Kos, Stelè, *Srednjeveški rokopisi*, kat. 79, str. 121; Dolinar, Kološa, Trpin, *Rokopisi*, str. 18.

165 Fran Petré navaja v članku v SBL, da se je Jernej Uršič (1784–1860) rodil v Idriji, bil narodni buditelj, ustanovitelj šole v Kamni Gorici, zbiral je gradivo za domačo zgodovino in ga občasno pošiljal ljubljanskemu muzeju. Ni izključeno, da je prav on Rudolfinumu podaril tudi ta rokopis.

166 Besedila je identificiral Franz Lackner, znanstveni sodelavec Avstrijske akademije znanosti (Komisija za raziskovanje pismenstva in knjižne kulture v srednjem veku) v času bilateralnega raziskovalnega projekta, ki sta ga podprli Slovenska akademija znanosti in umetnosti in Österreichische Akademie der Wissenschaften: (Slovenski in avstrijski srednjeveški rokopisi v slovenskih in avstrijskih knjižnicah in arhivih); tukaj so njegove navedbe zgolj prevedene. Izviren Lacknerjev popis je dostopen na: http://manuscripta.at/m1/hs_detail.php?ID=1762 (dostop 11.3.2018)

Vezava pripada t. im. humanističnemu tipu, kar pomeni, da platnice (221 x 170 x 50 mm) segajo nekoliko čez knjižni blok, da imajo kartonaste opore in so prevlečene z gladkim rumenkastim pergamentom. So brez okrasa, na sprednji platnici je nekaj manjših madežev, na hrbtni strani so večji. Hrbtišče je okrogleno, ob zunanji strani so zareze za vezalne trakove. Lege so šivane čez štiri tenke dvojne vezice. O izvirni, gotski vezavi ni sedaj najti nobene sledi, to je druga vezava in ob tej priložnosti je bil knjižni blok strojno poravnan; obreza je rdečkasto obarvana. Sedanja vezava je po vsem sodeč delo iz sredine 19. stoletja in je zanjo najbrž poskrbel Uršič.

Kodeks s pridigami, ki ga varujejo ene platnice, sestavljata dva delna rokopisa: oba sta brez začetnih in brez končnih leg, nekatere vmesne pa so pomanjkljive. Vsak rokopis ima svojo izvirno ali nekoliko poznejšo, a vsekakor srednjeveško foliacijo; novejša foliacija s svinčnikom (verjetno 20. stoletje) pa teče od prvega do zadnjega lista zvezanih knjižnih blokov (od 1 do 176). Iz vseh materialnih, strukturnih in paleografskih danosti je razvidno, da sta rokopisa nastala v eni rokopisni delavnici, pri nastanku pa je sodelovalo več rok.[167]

Oba dela sta nastala tako rekoč istočasno, kar dokazuje nespremenjena kvaliteta pergamenta, enaki odtenki tinte in enako ali vsaj skladno oblikovanje črk.

I.

Pergament, sedaj 100 folijev (1r–100v) v velikosti 216 x 170 mm. Dimenzije folijev so kljub knjigoveški strojni porezavi še vedno blizu prvotnim, ker se je na več legah ohranilo pikiranje. Pisno polje meri 159 x 126 mm, besedilo je urejeno v dva stolpca, v povprečju je 38 vrstic, visokih 4,15 mm. Zrcalo je narisano s tenkimi potezami v enaki temnosivi tinti kot so jo uporabili za nekatere dele besedila; skoraj vedno je videti navpičnice za naslonila, prečno potekata dve črti na zgornjem robu, ki oklepata prvi dve vrstici besedila; drugih prečnih črt pravzaprav ni videti. Velikost zrcala se sicer ne

167 Kot ilustraciji dveh rok sta vzeta detajla s fol. 84v in 97v, obakrat po izvirni foliaciji.

spreminja, vendar imajo nekatere lege ozko zgornjo margino (npr. 5 lega, fol. 85–92); v = 0 – 12 – 171 – 216 mm; š = 0 – 8 – 71 – 80 – 134 – 170 mm.

Pergament je dobre kakovosti, enakomerno svetel na obeh straneh, gladek, precej tenek, se mehko ulega in ne škriplje.

Tinta v zelo različnih odtenkih od skoraj nečitljivo svetlorjave do črne, ki se ponekod ne sprime dobro s pergamentom. Rdečilo je sicer kakovostno in enakomernega odtenka, vendar ponekod manjkajo rubrike in lombarde (dve vrstici visoke, 7,5–8,30 mm), kar kaže, da so dodajali rubrike in iniciale potem, ko je bilo besedilo dokončano.

Lege so različnega sestava, o tem priča tudi prvotna foliacija; največ je takih od ternijev do septenijev. Pripravljali so jih zaporedno, kar je razvidno iz tehničnih procesov, saj so nekatere lege pikirali zložene v snopič, druge pa razgrnjene (torej so pikirali od sredine lege). Pomembne podatke za strukturo rokopisa sporočata kustodi V. na dnu fol. 44v (menjava roke in tinte) in kustoda VII. na dnu fol. 55v (pomote pri številčenju folijev). Več je reklamantov, ki dokazujejo vsebinsko kontinuiteto.

Manjka veliko folijev in s tem tudi vsebina; manjka začetnih 37 folijev ali več (*codex acephalous*), ker so s sočasno roko oštevilčeni foliji od 38 dalje; zadnji izvirno oštevilčeni folij je 153 (sedaj 100; *codex ateleous*). Prav tako v nekaj legah manjkajo foliji in bifoliji iz sredinskega dela. V nadaljevanju so navedeni foliji glede na izvirno foliacijo, v oglatem oklepaju pa so zapisane zaporedne številke sedaj ohranjenih leg.[168]

[1] 38r–41v, [2] 44r–55v, [3] 64r–75v, [4] 76r–84v, [5] 85r–92v, [7] 93r–103v, [8] 104r–114v, [9] 115r–118v, [10] 119r–126v, [11] 127r–134v, [12] 135r–144v, [13] 145r–152v, [14] 153r–v.

Rokopis je prepisan v knjižni gotici (textualis) in je nastajal v sodelovanju več rok. Čeprav je osnovno besedilo najbrž nastalo kot prepis po neki predlogi v sorazmerno kratkem času, so pozneje dodali rubrike in pri tem nekatere izpustili, druga roka (korektorjeva?) je dodala paginacijo in nekdo je za hitrejšo uporabo napisal v spodnji medvrstični prostor številko, ki se nanaša na pridigo (npr. na fol. 148r je besedilo pridige – izpostavljena je z rubriko *Dominica XXI de epistola*; spodaj pa je skicozno napisana številka *XXI*).

168 V Kos-Steletovem katalogu so navedene manjkajoče strani glede na sodobno foliacijo.

V rdeči tinti so zapisani usmerjevalni naslovi (npr. *de dedicatione ecclesiae, de dedicatione altaris, in domini ascencione, de euangelio* itd.).

Vsebina: (1r–100v): *Sermones de tempore.*[169]

Naslednje pridige je okrnjene bodisi na začetku ali koncu, ker manjkajo foliji. To so:

(1r, začetek manjka: št. 55)]*autem luxurie committitur. Currit ergo in hac via superbus ...*

(2v, pomanjkljiv zaključek: št. 57) ... *qui in luto iacet ut ipsum retrahat quantum* (?) *ad alios*[.

(3r, pomanjkljiv začetek, št. 58)]*ta Christus sustinuit pro nobis certe legimus ...*

(17v, pomanjkljiv konec, št.76) ... *amictus fuit tali peccato caruit*[

(18r, pomanjkljiv začetek, št. 83)]*tanti vilipensio. Nam sanguis Christi effusus ...*

(19v, pomanjkljiv konec, št. 85) ... *si confiteamur peccata nostra fidelis*[

(20r, pomanjkljiv konec, št. 86)]*sibi iunctam materiam corrumpit ...*

(31v, pomanjkljiv konec, št. 98) natančna opredelitev ni mogoča.

(34r, zadnje besede se ujemajo s pridigo Schneyer 100).

(62v, okrnjen zaključek, št. 131) ... *Augustinus in libro Soliloquiorum: Contremiscunt domine*[

(63r, pomanjkljiv začetek, št. 132) ...]*liberum quempiam effici per imperatorem ...*

(65v, zaključek manjka, št. 134) ... *mitte illum in operacionem ne*[

(66r, okrnjen začetek, št. 137)]*est quod hominem mirabiliter excecat quantum ad intellectum ...*

(78v, pomanjkljiv zaključek, št. 150) ... *sana me domine et sanabor salvum me*[

(79r, okrnjen začetek, št. 152)]*sius* (?) *omnino pueris et nutricibus puerorum prohibent ...* (100r, pomanjkljiv zaključek, št. 171) ... *quod per tres menses superius*[

---

169 Schneyer, *Repertorium der lateinischen Sermones, 1150–1350,* št. 55–76, 83–98, 100–134, 137–150, 152–171. – Za pridige besedila poznejšega časa gl. Hödl, *Repertorium der lateinischen Sermones.*

II.

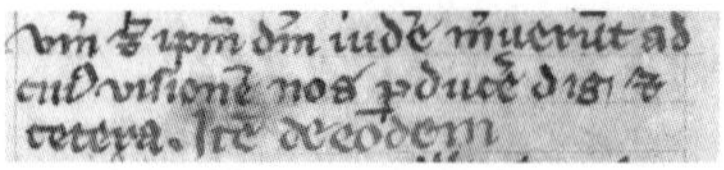

Pergament, sedaj 76 folijev v velikosti 216 x 170 mm, ker sta bila oba rokopisa hkrati knjigoveško obrezana. Ta del se glede zrcala in oblikovanja strani v splošnem ujema z besedili I. dela, vendar število vrstic niha od 39 do 44, s tem pa je tudi višina vrstic različna (od 3,3 mm do 3,9 mm). Prav tako se nekoliko spreminja tudi postavitev zrcala. Npr. fol. 150r (nova 97r): pisno polje meri 151 x 104 mm; v = 0 – 14 – 197 – 216 mm; š = 0 – 14 – 64 – 72 – 126 – 168 mm. Ker je na folijih z *Exempla* živi naslov praviloma poškodovan, je bil ta del kodeksa v času nastanka vsaj 30 mm višji, ohranili pa so se naslovi na spodnji margini. Vizualno izstopajo ti foliji zaradi mnogih rubrik, ki opozarjajo na vsebinske sklope, v delu, kjer so besedila pridig, pa so rubricirana imena svetnikov in cerkvenih piscev marsikdaj postavljena v margino ali v medstolpični prostor.

Prav tako so izrazitejše razlike v pisavah; posebej izstopa prepisovalec, ki je kljub prečnim črtam dele besedil prepisal v nekoliko manjših črkah in s tem ustavil vtis zgoščenosti. Lombarde, rubrike in naslove je vseskozi pisala ena roka, verjetno tudi paragrafe.

Pergament je v splošnem dobre kakovosti, enakega porekla kot za I. del. Besedila so prav tako pisana v različnih odtenkih tinte od srednjerjave do črne.

Izvirna foliacija teče od 19r do 103v oz. novejša od 101r do 176v. V nasprotju s I. delom tukaj ni videti ne reklamantov in ne kustod, a ni izključeno, da so bili odstranjeni ob prevezavi. Lege imajo – z izjemo folijev od 37r do 46v, kjer je na zgornjem robu potegnjena močna črna črta nad 1. vrstico – pisno polje narisano s komaj opaznimi črtami.

Manjka začetnih 18 folijev ali več (*codex acephalous*), ker je tudi ta del foliiran s sočasno roko (od 19 dalje, zadnji izvirno oštevilčeni folij ima številko 103 (sedaj tečejo številke od 101 do 176; *codex ateleous*). Prav tako v nekaj legah manjkajo foliji in bifoliji iz sredinskega dela in s tem vsebina. Glede na sedanjo vezavo štejemo lege od 15 dalje, v nadaljevanju pa so navedeni z izvirno foliacijo.[170]

---

170 V Kos-Steletovem katalogu so navedene manjkajoče strani glede na sodobno foliacijo.

[15] 19r–28v, [16] 29r–36v, [17] 37r–46v, [18] 47r–56v, [19] 57r–66v, [20] 67r–76v, [21] 77r–86v, [22] 87r–96v, [23] 97r–103v. Tudi tukaj so nekatere lege pomanjkljive (15, 16, 23). Rokopis je delo več rok, odlomke so prepisovali zaporedno.

Zapisane so pridige za svetniške praznike (*sermones de sanctis*, npr. *de s. Laurencio, de s. dominico confessore, de s. Augustini ep.* itd.), ki bi lahko bile namenjene širši skupnosti vernikov, medtem ko pridige, ki so naslovljene *de dedicatione altaris* ali *sermo synodalis* skorajda izključujejo skupnost nesamostancev. V kodeksu so zapisani primeri, ki so bili znani kot *exempla*, in so bolj memorativne opore za sestavljanje pridig. Značilni naslovi *(de timore mortis, de anime malorum* ipd.) govorijo, da gre za izvlečke iz širših del, ki jih poznamo pod naslovi *De virtutis et de vitiis*. Po vsebini bi smeli sklepati, da je bilo delo iz frančiškanskega okolja.

Vsebina: (101r–172v) *Sermones de sanctis.*[171]

Več pridig je okrnjenih bodisi na začetku ali koncu, ker manjkajo foliji. To so:

(101r, začetek manjka: št. 207)]*vel* (?) *quotlibet mortale peccatum quod quasi fermentum corrumpit animam* ...

(104v, okrnjen konec, št. 215) ... *omne quod est in mundo aut est concupiscencia per luxuriam*[

(105r, pomanjkljiv začetek, št. 217)]*non enim adhesit in terra venter eorum* ...

(110v, zaključekpomanjkljiv, št. 226) ... *sicut enim in materialibus armis non assuetis grave est pugnare propter quod et David* (?)[

(111r, pomanjkljiv začetek, št. 233)]*et sicut nullus homo ipso tenerior* ...

(161v, pomanjkljiv konec, št. 314)... *dicitur de virginibus: Hii empti sunt*[

(162r, pomanjkljiv začetek, št. 315)]*si prandium preparatum* ...

(171r, št. 327).

(172v–176v) Promptuarium exemplorum: *Quidam pater familias bene se torquebat de quo in Vitas patrum dicitur quod cum servaretur mortuus circa mediam noctem ... Item dyal. VIII. In monasterio beati Gregorii fuit quidam monachus Iustus nomine qui graviter infirmus tres aureos quos absconderat* ... (pomanjkljiv konec).

171 Schneyer, *Repertorium der lateinischen Sermones, 1150 – 1350,* IV, št. 207–215, 217–226, 233–273, 275–289, 291–327.

73. SI AS 1073, Zbirka rokopisov, 241r, Razprave, 15. stoletje
Johannes de Brunsvico et al.: Disputationes variae. Jugovzhodna Nemčija ali Avstrija, sredina 15. stoletja

Kodeks[172] izvira iz kolegiatske knjižnice v Novem mestu; na zgornjem robu prvega lista je zapis *Ecclesiae Collegiatae Rudolfberti,* na spodnjem pa *Catalogo inscripsit A⁰ 606 die 21 –bris*. Pozneje je rokopis prešel Narodni muzej, Ljubljana, in ga v tem sklopu obravnava Kos-Steletov katalog.

Kodeks je sestavljen iz 298 papirnih listov in iz treh kodikoloških enot: I. *Johannes de Brunsvico: Stella clericorum. Tractatus de praeparatione et expositione missae.* II. *Gerardus de Vliederhoven.* III. *Guilelmus de Lanicea. Varia theologica.*[173]

Vezava je restavrirana; lesene platnice (222 x 148 x 68 mm) so prevlečene s temnorjavim usnjem, hrbet je okroglen, manjkajoče usnje je dopolnjeno, kapitala sta nova, enako obe zapirali. Usnjena površina je okrašena s pečatniki in urejena tako, da so med slepe linije, potegnjene z vrezilom, razporejeni pečatni vzorci: šilasti lok s trilistnim cvetom, zlomljeni trak, preprost cvet iz sedmih krogov ter šopek. Motivi so značilni za južnonemško estetiko v 15. stoletju. Vzorci so na sprednji in hrbtni platnici enako urejeni, na hrbtišču pa je med izboklinami vezic počez tekel vzorec zlomljenega traku. Vezava je iz približno istih let kot besedila.

Lege so šivane prek treh dvojnih vezic, spredaj in na koncu je dodana papirna pola, ki ima vlogo zaščite in spojnega lista.

Knjižni blok (215 x 135/138 mm) je iz papirja in je glede na kodikološke enote različnih kvalitet. Vsi listi so zaradi poškodb na spodnjem robu restavratorsko dolepljeni. Kodeks je sestavljen iz treh delov, ki so sicer po nastanku sočasni in iz istega rokopisnega okolja, se pa glede na ureditev strani in pisave nekoliko razlikujejo. Listi imajo dvojno foliacijo, rokopisno s svinčnikom (1–299) in novejšo s pečatnimi odtisi (1–298). V III. delu so

172 Kos, Stelè, *Srednjeveški rokopisi*, kat. 80, str. 121–122; Dolinar, Kološa, Trpin, *Rokopisi,* kat. 10.
173 Besedila je identificiral Franz Lackner, znanstveni sodelavec Avstrijske akademije znanosti (Komisija za raziskovanje pismenstva in knjižne kulture v srednjem veku) v času bilateralnega raziskovalnega projekta, ki sta ga podprli Slovenska akademija znanosti in umetnosti in Österreichische Akademie der Wissenschaften (Slovenski in avstrijski srednjeveški rokopisi v slovenskih in avstrijskih knjižnicah in arhivih); tukaj so njegove navedbe zgolj prevedene. Izviren Lacknerjev popis je dostopen na: http://manuscripta.at/m1/hs_detail.php?ID=1761 (dostop 15.3.2018).

lege označene z napovednimi kustodami; zaradi poškodovanosti spodnjega roba niso popolne, videti je številke 6, 8, 9 in z besedo izpisane kustode za 11. in 12. lego.

Lege v celotnem kodeksu: I. del (1r–120v): 10 x VI^{120}; II. del (121r–156v): 3 x VI^{156}; III. del (157r–288v): 9 x VI^{265}, $VI{-}1^{276}$, $VII{-}2^{288}$, V^{298}. Prevladujejo seniji, tako da so kviniji in septeniji izjeme, podrejene sestavu posamezne kodikološke enote.

Zrcalo je v vsem kodeksu obodno, narisan je samo okvir; razlike v narisih in dimenzijah so majhne in vedno so narisani z lasno tenkimi potezami. Besedilo je napisano v dolgih vrsticah, pisava je bastarda, v kodeksu je mogoče prepoznati vsaj štiri roke: 1. roka: 1r–120v, 2. roka: 123r–154v, 3. roka: 158v–192v, 4. roka: 193r–299v.[174] Uporabljeni so odtenki tinte, ki so pretežno rjavo-sivi, ponekod je tinta zelo svetla, drugod skoraj črna. Od fol. 37 dalje je tinta na listih do fol. 79 povzročila rjavenje papirnega lista. Rdeča tinta je v naslovih, z njo so napisane poteze v stavčnih začetnicah, podčrtovanja, rubrike in lombarde ter je vseskozi enake kakovosti.

Stavčne začetnice v obliki lombard oz. iniciale na začetkih besedil so preproste, nekatere imajo polnila v obliki dvostrane brstne veje, na fol. 6v in 7r pa sta iniciali *Q*, vsaka z vrisanim obrazom. Iniciale so najpogosteje visoke 2 vrstici (približno 8–10 mm).

I.del: lege: 10 x VI^{120}, pisno polje 155/160 x 100, 29–33 vrstic, visokih pribl. 4,8 mm.

II. del: lege: 3 x VI^{156}, pisno polje 165/170 x 100 cm, 42–44 vrstic, visokih pribl. 4,0–4,2 mm; na spodnjem robu fol. 144v je reklamant.

III. del: lege: 9 x VI^{265}, $VI{-}1^{276}$, $VII{-}2^{288}$, V^{298}. Kustode so napisane z rdečo in rjavo tinto (6us: 217r, 8us: 242r, 9us: 254r, undecimus: 277r, duodecimus: 289r). Pisno polje 160/165 x 95/105 mm, 28–34 vrstic, visokih od 4,7 do 5,9 mm. Dve roki (menjava na 193r).

174 V ilustracijo njihovih pisav so reproducirani detajli s fol. 2r, 123r, 159r in 289v.

Vsebina:

I.

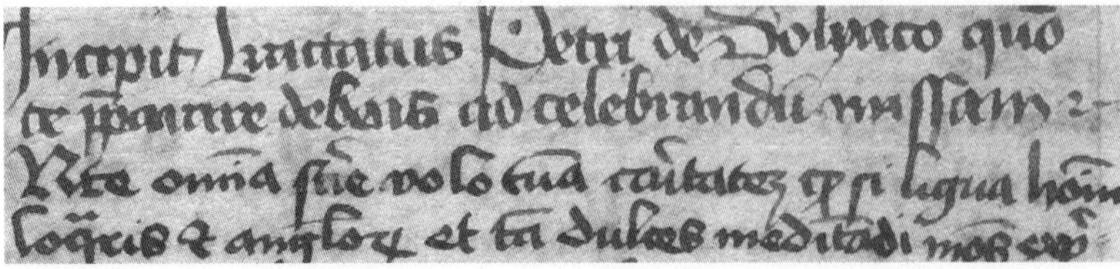

(1r–5r) Iohannes de Brunsvico: *Meditatio super missam* (izvleček).[175] Naslov: *Incipit tractatus Petri de Dolyaco quomodo te preparare debeas ad celebrandum missam.* Inc.: *Ante omnia scire volo tuam caritatem quod si ligua* (!) *hominum loquaris et angelorum* ... – Ekspl.: ... *quod nihil poterit tibi tam adversi contingere quin* (?) *semper fuit salutare etc.*[176]

(5v–15v) *Stella clericorum.*[177]

Inc.: *Quasi stella matutina in medio nebule peccatorum. Proprietates huius stelle possunt referri ad quemlibet prelatum sive sacerdotem doctorem fidei* ... – Expl.: ... *bonis operibus adimplere studeatis. Quod prestare ipse dignetur. Amen etc.*

(16r–24r) *De sacerdotibus.* Več kratkih besedil:

(16r–17r) Inc.: [I]*nde sciendum est quod ad debitum et legittimum ministrum sex condiciones requiruntur* ... – Ekspl.: ... *vel excommunicatus. De quibus dicetur postea magis in speciali.* (17r–19r) Inc.: [I]*n sacra scriptura ministri consecracionis sacramenti ewkaristie quandoque nominantur clerici* ... – Expl.: ... *et benedixit ei cui et decimas omnium divisit Abraham.* (19r–20r) Inc.: [D]*ignitas sacerdotalis penes duo precipue commendatur* ... – Ekspl.: ... *in quo dabitur a deo spiritus sanctus.* (20v–22r) Inc.: [H]*onestas clericalis in duobus consistit. Primo in hoc ut sicut ornati exterius scilicet virtutibus* ... – Ekspl.: ... *digne kathedram sacerdotalem*

---

175 Blomevenna, *Enchiridion sacerdotum* etc., LXXXIXr–CXIIIv. – Besedilo z enakim incipitom in eksplicitom hrani tudi Vědecká knihovna v Olomoucu, M I 258, 188v–192v. Za nekoliko obsežnejšo vezijo z enakim incipitom gl. H. Hilg, *Die Handschriften des Germanischen Nationalmuseums Nürnberg* II, 1. str. 45 (Hs 4772a, 149ra). Prim. tudi Franz, *Messe*, 579 f (navaja tudi rokopis Dunaj, Österreichische Nationalbibliothek, Cod. 3651, 117v–120r) in 598f. Prim.: Rüthing, Johannes von Braunschweig, *VL IV*, str. 548–550; to delo je navedeno na str. 549, št. 2.

176 Blomevena, *Enchiridion sacerdotum* etc., XCIr.

177 Bloomfield, *Incipits of Latin Works*, št. 4435.

observabunt. (22r–23v) Inc.: [O]*cto* (?) *de causis sacerdotibus indicta est castitas. Primo quia non possunt deo placere* ... – Ekspl.: ... *reddemus racionem sed eciam pro omnibus peccatis quorum utimur donis.* (23v–24r) Inc.: [C]*orona clericalis est signum karacteris qui in animam ordinati imprimitur* ... – Ekspl.: ... *quod nullum medium inter deum et clericum demonstrat.*[178]

(24r–119v) *Tractatus de praeparatione et expositione missae.* Inc.: [S]*acerdos celebraturus missam primo se examinet an sit in tantum corporaliter vigorosus ut sciat officium inchoatum continuare* ... – Ekspl.: ... *a laude quoque terminemus ut in eternum laudemus eum qui vivit et regnat in secula seculorum. Amen.*

Začetki posameznih delov: (26r) [I]*ndigne conficientes et sumentes corpus Christi multipliciter deum gravissime offendunt* ... — (27v) [P]*refacio dicitur a pre quod est ante et forfari quia fatur ante principale sacrificium* ... — (36v) [P]*ost acclamatum preconium sequitur secretum silencium in quo et misse canon dicitur* ... — (39r) *Te igitur clementissime pater. Per Iesum Christum. In hac parte canonis dirigitur peticio ad deum* ... — (50v) *Communicantes et memoriam. Expone. Communicantes id est participantes offerimus in fide* ... — (84r) [S]*imili modo postquam cenatum est. Hic est* 2^a *pars* 3^e *partis principalis ipsius canonis in qua ponuntur verba efficiencia consecracionem* ... — (107r) [O]*remus preceptis salutaribus moniti* ... *audemus dicere: Pater noster digna percepcione. Et dividitur in quinque particulas* ... — (119v) *Deinde sacerdos inclinans se ante altare dicit: Placeat tibi sancta trinitas. Osculans altare se signat signo sancte crucis* ...

(120r) Prazna stran.

(120v) Invocatio: *Maria mater gracie.*

II.

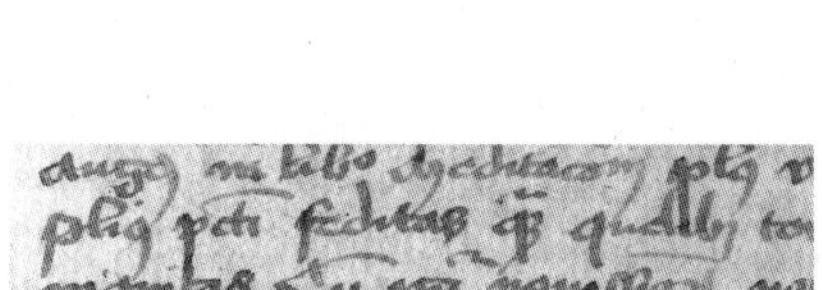

(121r) Probationes pennae, mdr.: *Notandum est primo quid sit subiectum. Ad hoc respondetur quod* (?) ... *Construccio large capta sit obiectum attribuicionis* ...

178 Ta kratka besedila vsebuje tudi rokopis: Frankfurt am Main, Stadt- und Universitätsbibliothek, Ms. Praed. 40, 213ra–216rb.

(121v) Prazna stran.

(122r–153v) Gerardus de Vliederhoven: *Cordiale de quattuor novissimis.*[179]

Inc.: [M]*emorare novissima tua et in eternum non peccaberis. Eccli 7º. Sicut dicit beatus Augustinus in libro Meditacionum plus vitanda est solius peccati feditas* ... – Expl.: ... *utinam saperent et intelligerent ac novissima providerent. Amen.*[180]

(154r–156v) Prazno.

III.

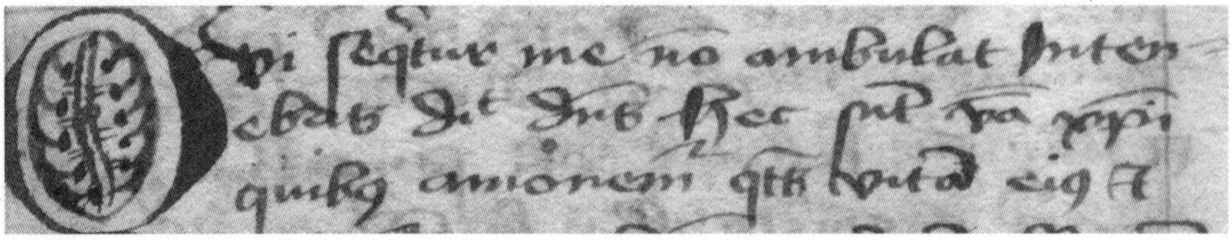

(157r) Prazno.

(157v–190v) Thomas a Kempis: *De imitatione Christi, lib. I–II.*[181]

(157v) *Capitula sequentis libri.* (158r): *Secuntur ammoniciones ad spiritualem vitam valde utiles etc. Cancellarius Parysiensis.*

Inc.: *Qui sequitur me non ambulat in tenebris dicit dominus. Hec sunt verba Christi quibus amonemur quatenus vitam eius et mores imitemur* ... (180v) Lib. II. Capitula. Textus. Inc.: *Regnum dei est intra vos dicit dominus. Converte te ex toto corde ad dominum et relinque hunc miserum mundum* ... – Eksl.: ... *hec conclusio finalis. Quoniam per multas tribulaciones oportet nos intrare in regnum dei. Et sic est finis etc.* Z rdečo tinto: *Deo gracias.*[182]

179 GW 7469–7514; Bloomfield, *Incipits of Latin Works*, št. 3057.

180 Byrn, Gerart van Vliederhoven, *VL II*, str. 1217–1221.

181 Tomaž Kempčan, *Opera omnia*, str. 5–88. Tomaž Kempčan, *De imitatione libri quatuor*, str. 3–129. Distelbrink, *Bonaventurae scripta authentica*, str. 89; Bloomfield, *Incipits of Latin Works*, št. 4633. Van Geest, Bauer, Wachinger, Thomas Hemerken van Kempen, *VL IX*, str. 862–882.

182 Van Geest, Bauer, Wachinger, Thomas Hemerken von Kempen, *VL IX*, str. 862–882. — Glede rokopisnega tradiranja gl.: Axters, *De imitatione Christi*; Axters, Bijdragen tot de inventarizering van de Imitatio-handschriften, str. 141–158. — Neddermeyer, Radix studii et speculum vitae, str. 457–481, posebej 477 dalje. – Avtor navaja še 5 drugih rokopisov, vendar ljubljanskega ni med njimi.

IV.

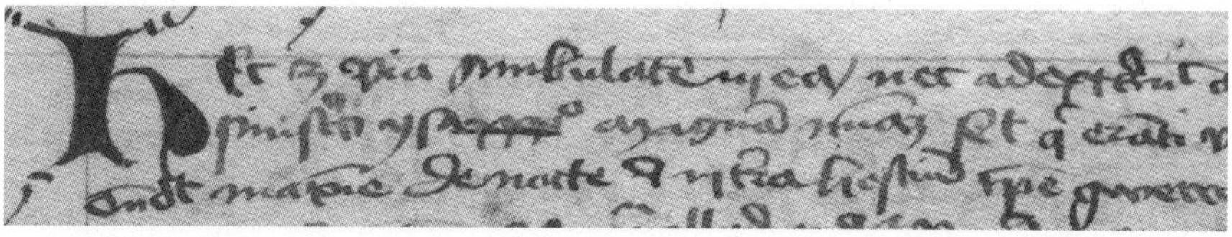

(190v–191v) *Tractatus de arte moriendi etc. Modus disponendi ad mortem que* (!) *pertractavit quidam monachus celica* (!) *ordinis Carthusiensis sano corpore scribens et relinquens post se cedulam tenoris infra scripti in hec verba.*

Inc.: *Ego frater N. indignus nomine Carthusiensis confiteor tibi clementissime pater multitudinem magnitudinem et enormitatem universorum scelerum et peccatorum meorum* ... – Ekspl.: ... *ut eam ostendas altissimo deo tempore necessitatis mee vel eciam in futuro iudicio. Amen. Deo gracias.*[183]

(191v–206r) : *Sequitur alia disposicio ad mortem utilis valde bona etc.* Na zgornji margini je pripis: *Tractatus magistri Iohannis Gerson cancellary Parysiensis doctoris egregy.*

Inc.: *Propterea cum secundum Gregorium omnis Christi accio est nostra instruccio idcirco ea que Christus in cruce moriens fecit eadem quilibet morituro* (!) *pro suo modulo atque possibilitate in extremis* ... – Ekspl.: ... *nam per hoc omnes dyaboli temptaciones et insidie maxime superantur etc. Deo gracias.*

(206r–209r): *Sermo sancti Effrem de die iudicii valde bonus et utilis.*[184]

Inc.: *Venite dilectissimi fratres exhortacionem suscipite consilii mei peccatoris et inperitissimi Effrem. Ecce enim iudicii dies illa magna* ... – Ekspl.: ... *humiliet et castitatem cordis et corporis suis possideat. Quod nobis prestare dignetur qui est benedictus in secula seculorum etc.*

(209r) Samo naslov, z rdečo: *Capitulum optimum de paciencia ex libro qui intitulatur liber prognosticorum.*

(209v–216r): *De rapina nota duodecim que ostendunt magnitudinem huius peccati.*[185]

Inc.: *Duodecim vero sunt que possunt valere ad ostendendam magnitudinem huius peccati. Primum est hoc quod per peccatum istud ipsum funda-*

183 Rudolf, *Ars moriendi*, str. 84 dalje, op. 10.

184 Asseman, *Ephraem Syri opera omnia* ... III, str. 579–581.

185 Bloomfield, *Incipits of Latin Works*, št. 1840.

mentum iusticie et bonitatis in hoc deficit ... – Ekspl.: ... *potestas devorando pauperes et conterendi quam dominus interdum auffert etc.* (sic !)

(216r–218r).: *De promocione puerorum ad sacros ordines et ad ecclesiasticas dignitates capitulum optimum.*

Inc.: *Sequitur quod promocio puerorum ad sacros ordines et ad ecclesiasticas dignitates promocio a quo peccato valde esset cavendum* (sic!) ... – Ekspl.: ... *quod forsitan ideo male* (?) *accidit ei quod adeo iuvenis rex factus est delicie eum et ... eum in fatua ...*

(218r–220r): *Contra illos qui credunt se habere beneficia per vicarios.*

Inc.: *Notandum vero contra illos qui credunt se posse habere plura beneficia quia vicarios ponunt primo dicimus quod eadem racione laycus unus ymo mulier posset habere decem ecclesiastica officia* ... – Ekspl.: ... *retulit XXX denarios pro quibus Christum vendiderat sed symoniaci hoc non faciunt etc.*

(220r–221v): *De hiis que pertinent ad observacionem solempnitatum.*

Inc.: *Notandum ergo quod quatuor sunt que pertinent ad observacionem solempnitatum. Primum est vacare a terenis* (!) *operibus* ... – Ekspl.: ... *et mittite partes eis qui non preparaverunt sibi.*

(221v–222r): *De perversitate illorum qui convivia agunt in diebus quibus festa sunt instituta etc.*

Inc.: *Multi hodie nichil horum observant que propter solempnitates instituta sunt quia nec a terreno opere vacant nec pondera peccatorum deponunt* ... – Ekspl.: ... *ab hospicio suo repellere in die illa qua ecclesie datus est.*

(222v–224r) Naslov je na 222r: *Item alie quatuor cause quare in die sabbati honor specialis beate Marie exhibetur.*

Inc.: *Et notandum scilicet* (?) *quod sicut quadruplex racio asignatur quare dies dominica celebris habeatur* ... – Ekspl.: ... *dispergam super wltum vestrum stercus solempnitatum vestrarum dicit dominus etc.*

(224r–226v) : *Notandum bene de appetitu magisterii capitulum optimum.*

Inc.: *Primo ergo notandum est quod appetitus magisterii culpabilis potest esse quinque de causis. Primo propter ignoranciam quando scilicet aliquis docet quod non addidicit* ... – Ekspl.: ... *et salutaciones in foro et vocari ab omnibus rabi etc.*

(226v–234v) : *Notandum de vicio usure.*[186]

186 Bloomfield, *Incipits of Latin Works,* št. 204.

Inc.: *Ad detestacionem huius peccati usure sunt testimonia scripturarum. Primum est Exodi XXIIo ubi sic legitur: Si pecuniam mutuam dederis* ... – Ekspl.: ... *dic exemplum de episcopo et asini eius* (!) *et de usurario qui portavit eum ad patibulum.*

(234v–236r) : *De fraudibus negociatorum.*

Inc.: *Quarto loco inter species avaricie dicendum est de fraudibus negociatorum. Notandum ergo quod negociacio in se bona est* ... – Ekspl.: ... *quia qui male agit odit lucem.*

(236r–239r): *De hiis qui valent ad detestacionem inobediencie et de multiplici pena qua punitum est hoc peccatum.*

Inc.: *Ad detestacionem vero huius peccati primo potest valere multiplex pena qua punitum est hoc peccatum* ... – Ekspl.: ... *qui flagellis et acculleis obediunt.*

(239r–240r): *De peccato desperacionis.*

Inc.: *Sequitur de desperacione quod est ultimum vicium pertinens ad accidiam. Solet autem provenire desperacio ex nimia tristicia* ... – Ekspl.: ... *cuius membra iam persecuti sumus. Et sic de aliis* (?) *etc.*

(240rv): *De peccato biligwium.*

Inc.: *Bylingwes autem dicuntur qui male locuntur de hominibus in absencia et bene in presencia* ... – Ekspl.: ... *unde primo ad Thymotheum III°: Dyacono (!) similiter pudicos non biligwes.*

(240v–241r): *De peccato indevocionis.*

Inc.: *Sequitur de peccato indevocionis. Et est indevocio quedam ariditas spiritualis. Unde Ps.: Anima mea sicut terra sine aqua* ... – Ekspl.: ... *qui tamen adiutorio liquoris delectabilis efficitur etc.*

(241v): *De vicio dissolucionis.*

Inc.: *Quod possumus vocare dissolucionem hoc vicio laborat ille qui inveniens difficultatem in sui regimine* ... – Ekspl.: ... *qui perdiderunt sustinenciam etc.*

(241v–242r): *De vicio incurie.*

Inc.: *Sequitur de vicio quod possumus vocare incuriam. Hoc vicio laborat ille qui suorum debitam curam non habet* ... – Ekspl.: ... *inpressiones recipit cum* (?) *eas non custodiat.*

(242rv) : *De negligencia studii.*

Inc.: *Primum est nimia velocitas. Quidam* (?) *autem sunt qui quasi cursive* (?) *considerant ea in quibus student* ... – Ekspl.: ... *unde Seneca: Arcum frangit intensio animum remissio etc.*

(242v–243v) : *De prodigalitate quanta pericula.*

Inc.: *Quadrupliciter possumus vero distingwere prodigalitatem a largitate* ... – Ekspl.: ... *prodigus iniquus est in se ipsum avarus vero ad deum et proximum.*

(243v–244r) : *De fatuitate* (sc. illorum) *qui differunt confiteri.*

Inc.: *Postquam autem ostenditur fatuitas eorum qui differunt confiteri* ... – Ekspl.: ... *usque ad fenestras oculorum et aurium.*

(244rv): *Bona que proveniunt ex confessione etc.*

Inc.: *Primum bonum quod provenit ex confessione est quod dyabolus non ita libenter temptat* ... – Ekspl.: ... *ad confessionem aperite etc.*

(244v–245r) : *De hiis qui usque ad mortem.*

Inc.: *Specialiter autem potest ostendi fatuitas eorum qui confiteri nolunt donec infirmentur* ... – Ekspl.: ... *facit eorum exspectare.*

(245rv): *De hiis qui in quadragesima differunt confiteri donec tota sit transacta.*

Inc.: *Sequitur de fatuitate eorum qui in quadragesima nolunt confiteri donec transierit quasi tota. Potest autem multipliciter fatuitas illorum ostendi* ... – Ekspl.: ... *ad huc in eis veneno* (?) *remanente etc.*

(245v–246r) : *Que deberent homines cohibere a nimietate sompni.*

Inc.: *Tria autem sunt que deberent homines cohibere a nimietate sompni. Primo exempla que pertinent ad illud verbum Augustini prius positum: Indecens est christiano si radius solis* ... – Ekspl.: ... *de tercio cenaculo deorsum et sublatus est mortuus etc.*

(246r): *Que sunt necessaria ut aliquis debito modo dormiat.*

Inc.: *Tria vero necessaria sunt homini ad hoc quod debito modo dormiat* ... – Ekspl.: ... *sobrium cibum sobrium sensum sequitur sompnus.*

(246r–247r) : *Quinque reprehensibilia circa sompnum corporis.*

Inc.: *Primo nimietas sompni ut legitur Proverbiorum VI: Usque quo piger dormies* ... – Ekspl.: ... *sic dulcedine spiritus sancti stabiliendum* (!) *est spiritus etc.*

(247r): *De hiis qui nolunt eciam semel in anno communicare.*

Inc.: *Primum est quod legitur in nova lege Ioh. VI ubi dominus dicit: Nisi manducaveritis carnem filii hominis* ... – Ekspl.: ... *qui non communicant semel in anno etc.*

(247r–248v): *Quinque cause dolorum eorum qui nunquam volunt communicare.*

Inc.: *Prima debet esse causa doloris hoc quod multum deum offendit* ... – Ekspl.: ... *latronem infernalem introducunt qui eos iugulet etc.*

(248v–249v): *De hiis que debent movere ad solvendum bene decimas.*

Inc.: *Multa enim sunt que deberent movere homines ad reddendum decimas et primicias et oblaciones ministris* (?) *ecclesie ad eorum sustentacionem. Primum est remuneracio quam a deo inde expectant* ... – Ekspl.: ... *et deo dignas oblaciones offer etc.*

(249v–250r): *Quod decime et huiusmodi de melioribus sunt solvende integre* (?) *et absque mora libenter.*

Inc.: *Et notandum quod decime et similia solvende sunt de melioribus non deterioribus. Unde Ecci XXV: Noli offerre munera prava* ... – Ekspl.: ... *exemplum de rustico et suo ortu et vicino* (?) *require de murmuracione.*

(250v–252r): *Quare multum timenda est excommunicacio maior.*

Inc.: *Et possunt XII raciones ostendi quare timenda sit multum excommunicacio. Primo timenda est quia in ictus gladii spiritualis* ... – Ekspl.: ... *que dicta sunt de maiori excommunicacione intelligenda sunt etc.*

(252rv): *De peccato eorum qui contempnunt minorem excommunicacionem.*

Inc.: *Et notandum quod ille qui communicat excommunicato peccat in se et in eum cui communicat* ... – Ekspl.: ... *et non sponte dampnatus introduci.*

(252v–255r): *De hiis que valent ad detestacionem murmuris murmuris* (!).

Inc.: *Ad detestacionem vero huius peccati possunt valere verba sacre scripture que diswadent nobis hoc peccatum* ... – Ekspl.: ... *si de operibus suis tantum diiudicaretur etc.*

(255r–256r): *De peccato periurii.*

Inc.: *Ad detestacionem vero peccati periurii notandum est quod ille qui iuramentum illicitum facit ipse quasi laqueum ad collum suum ponit* ... – Ekspl.: ... *non iurare neque per celum neque per terram etc.*

(256r–261r): *De peccato detraccionis et de hiis que valent ad detestacionem detraccionis etc.*

Inc.: *Notandum ergo quod sunt XII que possunt valere ad detestacionem detraccionis. Primo possunt valere ad hoc verba sacre scripture que hoc vicium nobis diswadent* ... – Ekspl.: ... *ligwa detractoris eradit etc.*

(261r–263v): *De mala erubescencia et de hiis que valent ad detestacionem huius peccati.*

Inc.: *Ad primum vero valere potest si ostendatur quanta sit timiditas et ignorancia eorum qui propter erubescenciam non audet* (!) *bene agere* ... – Expl.: ... *pro nobis multa sustinuit passus est crucifixus est. Et sic de singulis.*

(263v–265r): *De malicia irrisorum.*

Inc.: *Nunc aliquid tangendum est de irrisoribus et de malicia eorum que multum nociva est ecclesie dei* ... – Ekspl.: ... *quando eciam fratres eorum inpungnant eos. Et sic de aliis* (?).

(265rv): *Quod in moderacione predicacionis habendus est respectus ad quinque.*

Inc.: *Notandum quod in moderacione predicacionis habendus est respectus ad quinque specialiter scilicet ad personam que loquitur* ... – Ekspl.: ... *in pondere verborum probacio existit humane vite.*

(265v–266r): *Hic tanguntur quedam persone a quarum contencione cavendum est.*

Inc.: *Cum homine potente non contendas, Eccus VIII°: Non litiges cum homine potente* ... – Ekspl.: ... *quod autem mala sit ambicio.*

(266v): *De processionibus faciendis in quibus offertur propter avariciam.*

Inc.: *De signo avaricie quod est concursus ad nummos* (?) *orarios* (?) *et ad processiones* ... – Ekspl.: ... *in regione una senciunt cadaver in alia.*

(266v–287v): *Nota aliqua excerpta de VII mortalibus peccatis ex summa viciorum et primo de gula.*

Inc.: *Sunt autem XIIII que faciunt ad detestacionem huius vicii. Primum est quod natura diswadet nobis illud* ... (284v) *Superbia. Inicium omnis peccati superbia Ecci X°. Qui tenebit eam implebitur maledictis id est viciis, ubi dicit Glossa de superbia nascuntur hereses scismata* ... - Ekspl.: ... *Mt XXVI°* ... *cum ad vocem ancille negavit.*

(287v–288v) : *De sciencie* (!) *decretorum et similium.*

Inc.: *Eciam debent cohibere ab hoc officio amor legis divine et condiciones sciencie decretorum. De amore legis divine dicit Gregorius: Qui diligit legem diligit legem* (!) ... – Ekspl.: ... *Ieronimus: Litteras non novit qui sacras ignorat etc.*

(288v–298v) Guilelmus de Lanicea: *Dieta salutis, Prologus*, cap. 1–20:[187] *Prima dieta salutis.*

Inc.: *Hec est via ambulate in ea ...* (Is 30,21). *Magnam misericordiam facit qui eranti* (!) *viam ostendit maxime de nocte ...* – Ekspl. (pomanjkljivo 7. poglavje (*de acedia*):[188] *... permittit id est quietem bone consciencie.*[189]

74. SI AS 1073, Zbirka rokopisov, I/6r, Kranjski deželni ročin, 1598
Gradual. Dunaj (?), po 1400

Zgodovina knjige je dovolj jasno zapisana na naslovnem listu, kjer se je kot lastnik knjige »Landshandvest des loblichen Herzogthums Krain ...« , natisnjene leta 1598, podpisal Janez Benedikt Dinzl: *Ex libris Joanni Benedicti Dinzl.*[190] Sledi vpis: *Sprejel od svojega svaka Jan. Nep. Urbančiča* posestnika Turn-a v dar / Dr. L. Toman / Na Turnu september 1854.[191] Dinzl se je podpisal še drugič, na tiskani naslovnici ob letnici natisa. Na hrbtišču je rokopisno dodan naslov *Krains Landshandvest 1598.* Glede na vezavo in vpise je bila knjiga po vsem sodeč od približno 1700 na gradu Turn pri Preddvoru in vsaj takrat zvezana v sedanji obliki.

Knjiga (294 x 196 x 22 mm) ima platnice iz kartona; vezana je na štiri dvojne vezice. Pergamentni bifolij je sorazmerno ohlapno prilepljen na

187 GW 4720; Distelbrink, *Bonaventurae scripta authentica,* str. 124; Bloomfield, *Incipits of Latin Works,* št. 2301.

188 GW 4720, list a6ra, Z.6.

189 Guyot, La 'Dieta salutis' de Jean Rigaud, str. 360–393; seznam rokopisov je na str. 377–383; ljubljanski rokopis ni naveden.

190 Janez Benedikt Dinzl (1625–1718), posestnik gradu Turn pod Novim gradom.

191 Janez Nepomuk Urbančič (1797–1841), Lovro Toman (1827–1870), pesnik in politik.

opore in je položen tako, da notranja margina sprednjega folija leži prek hrbtišča in na praznem polju je mesto za rokopisno dodan naslov.

Veznik bifolija glasbenega rokopisa je pomaknjen na hrbtno platnico, nemara zato, da se luknje šivalnih vbodov ne bi povečale. Dimenzije vidnega polja graduala so 300 x 420 mm; folij, ki prekriva sprednjo platnico, ni obrezan in skupaj z zavihi na notranjo stran platnice kaže, da je prvotni glasbeni kodeks meril približno 420 x 273 mm. Pisno polje je 215 x 175 mm, na vsaki strani je po 7 glasbenih enot, visokih 28 mm. – Sledov pikiranja ni videti, na zgornjem delu sprednje platnice je napisana foliacija CLXXXXII (192), kar pove, da gradual ni bil v rabi meniškega reda, ampak v župnijski ali stolni cerkvi.

Pisavo v tako oženih črkah je mogoče videti že po sredini 14. stoletja; nekaj desetletij pozneje je bila splošno uporabljana pisava v južnonemškem in avstrijskem prostoru. Poleg učinka popolne pokončnosti (*a* ima ravno steblo, *g* ima visoko potegnjeno ozko zanko) in hkrati poudarjenih vodoravnih črt (*s-longa* nima loka, ampak ravno črto, *p* ima trebuh zaključen z ravno potezo itd.) je značilna tudi poteza, ki – posebej na desni strani črke – ustvarja vtis, da so stebla (minimi) ob spuščanju od konice na desno nekoliko konkavno vbočena in zato so med potezama, ki gresta v različne smeri, običajni koničasti stiki (prim. *e*, pokončni *r*, desno stran črke *h*, *o* itd.).

Na obeh vidnih folijih je 6 oženih lombard v modri in rdeči tinti (v = pribl. 30 mm) brez dodatnega okrasa; napisane so melodije, povezane v velikonočno liturgijo, npr. *Tanto tempore vobiscum sum* je gradualni napev iz skupnega dela (Janez 14, 9).[192]

192 Hesbert, *Corpus antiphonalium Officii*, št. 7754.

75. SI AS 1073, Zbirka rokopisov, I/7r, Kranjski deželni ročin, 1687
Jožef Flavij: Židovske starožitnosti. Stična, ok. 1175-1180

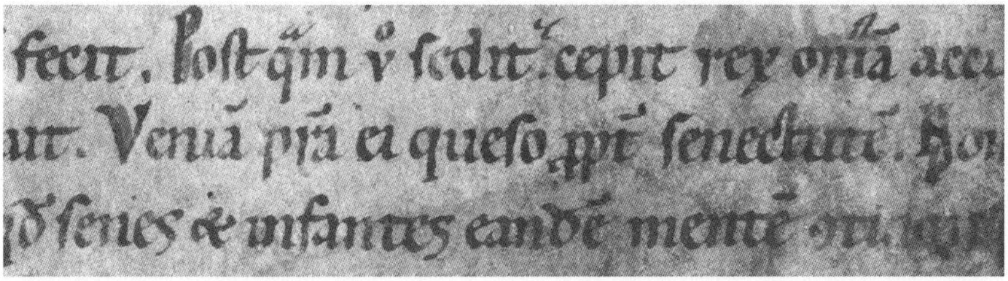

Knjiga deželnih privilegijev (ročinov) je bila v lasti doktorja obojega prava Adama Mateja Sukovica (*Ex libris Adami Matthaei Sukoviz, J.U.D.*); podpis je na notranji strani sprednje platnice. Na zunanjščini sprednje platnice je starejša signatura *553/78* in tudi arhivska etiketa *I. 7r B*. V desnem zgornjem vogalu predlista je s svinčnikom napisano *16.000*, kar se nanaša se na antikvarno prodajno ceno.

Tiskana knjiga (295 x 190 mm) je šivana na 4 tenke vezice. Trde kartonaste platnice so za spoznanje večje, na notranji strani so prekrite z dvojno polo papirja, ki ima tudi vlogo spojnega lista.

Pergamentni folij, s katerim so prekrite platnice, je zasukan poprek čez obe platnici. Širina obeh platnic skupaj s hrbtiščem znaša 415 mm, tako da skupaj z zavihki (15 in 10 mm) dobimo večji del višine tega folija, kar je bilo najmanj 440 mm. Ker je videti v celoti samo en stolpec z zunanjo margino in medstolpični prostor, drugi stolpec pa je viden delno in manjka notranja margina, je možna le približna ocena nekdanjih dimenzij folija (prišteti je treba širino zavihkov). Nesporni podatki so: pisno polje meri 355 x 240 mm, zgornja margina je zelo obrezana, spodnja meri 70 mm, zunanja pa 80 mm. Po primerjavi z rokopisi, ki imajo podobne kodikološke poteze, je kodeks meril 450/465 x 340/350 mm.

Besedilo je urejeno v dva stolpca; v vsakem je po 50 vrstic z višino 7,1 mm. Poznoromanska minuskula je nekoliko ožena in po vsem sodeč delo Bernarda, katerega slog je zelo podoben pisavi Gregorjevega mojstra iz Stične. Bernardu v prid govorijo nekatere malenkosti, npr. koščičasto oblikovane stavčne začetnice *Q*, *M*, upognjen *u*, nizka zanka črke *a* itd. ter enako oblikovana znamenja za okrajšave.[193] Po kakovosti in intenzivnosti črne barve je mogoče reči, da je podobne sestave kot tinta v rokopisih NUK Ms 8/I, 8/II, Ms 8/IV, 18 itd. Stavčne začetnice imajo rdečo potezo, enovrstična iniciala *A* je obrobljena z nagrbančeno črto.[194]

Kodikoloških prvin ni videti; folij je kot prevleka platnic zlasti na sprednji platnici precej umazan in besedilo je mestoma nečitljivo zaradi obdrsanosti. Rokopisna verzija se v celoti ne ujema s poznejšimi, redigiranimi natisi, vendar je mogoče slediti zapisanemu besedilu vsaj od: ... *Scripsit etiam testimonium nostrae pietatis* ... do: ... *senes et infantes eandem mentem*. To je odlomek iz 6. poglavja 12. knjige Židovskih starožitnosti Jožefa Flavija.[195]

76. SI AS 1073, Zbirka rokopisov, I/15r, Verska pomiritev (pacifikacija) notranjeavstrijskih dežel z deželnim knezom v Brucku na Muri leta 1578, po 1585

Gradual. Srednjeevropsko delo, 1. polovica 14. stoletja

Bifolij graduala je ovitek za knjigo, kjer je najprej najti zapis o verski pomiritvi (pacifikaciji) notranjeavstrijskih dežel z deželnim knezom; dogovor je bil sklenjen februarja 1578, zato ni odveč napisati, da je na spodnjem delu fol. 1r napisano ime Andreas Gompa[196] in zraven piše 20. februar

193 Golob, *Srednjeveški kodeksi iz Stične*, sl. 117, 132, 232 itd.

194 Golob, *Srednjeveški kodeksi iz Stične*, sl. 73.

195 Prim.: Jožef Flavij, *Iosephi Iudei historici*, 108v–109v.

196 Leta 1559 so krajani Šturij in bližnjih naselij poslali prošnjo za postavitev fužin ob Hublju in med podpisniki je tudi Felizian Gompa: sorodstvena povezava ni izpričana, ni pa izključeno, da je prepisovalec omenjenih dokumentov bil doma iz Ajdovščine ali okolice.

1578. Gompa je s svojim imenom zaznamoval opravljeno delo (prepisa), ki ga je prevzel. Besedilo pacifikacije, to je dogovora o verski pomiritvi med notranjeavstrijskimi deželnimi stanovi in nadvojvodo Karlom II., obsega 21 folijev, sledijo pa prepisi nekaterih drugih dokumentov in zadnji je datiran v oktober 1585. – V levem zgornjem vogalu sprednje platnice je arhivska papirna nalepka *I/15*.

Platnice (310 x 216 mm) so mehke: pergamentni folij je podlepljen s papirjem. Knjigovez je bifolij glasbenega rokopisa obrezal po višini in širini. Razgrnjen meri z zavihki vred 353 x 433 mm, dimenzij prvotnega kodeksa se ne da natančno določiti: pri širini 265 mm je bil visok približno 400 mm. Izmeriti je možno le višino spodnjega prostega roba (76 mm), notranjega roba (pribl. 33 mm) in zunanjega roba (pribl. 40 mm), medtem ko je zgornja margina v celoti odrezana. Glasbeni del je zapisan v rombični notaciji in v dveh stolpcih, tako da je pisno polje široko pribl. 210 mm. En stolpec je širok pribl. 92 mm, sedaj je videti 11 glasbenih enot s štirimi notnimi črtami in pripadajočim besedilom. Sledov kodikološke ureditve kodeksa oz. bifolija ni najti.

Gradual je delo dveh rokopisnikov: notator je uporabljal svetlejšo tinto kot prepisovalec besedila; vmes so 17–20 mm visoke modre in rdeče lombarde ter tri kadele, od katerih je najbolje ohranjena kadela *H(aec est vera fraternitas)*, ker je na sprednji strani. Kadele so napisane z ozko rezanim peresom in strukturno pripadajo zgodnjemu tipu, še iz 1. polovice 14. stoletja; risarska polnila v kadelah so skromna in bi utegnila biti poznejši dodatek. – Po pisavi sodeč je bil prepisovalec manj vešča oseba: višina črk ni enakomerna, tudi niso enako široke, razmiki med njimi so nepotrebno različni. Za 1. polovico 14. stoletja govorijo nekatere poteze, npr. da so zgornji deli stebel črk *f* in *s* odebeljeni, da ima *s* izrazito širši spodnji del, da je *a* koničen s posneto vrhnjo poševnico, da se *p* in *q* končata brez serifa itd., vendar se črke (minimi so nekoliko posneti) med seboj nekoliko povezujejo.[197]

197 Fingernagel, Roland, *Mitteleuropäische Schulen I*, kat. 69, sl. 216: Dunaj, ÖNB, Cod. 1809, rokopis je delo iz Moravske, predlagani datum je 1317/1319; podobno kadelno polnilo je videti v rokopisih kat. 79 in 80, sl. 238–241: Dunaj, ÖNB, Cod. 1255 in 2287, oba sta avstrijska izdelka 1. polovice 14. stoletja.

77. SI AS 1073, Zbirka rokopisov, I/16r, Celjska kronika, 17. stoletje
Antifonar. Avstrija ali Kranjska, ok. 1300

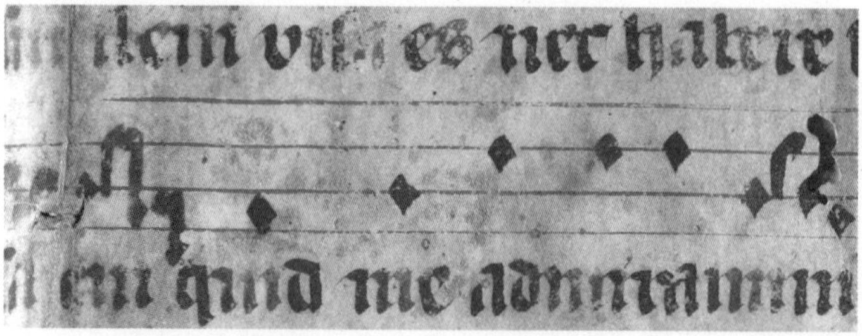

V kodeksu sta dva žiga, ki dokazujeta, da je bil ta rokopis, ki vsebuje tudi prepis *Celjske kronike*, v knjižnici grofa Jožefa Kalasanca Erberga in pozneje v Deželnem muzeju za Kranjsko (Landesmuseum für Krain). V levem zgornjem vogalu je papirna nalepka *I/16*, kar je evidenca iz 20. stoletja. Rokopis *Celjske kronike* se je zavezovalo z dvema trakovoma, bifolij je na hrbtni platnici površinsko poškodovan, na sprednji pa je več madežev.

Rokopisna kopija *Celjske kronike* šteje 73 listov; knjižni blok (280 x 192 mm) je zvezan čez tri zunanje, tenke galunske vezice; šivalna nit je mestoma popustila. Glede na pečat grofa Jožefa Kalasanca Erberga je utemeljena domneva, da je literarno delo dobilo sedanje platnice najpozneje v 1. polovici 19. stoletja, verjetno pa je vezava – glede na strukturne prvine – precej starejša.

Za prevleko platnic je uporabljen obrezan bifolij, ki je podlepljen s papirjem. Vidni del fragmenta, ki pokriva sprednjo in zadnjo platnico, meri 292 x 284 mm, z zavihki vred pa približno 321 x 316 mm, ker so zavihki globoki od 15 do 18 mm. Na sprednji platnici je videti večino enega folija, veznik je že na hrbtni strani in je zato del drugega folija odrezan. Na tej osnovi je mogoče obnoviti dimenzije prvotnega kodeksa, ki je bil visok vsaj 321 mm, širok pa najmanj 238 mm. Zanesljive so le mere notranje margine (40 mm), medtem ko so vse druge najbrž obrezane in sedanje stanje dokazuje samo minimalne dimenzije (zgornja margina meri vsaj 32 mm, spodnja vsaj 41 mm, zunanja vsaj 38 mm).

Mere zrcala so približno: v = 0 – 32 – 280 – 321 mm; š = 0 – 40 – 278 – 316 mm. Notni zapis je v enem stolpcu in v rombični notaciji; na strani je 9 glasbenih enot, ki vsebuje 4 notne črte in pripadajoče besedilo, vsaka enota je visoka 28 mm. Pisava je zanimiva, ker ni povsem enakomerna, vrstice nekoliko nihajo; za nekatere poteze bi lahko rekli (npr. *a* ima zgornjo zanko odprto, *s* je osmičasto stisnjen), da so mogoče spomin na starejšo pisno tradicijo,[198] loki na *m, n, o* so primerno koničeni, tudi spodnji del črke *b* se koščičasto konča, *p* in *e* nastopata v ligaturi, *p* in *q* imata ravno končano steblo itd.[199] Sledov kodikološke ureditve ni videti.

Note in besedilo so napisali s skoraj črno tinto; s črno tinto drugačne kakovosti je napisana tudi kadelna iniciala *U(rbs fortitudini*, Izaija, 26, 1; v = 23 mm). Z rdečo tinto so narisane notne črte in tri manjše lombarde, od katerih je nesporna *O (Gabriel nuntius caelorum*, v =30 mm), iniciale na hrbtni platnici so z besedilom vred zelo poškodovane. V lombardah je nekaj nitastih potez, ki niso kakovostno delo, kadela *U* pa je ozka in ima zelo preprost biserni trak, dovolj značilen za pozno 13. ali zgodnje 14. stoletje, ko so za kadele redkokdaj uporabljali širše prirezano pero. Modra tinta je le izjemoma uporabljena, za estetski poudarek v lombardah.

78. SI AS 1073, Zbirka rokopisov, I/17r, Poročilo o obhodu kočevskega gospostva, 1614
Misal. Avstrija ali Kranjska, zgodnje 15. stoletje

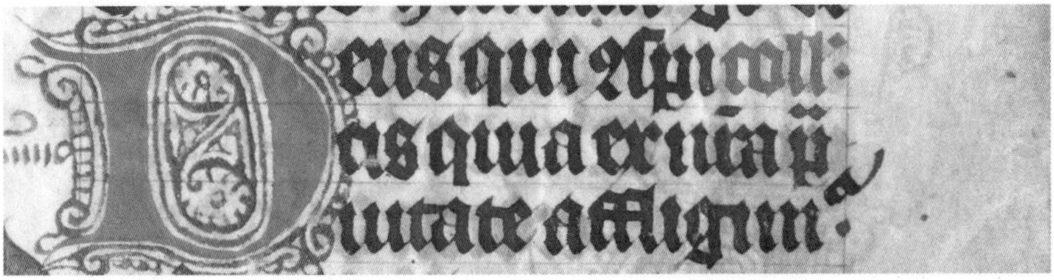

Vsebina rokopisne knjige, to so poročila o obhodu gospostva Kočevje od jeseni 1613 do januarja 1614,[200] je zabeležena na etiketi na sprednji platnici; nalepka je sprva merila približno 102 x 147 mm. Na spodnjem robu sprednje

198 Schneider, *Paläographie und Kodikologie*, str. 45.
199 Fingernagel, Roland, *Mitteleuropäische Schulen I*, kat. 60, sl. 193: Dunaj, ÖNB, Cod. 932, rokopis, mogoče avstrijsko delo iz časa na prehodu iz 13. v 14. stoletje.
200 Dolinar, Kološa, Trpin, *Rokopisi*, str. 38.

platnice je številka *N. 96* in se nanaša na starejšo arhivsko evidenco, na zgornjem robu platnice je nalepljena novejša etiketa *I/17r.*

Knjižni blok (300 x 202 x 17 mm) ima 68 listov, vezan je na tri galunske vezice, ki so vidne na pregibu platnice proti hrbtišču, v platnice so vpeljani irhasti trakovi za zavezovanje. Platnice (307 x 210 mm) so nekoliko večje od knjižnega bloka in so mehke: uporabljen je pergamentni bifolij misala, ki je na notranjih straneh polepljen s kosi potiskanega papirja in nato prekrit s polama belega papirja, ki kot spojna lista povezujeta knjižni blok in platnici. Hrbtišče je ravno, pergamentni bifolij ni nalepljen na hrbtne dele veznikov, zato se plosko odpira.

Bifolij je položen tako, da veznik teče skoraj po sredini hrbtišča, na nepopisanih notranjih marginah je prostor za arhivsko številko *96*. Čez večji del platnic je razprostrto besedilo, margine so preganjene na notranjo stran in so tako okrepile robove. Ker so zavihi ostali neobrezani, je mogoče izmeriti prvotno velikost bifolija in ugotoviti dimenzije kodeksa, ki so bile 357 x 242 mm.

Besedilo je urejeno v dva stolpca, tako zrcalo meri: v = 0 – 40 – 282 – 357 mm, š = 0 – 22 – 95 – 110 – 185 – 242 mm. V vsakem stolpcu je 32 vrstic, visokih 7,5 mm. Mreža navpičnih in prečnih črt je napisana z lasno tenkimi potezami. Pikiranja ni videti, zato pa je z rdečilom napisana številka *5* na sredini zgornje in na sredini spodnje margine, kar lahko štejemo za napovedno kustodo.

Pisava je lepa knjižna gotica, serifi so oblikovani kot rombi, vrhovi stebel (*l*, *b*) se pogosto viličasto razširijo, *f* in *s-longa* nista zalomljena, ampak nekoliko upognjena, *p* ima na dnu ravno steblo, stavčne začetnice imajo večkrat iz kaligrafskih razlogov podvojene poteze. V hierarhičnem redu imajo nekatere rumeno polnilo. Enovrstične lombarde so rdeče ali modre, pri čemer je modra barva šibka in je povečini izginila, ostala je samo senca. Dve in tri vrstice visoke lombarde (17 oz. 25 mm) v rdeči ali modri tinti imajo nitasti okras v kontrastni barvi. Zunanji rob je obdan z gostim nizom biserov, naslonjenih na dvojno obrobno nit, ki se na stikih oz. vogalih zavihajo v polžasto voluto.[201]

---

201 Motivov polžasto zvitih obrobnih niti je dosti, zaradi nedvomno enakega fleuronniranega okrasa v zunanjem inicialnem polju pa je treba opozoriti na rokopis, ki je datiran 1403 in kot kraj nastanka so z vprašajem napisani Dunaj, Klosterneuburg in Wiener Neustadt oz. Dunajsko Novo mesto. Fingernagel, Roland, *Mitteleuropäische Schulen II*, kat. 94, sl. 364; na sl. 365 pa je motiv cvetlic z obrezanimi lističi; ÖNB, Cod. 2144.

Na sredini bisernega niza zaplapola v prostor kratka, frleča nit. Notranje inicialno polje pa – kakor je videti – zapolnjuje dvojna brstna palmeta, skupina rozet ali medaljonsko polje z odprtim cvetom, ki ima obrezane lističe.[202]

Besedilo misala je napisano s kakovostno črno tinto, liturgične oznake in rubrike pa z rdečo.

Pergament je bil zelo dober, svetel in gladek, ki ima nekaj površinskih madežev in manjših poškodb.

Misal je nastal v zgodnjem 15. stoletja; nekatere poteze v oblikovanju črk in inicial spominjajo na slog Heinricha Aurhayma iz 1. in 2. desetletja 15. stoletja, tudi na rokopise iz njegovih delovnih let v Kranju (ko je delal za župnika Kolomana von Manswerd), kar pa ne pomeni, da je bil ta misal njegovo delo. Za čas okoli 1400 je nedvomno značilno preprosto polnilo v obliki dvostranskega niza biserov (iniciala *Hec* na hrbtni strani), ki je bila že kakšno desetletje stalnica v južnonemškem, avstrijskem in češkem knjižnem slikarstvu. Na prelomu stoletij so postali likovna stalnica gosti biserni nizi (tako so na zunanji strani oz. v zunanjem inicialnem polju obrobljene iniciale *Prope*, *Excita*, *In illo*, *Deus*, *In diebus*) in se nekoliko pozneje spremenijo v bisere s trni – tega pa še ni videti. Za predlagani čas je najbolj značilno polnilo v notranjem inicialnem polju: nitaste poteze tvorijo krog, sredi katerega je shematični brstni cvet z očesom na sredini. Največ primerljivih inicial in drugega risarskega okrasja za vse prvine nitastih polnil in obrob bi ponudili rokopisi iz Klosterneuburga, Wiener Neustadta (Dunajskega Novega mesta), Dunaja, tudi Mondseeja.[203]

202 Motiv z vrtinci obrezanih cvetnih lističev se je uveljavil in v 2. tretjini 15. stoletja doživel nov razcvet, gl. Hranitzky et al., *Mitteleuropäische Schulen V*, kat. 101, sl. 411: ÖNB, Cod. 4834, dunajsko delo, dat. 1442; kat. 120, sl. 449: ÖNB, Cod. 1233, rokopis naj bi nastal na Dunaju ali v St. Pöltnu, ok. 1435 ali malo poprej.

203 Fingernagel, Roland, *Mitteleuropäische Schulen II*, primeri: ÖNB, Cod. 3915, kat. 93, sl. 361; Cod. 74, kat. 102, sl. 378; Cod. 5430, datiran z letom 1410, kat. 115, sl. 403.

79. SI AS 1073, Zbirka rokopisov, I/31r, Dnevnik ljubljanskega jezuitskega kolegija, 1651
Misal. Južna Nemčija, 1. polovica 15. stoletja

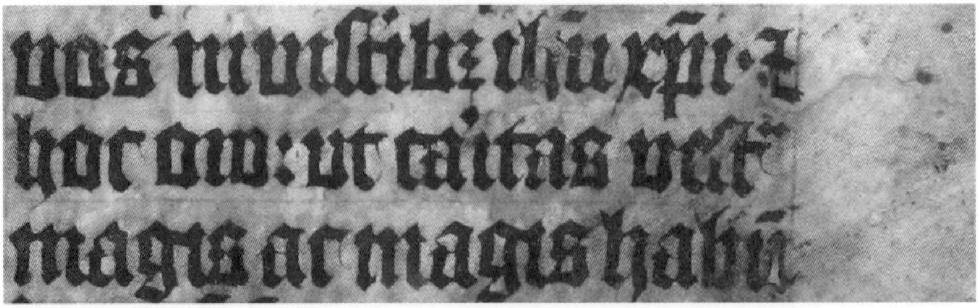

Dva precej okrnjena folija misala sta sneta s platnic Dnevnika jezuitskega kolegija; najti ni nobene starejše signature. Po robovih sta precej poškodovana, del folija s številko 139 je odtrgan. Bifolij je ohranil na zgornji margini rimske številke, to sta 136 in 139 (CXXXVI in CXXXIX); zaradi površinske obarvanosti pa je očitno, da sta bili na zunanji strani recto fol. 139 in verso fol. 136.

Besedilo je urejeno v dva stolpca; pisno polje meri 250 x 170 mm, v vsakem je po 27 vrstic, visokih 9,4 mm. Zanesljivo je mogoče reči, da je med stolpcema 15 mm prostora in da je zgornja margina merila 38 mm; spodnja je verjetno obrezana na sedanjih 35 mm, zunanja pa na 21 mm. Notranje margine ni mogoče določiti, ker sta folija obrezana povsem do besedila.

Fragment s foliacijo 136 meri 316 x 197 mm, fragment s foliacijo 139 pa 320 x 195 mm, kar pomeni, da ju je knjigovez prilagodil platnicam nosilca. Sledovi kodikološke ureditve niso povsem zanesljivi, večino jih posreduje folij 136, to je del navpičnice kot levo naslonilo desnega stolpca ter nekaj prečnih črt.

Besedilo je pisano v lepi knjižni gotici, ki kaže veščе delo. Očitno je koničenje črk (npr. lok *h, m, n, g*), črke na koncu besede imajo plapolajočo zaključno potezo (npr. nizek *s*), vrhovi stebel so viličasto razcepljenimi, poteze, ki se od vrha črke spuščajo proti desni, so zvečine posnete in na stikih z drugo potezo je konica (hasta uncialnega *d, e, o, q,* lok na visokem *s* itd.).[204] Vendar te poteze veljajo samo za besedilo, ki je napisano v največjem

204 Prim. regensburške rokopise iz 2. četrtine 15. stoletja, npr. Guido de Columna: *Historia Troiana*: Dunaj, ÖNB 2773. Hranitzky et al., *Mitteleuropäische Schulen V*, kat. 15, sl. 145–178.

velikostnem redu, pri preostalih dveh pa ne pridejo do izraza in vsaj rubrike so delo druge roke.[205]

Črna tinta za osnovno besedilo se je dobro ohranila, stavčne začetnice imajo okrasno potezo v rdeči, beli ali svetlomodri, enovrstičnih lombard, ki so visoke 7 mm, je vsega skupaj 13, dve vrstici visoke lombarde so visoke 17 mm, vse so brez okrasa, vendar je značilno oblikovanje v južnonemškem in avstrijskem slogu v 15. stoletju, npr. lombarda *F*, ki je z polkrožno odebeljenimi prečkami in povezovalno črto značilna za to okolje (nemara Augsburg, Bamberg ali Nürnberg). Z rdečo tinto so – poleg potez v stavčnih začetnicah – napisane liturgične oznake (*off.*, *lect.*, *ad phil.*, *conpl.*, *dominica XXII*, *ps.* itd.) in polovica lombard, preostale lombarde so v srednjemodri tinti, ki pa je površinsko bolj občutljiva.

80. SI AS 1073, Zbirka rokopisov, I/43r, J. G. Lukančič, Genealogije knežjih in grofovskih rodbin vojvodine Kranjske, 1. del, ok. 1700
Antifonar. Avstrija, 2. tretjina 15. stoletja

Do leta 1990 sta bili platnici knjige z Lukančičevim[206] besedilom o plemstvu na Kranjskem prekriti s fragmentoma antifonarja,[207] hrbtišče je prekrivalo usnje, sedaj sta sneta in hranjena kot samostojna fragmenta.[208] Zgodovinopisno delo je bilo pogosto v rabi; zunanjščina fragmentov je precej poškodovana in kljub restavratorskemu čiščenju je glasbeni zapis

205 Za besedilo so uporabili tri različno rezana pisala, dve za besedilo in tretje za rubrike.
206 Janez Gotthard Lukančič, pl. Hertenfels (1665–1711), genealog, vicedomski prisednik.
207 Dolinar, Kološa, Trpin, *Rokopisi*, str. 47–48.
208 Gl. Dolinar, Kološa, Trpin, *Rokopisi*, str. 48.

zabrisan in v celoti je površina temna. Sta nekoliko različnih dimenzij; fragment, ki je pokrival sprednjo platnico, meri 345 x 185 mm, tisti s hrbtne platnice pa 345 x 181. Mogoče je izmeriti vse štiri margine (zgornja v = 32 mm, spodnja v = 62 mm, zunanja š = 60 mm, notranja š = 39 mm), višina pisnega polja je 250 mm.

Na vsakem foliju je po 8 glasbenih enot z višino 30 mm, notne črte so zapisane z rdečilom. Tako črna kot rdeča tinta sta dobre kakovosti. – Besedilo je napisano v koničeni gotski teksturi, ki ima izrazite prišiljene oblike in na stikih med dvema črtama črke je nitasta poteza, vendar je teme na črki *g* ravno, minimi so posneti in zato učinkujejo upognjeno, spodnja stebla (*p, q*) se ravno končajo, zgornja stebla (*b, h, l*) se viličasto razcepijo. V vseh pogledih je to liturgična tekstura, ki je bila v 15. stoletju hierarhično na vrhu knjižnih pisav. Na fragmentih je videti dve oženi lombardi v rdeči in modri tinti, časovna opredelitev pa je mogoča zaradi specifičnih potez kadele: je široka, stasita črka z gosto nanizanimi biseri okoli telesa iniciale. Iz vsakega bisera štrli sorazmerno izrazita bodica, kar je likovna prvina, značilna za avstrijske rokopise oz. rokopise »vzhodne Srednje Evrope«[209] v sredini 15. stoletja.[210] To omogoča ožjo datacijo antifonarja v 2. tretjino 15. stoletja.

Pergament je tog, na nekdanjih notranjih straneh je svetle, nekoliko rumenkaste barve. Zaradi površinske poškodovanosti in predvsem obrezanosti ni videti nobenih kodikoloških prvin.

209 Gl. Güntherová, Mišianik, *Stredoveka knižná malba na Slovensku*, kat. 42, sl. 129: Bratislava, Mestni arhiv. S.s., *Graduale posoniense* je datiran 1487; kat. 43, sl. 133–147: Bratislava, Kapiteljski arhiv, *Graduale posoniense*, č. 4, rokopis iz časa ok. 1487.

210 Gl. Hranitzky et al., *Mitteleuropäische Schulen V*: glede brstnega polnila, ki ni posebno natančno izrisano, a je kompozicijsko zelo sorodno izdelano, je kot primerjalni rokopis omembe vreden rokopis, Dunaj, ÖNB, Cod. 4184, nemara dunajsko delo, ok. 1440–1450, kat. 169, sl. 626; glede obrobe z bodičastimi biseri pa vnovič zasluži pozornost skladnost z inicialo v rokopisu Dunaj, ÖNB, Cod. 5150, nemara dunajski izdelek pred 29. 7. 1449, kat. 173, sl. 634.

81. SI AS 1073, Zbirka rokopisov, I/48r, F. Raigersfeld, Lexicalia, sredina 18. stoletja (a)
Horarij. Bavarska (Regensburg in Freising), pozno 13. stoletje

Zvezek različnih vpisov o rodbinah, ki jih je sestavil baron Franc Henrik Raigersfeld,[211] je v večjem delu prekrit s pergamentnim bifolijem, ki mu je dodan še trak drugega pergamentnega odrezka.[212] Na levem zgornjem vogalu je stara oznaka z rimsko številko *II*, zraven je arhivska etiketa *I/48r*. Pod njo je stara oznaka *N: II*, ob strani zbledel naslov, ki ga ponavlja s svinčnikom napisan naslov *Geneal.* Na ozkem hrbtu je zapisana vsebina: *Genealogica*.

Zvezek šteje 156 oštevilčenih strani (z dodatki približno 80 listov), ki so sešiti z dolgimi vbodi. Knjižni blok (288 x 188 x 12 mm) ima mehke platnice: osnova je papirni list, čez katerega je na zunanji strani nalepljen pergamentni bifolij, na notranji pa papirni list, ki pokriva pergamentne zavihe in sega do stika med hrbtiščem in platnico. Šivano je na tri tenke in kratke irhaste vezice. Zvezek se je zavezoval s trakovi.
Oba bifolija sta nameščena čez papirni blok tako, da teče veznik po sredini hrbtišča; liniji obeh veznikov se stikata (čeprav je I. bifolij iz kodeksa z dvostolpičnim zrcalom, II. bifolij pa iz kodeksa z besedilom v dolgih vrsticah).

Bifolij z dvostolpičnim zrcalom je iz kodeksa, ki je imel vsaj 257 folijev (to številko vidimo na sedanji hrbtni platnici). Razgrnjen in z zavihki vred meri 294 x 420 mm (vidni del: 276 x 385 mm), tako da je kodeks meril približno 294 x 208 mm. Zdi se, da so margine ohranjene v celoti (zgornja = 17 mm, notranja = 30 mm, spodnja = 65 mm, zunanja = 42 mm).

211 Franc Henrik Rakovec pl. Raigersfeld (1687–1760), pravnik in podjetnik.
212 Gl. naslednjo kataloško enoto, št. 82.

Na pisnem polju (213 x 133 mm) je 21 vrstic besedila z višino 10,5 mm, pisano pa ni s pretirano velikimi črkami, zaradi česar je besedilo videti zračno. En stolpec je širok približno 62 mm, medstolpični prostor pa 7 mm.

Zapis je obledel; rjavkasta tinta je slabe kakovosti, ker je zelo razredčena. Tudi modra je precej svetla, le rdeča je dovolj stabilna. V besedilu so enovrstične lombarde, visoke 7 mm; značilni proporci – so široke in nizke, s podarjenimi okroglinami – jih opredeljujejo kot delo izoblikovanega gotskega sloga. Za marijansko sekvenco *Hodierne* pa je narisana modra lombarda (v = 21 mm) in v notranjem polju je dobra, četudi skicozna risba moškega obraza;[213] okoli črke se vije preprosta polžasto zvita nit. Pri pisavi, ki je okroglena knjižna gotica, je značilna mehka odstavna linija črk *m* in *n*, ki včasih ustvarijo povezavo z naslednjimi v besedi, prav tako zanka črke *g*, ki je kratka in potegnjena navzgor, *s* ima spodnji lok zaprt, dotika se zgornjega dela črke, *a* ima tudi zaprt zgornji lok, spodnji lok okroglega *r* je izrazit, črka *h* ima spodnjo linijo spodvito.[214] Glede na pisavo ter antropomorfno polnilo v lombardi, je ta bifolij iz horarija, prepisanega ob koncu 13. stoletja.

Vsebina: na sprednji platnici je v levem stolpcu besedilo: ... *cultu memoriae, mirum in modum quem es enixa propiationis Agnum* ... in se zaključi v desnem stolpcu: ... *Christianismi fidem operibus redimire: beatoque fine ex huius incolati saeculi author ad te transire. Amen.*[215] Sledi besedilo *Hodierne lux diei celebris martiris Dei* ..., ki je parafraza sekvence za mučence.

213 Obrazne poteze spominjajo na npr. marginalno risbo v rokopisu iz Windberga v regensburški škofiji; Klemm, *Handschriften des 13. Jahrhunderts,* kat. 66, sl. 204: München, BSB, clm 2223; risba moškega je v bistvu okvir za obstransko gloso in tako se koncept antropomorfizma v tekstovni danosti ponavlja v dveh oblikah.

214 Klemm, *Handschriften des 13. Jahrhunderts,* kat. 71, sl. 209: München, BSB, clm 23900(102; gre za fragment sakramentarja, ki je opredeljen kot delo iz bližine Regensburga.

215 Gl. Hensbergius, *Viridiarium Marianum*, str. 272–273.

Na hrbtni platnici je v levem stolpcu nekaj sklepnih vrstic 88. himne *O beata beatorum.*[216] Nato sledi sekvenca *Iesu, fili summi patris ... perreanis laetitiae.*[217] Tudi ta pisava je s konca 13. stoletja. Pisava ni povsem običajna, kopist je uporabil zelo tenko pisalo, zato učinkuje himnično besedilo zračno, sicer pa je zaradi lastnosti, ko črka *a* ni zaprta in je hkrati višja od sosednjih, ko se *s* na koncu besede konča z izrazitim serifom, ko je poševna poteza na črki *e* potegnjena prek roba siceršnjega loka, ko je steblo črk *b, l* itd. viličasto samo na levi strani itd. mogoče tega kopista povezati s prepisovalcem *Liber ordinarius* iz freisinške škofije.[218]

V kurzivnem zapisu sledi nekaj vrstic z ekcerptom iz horarija. To so molitve za vse svetnike, pisava pripada 15. stoletju.

82. SI AS 1073, Zbirka rokopisov, I/48r, F. Raigersfeld, Lexicalia, sredina 18. stoletja (b)

Pontifikal. Južna Nemčija ali Avstrija, sredina 15. stoletja

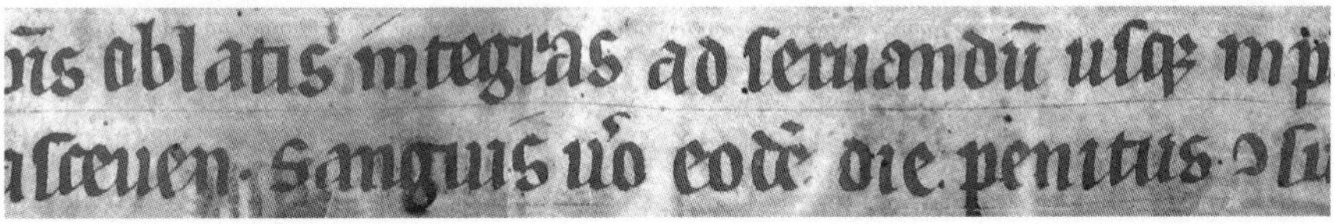

Zvezek različnih vpisov o rodbinah, ki jih je sestavil baron Franc Henrik Raigersfeld (1697–1760), je sicer prekrit z večjim pergamentnim bifolijem,[219] a knjigovez je moral dodati še trak drugega pergamentnega bifolija. Oba pergamentna fragmenta sta del ene knjigoveške celote in oba sta nameščena čez papirni blok tako, da teče veznik po sredini hrbtišča; liniji obeh veznikov se stikata, čeprav je njuno zrcalo bistveno različno.

216 Moorsom, *A Historical Companion to Hymns*, str. 139–140.

217 Kehrein, *Lateinische Sequenzen*, št. 309, str. 229.

218 Klemm, *Handschriften des 13. Jahrhunderts*, kat. 248, sl. 109: München, BSB, clm 29310(9; gre za fragment, ki je iz samostana v Tegernseeju; posledično smemo utemeljeno domnevati, da je uporabljeni bifolij ožje povezan s z benediktinskim samostanom Tegernsee oz. freisinškim prostorom.

219 Gl. predhodno kataloško enot, kat. 81.

Fragment je ozek trak, odrezan od spodnjega dela bifolija z enostolpičnim zrcalom. Na zunanji strani je videti le dve vrstici, vrstična višina je 10,5 mm, trak meri v celoti 55 x 428 mm. Glede na besedilo ... *de ipsis oblatis integras ad servandum usque mane die Parasceve* ... gre za fragment pontifikala. Značilnosti pisave niso povsem zanesljive, vendar ima črka *a* še nekoliko odprt zgornji lok, steblo *d* ima levi plapolajoči serif, polja črk *d, b* in *o* niso koničasto stisnjena, ampak so predvsem ožena itd.; mogoče gre za izdelek iz sredine 14. stoletja.[220]

Pergamentna površina je zaradi nečistoč temnejša, vendar brez poškodb.

83. SI AS 1073, Zbirka rokopisov, I/109r, H. G. Rasp, Formular, 1. polovica 18. stoletja
Evangelij po sv. Mateju. Stična, ok. 1175–1180

Iz kodeksa z evangelijem po sv. Mateju so vzeli sredinski bifolij in z njim ovili kartonaste platnice rokopisne knjige, naslovljene *Formular* in je delo pl. H. G. Raspa[221] iz 1. polovice 18. stoletja; knjiga vsebuje obrazce za različne naslovnike, priložnosti in strukturne predloge za različne tipe listinskega gradiva. Približno sredi sprednje platnice je z veščo pisavo dodana oznaka *Nr. 6* in še nekaj besed; to je po vsem sodeč iz časa, ko je bil rokopis dokončan in zvezan. V zgornjem levem vogalu je arhivska etiketa z oznako *109r*.

220 Mairold, *Die datierten Handschriften der Universität Graz*, prim. sl. 21, Gradec, UB, Ms 395, *Missale Benedictinum*, domnevno St. Lambrechta in je datiran z letom 1336; Mairold, *Die datierten Handschriften in der Steiermark*, prim. sl. 471, Graz, UB Ms 36, *Graduale et Sequentiarium*, ki ga je podpisala Margaretha Vincherina, tudi iz sredine 14. stoletja: oblikovanje črk je skladno, vključno z lasno tenkimi in plapolajočimi serifi.

221 Janez Jurij Rasp (1624–1690) je bil vitez; o rokopisu, ki vsebuje slovenska uradovalna besedila, gl. Golec, Slovensko uradovalno besedilo, str. 13–32.

Knjižni blok (325 x 250 x 52 mm) je bil šivan na tri dvojne konopljene ali lanene vezice, vendar je bila povezava med knjižnim blokom in kartonastimi platnicami tako šibka, da knjižni blok izpada. Videti je notranjo stran pergamentne prevleke čez hrbtišče.

Bifolij je nameščen tako, da teče veznik na stiku med hrbtiščem in sprednjo platnico, zato je videti neokrnjene vreznine za izvirno, romansko knjigoveško šivanje. Knjiga se je zavezovala z dvema paroma irhastih trakov. Dimenzij pergamentnega folija in s tem prvotnega kodeksa ni mogoče določiti, vsekakor je meril (vsaj) 360 x 283 mm.

Na pisnem polju 295 x 200 mm je 29 vrstic besedila z višino 11,5 mm. Zrcalo je urejeno v dveh stolpcih (š = 95 mm), zunanja margina meri 58 mm, notranja 18 mm, gornja in spodnja pa sta precej obrezani, da bi zavihki ne segali predaleč na notranjo stran platnic. Zrcalo je izrisano s tenkim peresom. Na notranji strani fragmenta čez površino hrbtišča je videti tik ob levem naslonilu levega stolpca pikiranje – notranje pikiranje; to nakazuje, da je bil kodeks posebno velikih dimenzij.

Na hrbtni platnici je v medstolpičnem prostoru rimska številka XVII, kar jc pomožna oznaka (bralcu) za poglavje iz evangelija po Mateju. – Besedilo beremo najprej na hrbtni platnici, to je nekdanji verso strani sredinskega bifolija. V levem stolpcu je besedilo od ... *Ut nemini dicerunt quia ipse esset* ... (Matej, 16, 20) ter se nadaljuje v desnem stolpcu do besed ... *discipuli dicentes: quid ergo scribae* ..., ki so že v 17. poglavju evangelija po Mateju (17, 10). Besedilo se brez prekinitve nadaljuje na levem stolpcu sprednje platnice ... *dicunt quod Helyan oportet primum venire?* (še vedno 17, 10) ter se konča v desnem stolpcu spodaj z besedami ... *ad se puerum et statuit eum in medio eorum* ... (18, 2).

Za prepis sta uporabljeni zelo kakovostna črna in rdeča tinta, slednja za okrasne črte v stavčnih začetnicah, ki se prilagajajo usločenosti ali razdeljenosti črkovnega telesa, za pet manjših lombard, visokih 10,1 mm, in za inicialo *I(n illa hora)* na začetku 18. poglavja. Steblo iniciale spremlja obakraj nagrbančena nit, značilna za več rokopisov iz časa stiškega opata Folknanda. Isto velja tudi za pisavo, skrbno oblikovano poznoromansko karolino.[222] Pisava je slogovno skladna z več rokopisi Gregorjevega mojstra

222 Slikovne primerjave preproste nitaste obrobe je mogoče najti skoraj v vsakem rokopisu iz

z nekoliko valovitimi črkovnimi stebli, značilnimi vodoravnimi delilnimi znaki, znamenji za okrajšave, okrasnimi potezami v stavčnih začetnicah itd.

Fragment je na zunanjosti zaradi zaprašenosti temnejši, vendar brez poškodb.

84. SI AS 1073, Zbirka rokopisov, I/145r, Knjiga podložniških listin ljubljanskega jezuitskega kolegija, 1642–1711
Antifonar. Vzhodna Srednja Evropa, pozno 15. stoletje

Knjiga podložniških listin ljubljanskega jezuitskega kolegija iz časa od 1642 do 1711 šteje 75 listov.[223] Na zgornjem robu sprednje platnice so starejše arhivske oznake: na sredini je *D 97* in v vogalu *Nr. 19*, napis na ozkem hrbtišču pa je poškodovan. Na notranji strani sta s svinčnikom dve novejši oznaki, to je velika številka *12* ter nad njo *I-145r*.

Knjižni blok (310 x 192 x 23 mm) je šivan čez tri tenke galunske vezice; stik med knjižnim blokom in platnico je šibek ob sprednji platnici, šivalna nit je potrgana, ker pa manjka spojni list in prvi list s popisom listin, je povezava toliko slabša. Knjiga je imela dva para trakov za zavezovanje. Vezava je mogoče iz 18. stoletja.[224]

Stične, za pisavo pa zlasti strani iz kodeksov Ljubljana, NUK, Ms 8/IV; Golob, *Srednjeveški kodeksi iz Stične*, sl. 152, 156 itd.

223 Dolinar, Kološa, Trpin, *Rokopisi*, str. 42.

224 Strukturno je vezava taka kot je rokopisni izvod *Celjske kronike*, ki je bil v lasti Jožefa Kalasanca Erberga, kat. 77.

Kartonaste platnice so nekoliko večje od knjižnega bloka (315 x 198 mm) in so prevlečene s folijem glasbenega rokopisa. Ta je meril vsaj 460 x 348 mm, kar so verjetno tudi dimenzije nekdanjega kodeksa. Na pisnem polju (pribl. 370 x pribl. 240 mm) je 8 glasbenih enot, vsaka meri s sklopom petih notnih črt z zapisom v rombični notaciji in pripadajočim besedilom pribl. 46 mm. Zaradi velikih dimenzij, k čemur pripomorejo tudi široki prosti robovi (zgornja margina = 40 mm, notranja = 45 mm, zunanja = 75 mm, spodnja = 65 mm) je bil antifonar najbrž korna knjiga v nekem samostanu.

Pergament je odličen, tako tenek, da presevajo črke in note z druge strani. Na sprednji strani je neokrašena lombarda *O(quantus erat luctus omnium)*, s katero se pričenja šesti responzorij, na hrbtni pa lepo okrašena kadela *B(eati viri corpus)*, ki ni samo responzorij,[225] ampak je besedilo vzeto iz molitve za pokojne Sulpicija Severa.

Besedilo je napisano v knjižni gotici 15. stoletja;[226] notator in kopist sta uporabljala skoraj črni tinti različnih odtenkov.

85. SI AS 1073, Zbirka rokopisov, II/1r, Rokopisni fragmenti (a)
Gregor Veliki: Cura pastoralis in druga dela. Freisinško-vzhodnošvicarska šola, 2. četrtina 9. stoletja

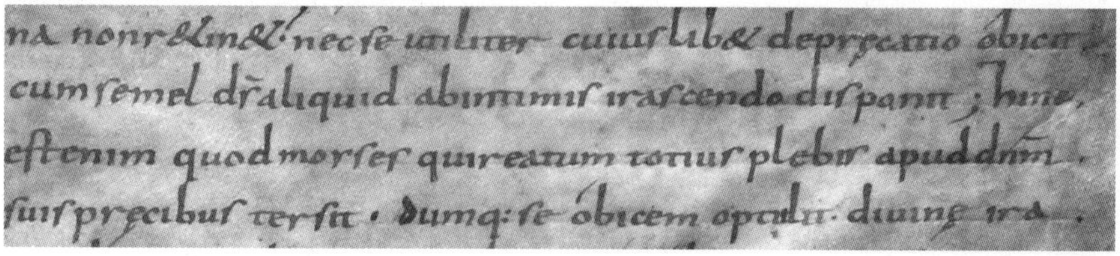

Karolinški bifolij je služil kot ovitek poročne matične knjige (pribl. 312 x 102 mm) v župniji Trbovlje za leta 1660–1705.[227] Bifolij so sicer delno

225 Hesbert, *Corpus antiphonalium Officii*, št. 7295.

226 Prim. Fingernagel, Roland, *Mitteleuropäische Schulen II*, kat. 36, sl. 200, Cod. 1183, rokopis je označen kot nižjeavstrijsko delo (domnevno dunajsko) iz zgodnjega 15. stoletja, bogati okras na kadeli pa bi lahko bil dodan pozneje.

227 Golob, Karolinški fragment, str. 277–281; Vodopivec, Grkman, Karolinški fragment »Cura pastoralis«, str. 186–187; Vodopivec, Budnar, Pelicon, Application of the PIXE method, str. 85–93; Nared, Fragment prepisa pastoralnega vodila, str. 66–67.

obrezali, vendar so pergament predvsem preganili, da so dobili ustrezno zaščito čez matično knjigo, niso pa ga nalepili ali prišili. Na zunanji strani sta navedeni letnici 1660–1705, ko so v župniji Trbovlje vpisovali poroke.

Ob zelo poškodovanih in neenakomernih robovih meri razgrnjen bifolij največ 269 x 357 mm. Desna polovica bifolija je toliko ohranjena, da si je mogoče ustvariti vtis o prvotnem kodeksu: besedilo je pisano v dolgih vrsticah, na strani je po 30 vrstic z višino 7,6 mm in tako meri pisno polje 218 x 138 mm. Ker se je ohranila delno obrezana zgornja margina (sedaj 16 mm), notranja (18 mm), zunanja (32 mm) in spodnja (37 mm), je mogoče utemeljeno predlagati, da je kodeks prvotno meril vsaj 270 x 190 mm.

Zrcalo je slepo in mestoma vrezano, kar se ujema s karolinškimi rokopisnimi postopki. Ureditev strani (izmerjeno na foliju, ki je manj obrezan) daje naslednje podatke: v = 0 – 16 – 234 – 371 mm; š = 0 – 18 – 138 – 188 mm. Zaradi poškodb ni mogoče ugotoviti vseh kodikoloških podatkov, vendar je najti zaporedje vbodov (pikiranje) tik ob zunanjem robu pisnega stolpca.

Za besedilo so uporabili rjavo tinto, za rubrike pa rdečo, ki se pojavi tudi v iniciali *D* na zunanji strani bifolija. Drobna iniciala je napisana s črno in rdečo tinto, dodati je treba še prekrivno barvo, ki vsebuje svinec in je posivela. Karolinška minuskula kaže sorazmerno razvito fazo, ko so besede med seboj že jasno ločene, ko je črka *a* napisana s poševno črto in zanko (in ne več v starejšem načinu z dvema c), vendar so stebla črk *d, h, l, k* še vedno več kot dvakrat višja od srednje linije, tudi stebla črk *f, s-longa* in ravnega *r* segajo pogosto pod spodnjo linijo, kar kaže proti sredini 9. stoletja, hkrati pa sta zgornja loka široko odprta. Ta paleografski slog se je počasi razvijal še naprej, vendar skupaj z značilno obliko slikarske iniciale usmerja proti rokopisnemu okolju jugozahodne Nemčije. To je bila monastično tesno povezana rokopisna dežela z živahnim rokopisnim delovanjem; povezave med Regensburgom, Freisingom ali bližnjimi kraji v smeri Sankt Gallna so bile intenzivne.[228] Dodati pa je vendar treba, da ne gre za delo prvovrstnega

228 Kot primerjalni rokopis zgodnejše faze gl. *Cura pastoralis* iz Freisinga, 1. četrtina 9. stoletja, zdaj München, BSB, clm 21525; za karolinške pisave zgodnjega 9. stoletja gl. Schneider, *Paläographie und Handschriftenkunde*, sl. 22; pomembno se mi zdi opozorilo na regensburško skupino iz 2. četrtine 9. stoletja, pri čemer posebej opozarjam na pisavo rokopisa München, BSB, clm 3747, gl. Bierbrauer, *Die vorkarolingischen und karolingischen Handschriften,* kat. 122, sl. 241. – Bischoff, Frühkarolingische Handschriften, str. 306, ne navaja nobenega rokopisa ali fragmenta iz Slovenije itd.

prepisovalca, ker je zagrešil nekaj napak, tako da je korektor popravljal (*quo* > *quod*, *cum* > *dum*, vstavljal je izpuščene besede in ločila), dva vmesna naslova v rustikalnih kapitalah pa sta – tudi zaradi vsebnosti kovinskih oksidov – spremenila barvo.

Vsebino je mogoče opredeliti samo na notranji strani ovitka; gre za dva odlomka iz del papeža Gregorja Velikega. Na levi strani razgrnjenega bifolija beremo odlomek k razlagi besedil iz Knjige o izhodu (Exodus, 34, 6-7) *Qui reddis iniquitatem ... iudice vias parentis iniquinon timet imitari* ...[229] Na desni strani je mogoče prebrati odlomek iz IX. knjige *Moralij o Jobu* (*In nonum caput Job*): *... et beati iob eloquia et ... et ipse prediumqua ei fundatur non aspirat.*[230] V zadnji vrstici beremo naslov *In codici Reguli Pastorali III.* in ta se nanaša na odlomek iz *Pastoralnega vodila*, napisanega na verso strani tega folija, ki je sedaj zunanja; zaradi poškodb ni mogoče zanesljivo identificirati niti začetnih niti zaključnih besed.

Fragment je sedaj restavratorsko očiščen in poravnan, je pa precej poškodovan, na pregibu čez hrbtišče matične knjige manjka kos pergamenta in tudi drugod je zunanji rob obtrgan. Najbolj je poškodovana zunanja stran fragmenta, ki je zaradi izpostavljenosti nečistočam ostala temna.

86. SI AS 1073, Zbirka rokopisov, II/1r, Rokopisni fragmenti (b)
Gradual. Avstrijsko ali južnonemško delo, 2. tretjina 12. stoletja

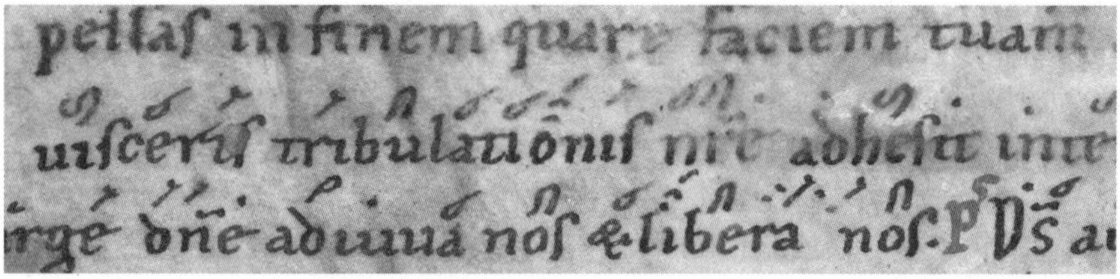

Fragment graduala je služil kot ovitek knjige pokojnih v župniji Ig. Na delu fragmenta, ki je bil na zunanjosti matične knjige s starejšo signaturo *M II. 1687–1705*, je evidenčni zapis *Sterb. Beg. II.*

229 Gregor Veliki, *Divi Gregorii Papae in omnes libros Veteris et Noui testamenti* etc., str. 51-52: *Super Exodum.* 57: *De originali culpa ... In expositione beati Iob.* Lib XV. Cap. 12.
230 *Opera D. Gregorii Papae* etc., stp. 252.

Razgrnjen bifolij je neenakomerno obrezan in sedaj meri 260 x 352 mm. Dimenzij prvotnega kodeksa ni mogoče natančneje določiti, po vsem sodeč pa je meril po višini približno 300 mm in po širini vsaj 210 mm, pisno polje (približno 200 x 155 mm) se je ohranilo v celoti. Besedilo je napisano v enem stolpcu, na posamezni strani je 25 ali 26 vrstic z vrstično višino 9 mm. Ohranjena je samo notranja margina (22–25 mm), druge kodikološke prvine niso nesporne.

Zavihi čez rob platnic so sorazmerno ozki in niso odrezani v ravni črti, matična knjiga je merila 315 x 210 mm, hrbtišče knjige je imelo 45 mm. Platnice matične knjige so bile iz tenkega kartona. Zunanja stran bifolija je tudi po restavratorsko-konzervatorskem čiščenju ostala temna, vidni so sledovi različnih madežev, na mestih, kjer je bil bifolij prepognjen (na robu platnice, ob robu hrbtišča), so luknje.

Pisano v poznoromanski minuskuli, nad katero so nediastematske nevme; prepisovalec besedila je tudi zapisal liturgične oznake v rdeči tinti, ki so nekoliko večje od preostalega besedila; bil je vešč pisanja not. Uporabljal je temnorjavo tinto, ki se mestoma preliva v črno, rdeča tinta za rubrike je dobre kakovosti. V stavčne začetnice so dodane okrasne poteze.

Ob melismah so slikarske iniciale; *M(isereris)*, v = 40 mm; *C(um clamore)*, v = 35 mm; *E(xurge)*, v = 35 mm; *E(esto)*, v = 38 mm. Vse pripadajo vitičnemu tipu, črke in vitice so obrobljene z rdečo potezo, vitice so nepobarvane, polja v ozadju so pokrita s svetlorumeno in svetlozeleno presojno barvo; zelena barva, s katero so prekrita nekatera polja med viticami, je povzročila temne lise na drugi strani folija. Oblika vitic oz. njihovih lističev pripada širokemu estetskemu krogu salzburško-južnonemške romanike, a vseeno je treba opozoriti, da so zelo blizu vitičnim inicialam iz t. im. *Plinija iz Schwarzwalda*.[231] Povezuje jih enak ritem razpletanja – lističi se pahljačasto odprejo iz stebla, zavoji so senčeni in najdaljši odganjki se upognejo okoli črke in pogledajo na drugo stran. Po risarski plati sta skupini inicial tesno povezani, sta pa pisavi povsem različni, kar spričo velikega skriptorija v benediktinski opatiji St. Blasien v Črnem lesu (Schwarzwaldu) ne preseneča.

231 Hermann, *Die deutschen romanischen Handschriften*, kat. 9, sl. 24, str. 47–51: ÖNB, Cod. 9.

Poreklo tega fragmenta je odprto: ker niso vpisani verzi ofertorija, bi gradual lahko uporabljali ali v samostanu benediktinskega reda ali reda avguštinskih korarjev, ali v stolnici. Ni pa izključeno, da je gradual nastal za neko cerkev iz benediktinske kongregacije.

87. SI AS 1073, Zbirka rokopisov, II/1r, Rokopisni fragmenti (c)
Psalter z glosami. Jugovzhodna nemška šola, 12. stoletje

Obrezan bifolij romanskega psaltra z glosami, ki je služil kot ovitek matične knjige; na sredini nekdanje sprednje platnice sta napisani letnici *1707–1742*. Na zgornjem delu sprva sprednjega dela ovitka je bila nalepljena etiketa (71 x 80 mm), ki je odpadla, na nekdanjem hrbtnem delu pa je ostal delček nekdanje signature *B 6*. Ta fragment je pripadal istemu glosiranemu psaltru kot enota kat. 88.

Razgrnjen bifolij meri 275 x 343 mm, prvotne dimenzije je ohranil samo en folij, drugi je do polovice odrezan. Nekdanja zgornja margina je neenakomerno obrezana, spodnja je ohranjena v celoti, enako ena od zunanjih margin; romanski kodeks je prvotno meril približno 275 x 210 mm.

Matična knjiga, ki jo je bifolij ovijal, je merila 310 x 90 x ok. 46 mm, in imela je ravno hrbtišče. V fragmentu so ostale vreznine za vezalne trakove, vogali zavihov so poševno in neenakomerno obstriženi. Na zavihih (10–22 mm) so sledovi nekdanjih pregibov, iz katerih je mogoče ugotoviti, da je ta knjiga imela trde in ozke platnice. Sredinsko pisno polje meri približno 168 x 100 mm, psalmi so napisani v 16 vrsticah, visokih 10,7 mm, vendar je pisava majhna, tako da so lahko vključili tudi dve vrstici medvrstičnih glos. Njihova višina niha, v povprečju so te vrstice visoke 3 mm, odvisno od mesta, na katerem so umeščene. Stolpci obstranskih glos niso napisani na urejenem zrcalu, ampak so na notranji margini široki po 30 mm, na zunanji pa približno 42 mm. Na zunanji margini so vidni vbodi za naris psaltrskega polja, ki sledi pravilu enostolpičnega zrcala: v = 0 – 30 – 195 – 279 mm; š = 0 – 14 – 43 – 50 – 145 – 148 – 192 – 213 mm.

Pisava je romanska minuskula iz 12. stoletja: prepis psalmov v sredinskem delu pisnega polja je delo ene roke, medtem ko so medvrstične in obstranske glose ter pripisi na spodnji margini delo druge roke, vendar iste šole. Razlika je vidna npr. pri črki *a*, ki je v glavnem besedilu napisana z zelo kratko vertikalo in veliko zanko, v glosah pa je steblo zelo visoko, le malo nižje od srebla črke *d*; v glavem besedilu ima *g* veliko zaprto in poševno privešeno zanko, v glosah pa ne in so zanke dostikrat slabo zaprte, prav tako je v psalmih *b* okrogel, v glosah je prišpičen, v psalmih je zaključni *s* v obliki *s-corta* in je razpotegnjen, v glosah je na koncu besede pretežno *s-longa* itd.

Da gre za proces zaporednega dela, je razvidno tudi iz različnih rjavih odtenkov tint. Začetnice posameznih verzov v psalmih so napisane z rdečilom, po tipu so lombarde. Z rdečo tinto so napisane tudi liturgične oznake in iniciale na začetkih psalmov: na notranji strani je rdeča neokrašena iniciala *D(eus misereatur nostri),* ps. 66, v = 26 mm; na zunanji strani je iniciala *E(xurgeat Deus)*, v = 26 mm.

Na notranji levi strani je mogoče prebrati besedilo od psalma 66, 14 dalje (... *pedes meos. Quoniam* ... do ... *in corde suo non* ...) ter na desni zvečine 65 psalm (do 5. verza): ... *omnium finium terrae.* Na zunanji strani pa teče besedilo na levi strani od psalma 67, 2 (*Exurgeat Deus* ...) dalje.

Fragment je restavratorsko očiščen in zglajen; poškodbe so predvsem na pregibih. Na zunanji strani je površinsko poškodovan in temen, na notranji strani je pergament sorazmerno svetel.

88. SI AS 1073, Zbirka rokopisov, II/1r, Rokopisni fragmenti (d)
Psalter z glosami. Jugovzhodna nemška šola, 12. stoletje

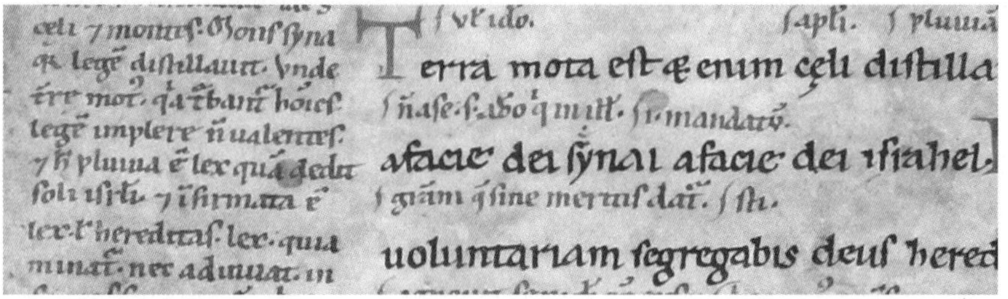

Pergamentni fragment romanskega glosiranega psaltra je služil kot ovitek matične knjige z vpisi pokojnih; na sprednji platnici je izvirni napis *Sterb. Reg. III 1707–1729*. Etiketa (80 x 85 m) s popolnejšim naslovom je odpadla, zato se je razkril del melisme, ki spremlja 67. psalm. Matična knjiga (305 x 98 x 55 mm) je imela ravno hrbtišče. V fragmentu so vreznine za vezalne trakove, vogali zavihov so poševno in neenakomerno obstriženi. Na zavihih, ki so neenakomerno široki (od 11 do 18 mm), je ozka sled nekdanjih trdih platnic. – Ta fragment je bil del istega glosiranega psaltra kot kat. 87.

Bifolij je obrezan in tako prilagojen novi funkciji, zato je ohranil prvotne dimenzije samo en folij, drugi je do polovice odrezan. Razgrnjen meri 278 x 335 mm, poškodovan je predvsem zavihek nekdanje spodnje margine, ki je neenakomerno obrezana: spodnja margina je ohranjena v celoti, enako ena zunanja. Ker je prepis psalmov v čitljivih, ne pa velikih črkah, sta v medvrstičnem prostoru pogosto zapisani dve vrstici medvrstičnih glos; vrstična višina obstranskih glos ni enakomerna, vrstične višine vseh treh tipov pisav so na obeh fragmentih enake. Na zgornji margini je videti nekaj vbodov za navpične črte in nekaj vbodov za črte psaltrskega polja.

Po kodikoloških in paleografskih lastnostih je ta fragment identičen s fragmentom kat. 87, ker sta bila oba del istega rokopisa, ki je sprva meril 275 x 210 mm. Tudi tukaj meri sredinsko pisno polje približno 168 x 100 mm, besedilo psalmov v 16. oz. 17. vrsticah je napisano v velikih vrstičnih razmikih (207 mm), kar ob sorazmerno majhni pisavi dovoljuje tudi dve vrsti medvrstičnih glos. Stolpci obstraskih glos so široki 30 mm na notranji margini in dobrih 45 mm na zunanji. Osnovna je ureditev zrcala za psaltrske verze, ki je: v = 0 – 30 – 195 mm ter š = 0 – 14 – 43 – 50 – 145 – 148 – 192 – 213 mm.

Pisava je zaobljena romanska minuskula, vnovič je besedilo delo dveh rok iz iste šole; prepisano s temnorjavo tinto, začetnice posameznih verzov so v rdeči tinti in so neokrašene visokoromanske lombarde. Z rdečo tinto so napisane liturgične oznake in na zunanji strani neokrašena iniciala *T(e decet ymnus)*, ps. 64, v = 28 mm. Na notranji strani ni nobene iniciale.

Na notranji strani je na obrezanem levem stolpcu mogoče brati besedilo 64, 8 psalma (... *maris sonum fluctuum* ...) do verza 65, 13 (... *valles abundant frumento clamabunt* ...) , na desnem stolpcu pa je besedilo 67. psalma: *terra mota est* (9. verz) do ... *Mons, in quo beneplacitum est Deo habitare in eo* ... (17. verz). Na zunanji strani se besedilo 67. psalma nadaljuje do verza *Viderunt ingressus tuos* (67, 25). Desni del bifolija je dvakrat preganjen in je zanesljiv samo začetek ... *pulvis sumus. Homo sicut faenum* ... (102, 15)

Bifolij je restavratorsko očiščen in zglajen; poškodbe so zlasti na pregibih ob hrbtišču matične knjige, raztrganine so tudi nastale ob vbodih v veznik. Na zunanji strani je površinsko poškodovan, je temen, na notranji strani je pergament sorazmerno svetel.

89. SI AS 1073, Zbirka rokopisov, II/1r, Rokopisni fragmenti (e) *Pravni fragment. Severna Italija (Bologna?), 14. stoletje*

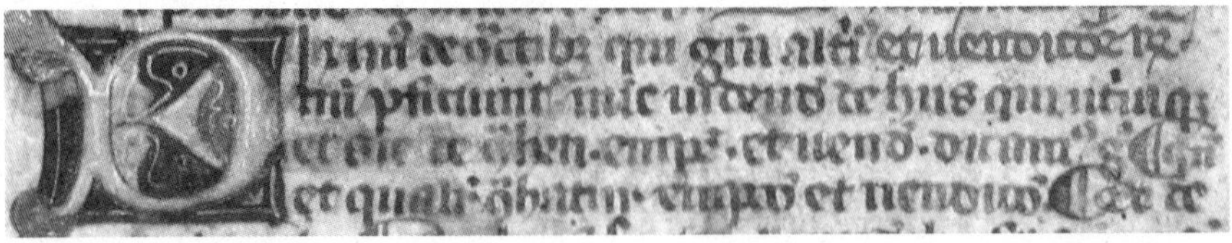

Kartonaste platnice so prevlečene z rokopisnim bifolijem; prvotni lastnik tega dela je bil cistercijanski samostan Kostanjevica. Na notranji strani sprednje platnice je z modrim barvnikom napisano *Kostanjevica*, v medstolpičnem prostoru sprednje platnice pa s črnilom *No. 90*, kar bi utegnila biti tekoča številka v prejšnji knjižnici.[232] Na mestu papirne etikete ob zgornjem robu sprednje platnice je ostal madež.

232 *Bücherkatalog des aufgehobenen Stifts Landstraß*, Ljubljana, NUK, Ms 1935, vsebuje popis knjig, ki so bile v Kostanjevici v času ukinitve samostana. Dela so zapisana po vsebinskih sklopih in po velikostih, nikjer pa ni najti signatur, zato ob odsotnosti knjižnega bloka ni mogoče reči, na katero delo se nanaša na platnici zapisana številka 90.

Platnice (318 x 200 x 32 mm) so na notranji strani prelepljene s svetlim papirjem, ki je bil hkrati spojni list za knjižni blok. Hrbet je bil okroglen in ostali so sledovi petih tenkih vezic. Knjigo so zavezovali z dvema svetlima in mehkima galunskima trakovoma.

Platnice so ovite v bifolij pravnega dela, ki so ga obrezali po širini in višini. Razgrnjen meri 318 x 468 mm, z zavihki vred pa 375 x 523 mm, dimenzij prvotnega kodeksa se ne več natančno določiti. Na sprednji platnici je videti dva stolpca besedila; širina pisnega polja meri 210 mm; znane so mere zunanje (51 mm), notranje (24 mm) in spodnje margine (72 mm), zgornje pa ne, ker je knjigovez zarezal le malo nad besedilom. Iz tega sledi, da je kodeks po širini meril 296 mm, višina pa ni znana.

Pergament je bil odličen, svetel in gladek. Besedilo je napisano v bolonjski gotici (*rotunda bononiensis*); kljub poškodovanosti je videti 69 vrstic z vrstično višino 4,3 mm. Za besedilo je uporabljena kvalitetna temnorjava tinta, menjajo se modri in rdeči paragrafi, z rdečo tinto je napisana rubrika *D(e contrahenda* ...), kateri sledi novo poglavje, zaznamovano s slikarsko inicialo *D(iximus de contibus*, v = 17 mm; z lističi vred je celotno inicialno polje veliko 62 x 30 mm). Iniciala je brez figuralnega okrasa; barve so nedvomno neokoliko obledele. Bledorožnato telo je postavljeno pred temnomodro ozadje, prepredeno z belim nitastim vzorcem, drugi segmenti so pobarvani v zelenkasti in opečno rdeči. Pod njo je dve vrstici visoka lombarda s strunskim okrasom.

Vsebina se nanaša na rimsko pravo; odlomek govori o pogodbah.

90. SI AS 1073, Zbirka rokopisov, II/1r, Rokopisni fragmenti (f)
Lekcionar. Severnoitalijansko delo, 14. stoletje

Obrezan bifolij, ki je služil kot ovitek krstne matične knjige, ima na nekdanji sprednji platnici starejši zapis aktualnih letnic *1686–1706.* Na zunanji strani je sedaj površinsko precej temen in besedilo je zvečine poškodovano; na mestu nekdanje etikete (78 x 80 mm) je ostalo svetlejše polje, pod katerim je zapisano *V. Bapt*. Matična knjiga je merila približno 312 x 98 x 48 mm, hrbtišče je bilo ravno, platnice so bile tenke, ostale so vreznine za dvoje vezalnih trakov. Zavihi so ozki.

Bifolij je obrezan, tako da v celoti vidimo dva stolpca s pripadajočimi marginami ter od drugega folija tudi tretji stolpec v celoti in četrtega del. Rokopis je bil lepo in kakovostno delo; prvotno je meril 278 x 214 mm. Na ohranjenem foliju je mogoče premeriti zasnovano dvostolpično zrcalo, ki pa je prvotno nedvomno imelo višjo zgornjo margino. Sedanje mere so: v = 0 – 28 – 208 – 278 mm, š = 0 – 28 – 93 – 207 – 172 – 214 mm. Narisa zrcala in pikiranja ni videti.

V stolpcih je 30 vrstic z višino 6,2 mm. Pisano je v italijanski gotski rotundi, ki z nekaterimi potezami (viličasto razcepljena stebla, lomljeni loki so samo nakazani, serifi niso dosledno napisani) kaže, da pripada okolju, ki je poznalo sočasne nemške pisave.[233] Na notranji strani je vsaj 7 modrih ali rdečih stavčnih začetnic, visokih nekaj več kot eno vrstico, poleg tega je 9 dve vrstici visokih modrih oz. rdečih lombard na malone kvadratnem polju, od tega jih ima 6 strunski ornament v kontrastni barvi. Na zunanji strani je vsaj 7 eno vrstico visokih stavčnih začetnic ter 8 dve vrstici visokih lombard, od katerih imajo 3 preprost strunski okras, s samo enim biserom ali dvema ob strani.

To je bil notranji bifolij, ker se besedilo nadaljuje z verso strani na desno; tako je v rubrikah najti zaporedje *Lectio IX*, *Lectio X*, *Lectio XI* in zatem molitve za vigilijo Kristusovega vnebohoda (*In vigilia Ascensionis Dominis nostri* ...).

Restavratorsko očiščen in poravnan fragment kaže mehanske poškodbe na robovih zavihov in na površini nekdanjega hrbta, kjer je nekaj pergamenta je odtrganega.

---

233 Slogovno primerljiv je glasbeni rokopis iz Čedada, Codice LVI; Baroffio, Graduale di Cividale, str. 178–179.

91. SI AS 1073, Zbirka rokopisov, II/1r, Rokopisni fragmenti (g)
Psalter. Jugovzhodni nemški prostor (Kranjska?), zgodnje 14. stoletje

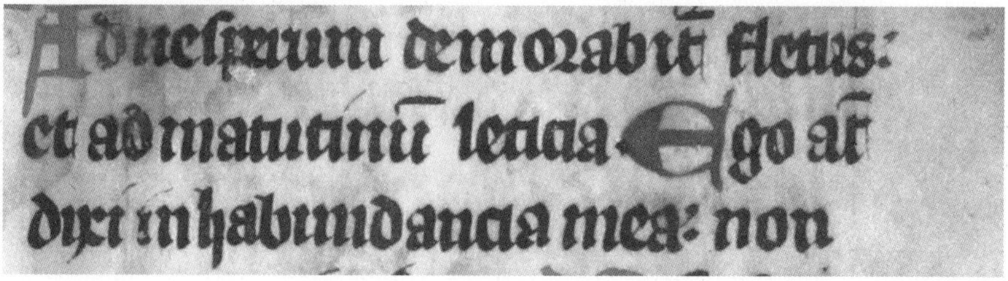

Pergamentni fragment je služil kot ovitek krstne knjige; na sprednji strani je rokopisno zaznamovana sekundarna raba: *II. 1646–1658 Bapt.*, na hrbtnem delu pa *T 2*.

Sedanje dimenzije folija (297 x 217 mm) verjetno ne odstopajo dosti od prvotnih dimenzij kodeksa. Besedilo je napisano v knjižni gotici, v dveh stolpcih s 30 vrsticami, ki so visoke 7,5 mm. Uporabljena je skoraj črna tinta, za vsak verz so stavčne začetnice oblikovane kot široke lombarde; visoke so eno ali dve vrstici ter napisane z rdečo in modro tinto. Lombard je 26 na nekdanji recto (notranji) in 25 na nekdanji verso (zunanji) strani, izjema je modra lombarda *I(n te domine speravi)* na začetku 31. psalma, ki je z repom vred visoka 85 mm. Izvirno zrcalo: v = 0 – 25 – 243 – 297 mm, š = 0 – 18 – 92 – 105 – 181 – 216 mm. – Sledovi pregibov omogočajo uvid v dimenzije krstne knjige, ki je merila 275 x 80 x 17 mm.

Besedilo je na nekdanji recto strani folija dobro vidno, ker je bilo to lice na notranji strani ovitka, na drugi strani pa je tako rekoč neprepoznavno. Značilno je oženje črk, ki iz ovalnega *o* prehajajo v šesterostraničnega; pomembna je oblika lepo zaprtega *a*, zato pa *g* nima sklenjenega loka; *h* še sega pod črto, na koncu besed je lepo zaobljena in večkrat s podaljšanim serifom zaključena *s-corta*, okrogli *r* je povezan s predhodnim samoglasnikom, *b*, *d*, *l* imajo polovični serif na vrhu stebla, trebuh črke *p* je bolj kot ne oglat in na spodnji liniji preseka vertikalno potezo itd.; črke imajo pristavne in odstavne črtice, vendar povezanost v eno besedo še ni pravilo.[234] Rubrike je zapisala ista roka, vendar z ožje rezanim peresom.

234 Fingernagel, Roland, *Mitteleuropäische Schulen I*, kat. 59, sl. 188: Dunaj, ÖNB, Cod. 987, eden kot pisarjev, domnevno iz samostana Rein; kat. 60, sl. 193–194: Dunaj, ÖNB, Cod. 932, domnevno avstrijsko delo na prehodu iz 13. v 14. stoletje.

Videti je besedilo psalmov od [*adora*]*te Dominum in atrio sancto* ... (29, 2) do ... *deduces me et enutries me* (31, 4). Nadaljuje se na nekdanji verso strani do: *Iste pauper clamavit, et Dominus exaudivit eum, et de omnis* ... (34, 6).

Folij je restavratorsko očiščen in zglajen; poškodovan je zlasti rob ob prvotnem vezniku, rob folija na zunanji margini je neraven, zareza za spodnji vezalni trak se je razširila. Folij je na zunanji strani površinsko poškodovan zaradi uporabe in razlitij tekočine, nagubanost je moteča.

92. SI AS 1073, Zbirka rokopisov, II/1r, Rokopisni fragmenti (h)

Liturgični molitvenik. Bavarska, 2. polovica 14. stoletja

Pergamentni bifolij je služil kot ovitek tretje zaporedne krstne knjige; na sprednji strani je rokopisno zaznamovana sekundarna raba: *III. 1658–1659 Bapt.* Krstna knjiga ozkega formata (286 x 100 x 26 mm) je imela dvoje vezalnih trakov. Zavihi okoli platnic so skromni (od 8 do 10 mm), vendar se zdi, da so prvotni bifolij obstrigli na zgornji margini (ki ni ravna) in na eni zunanji margini (ki je v primerjavi z drugo ožja).

Celoten fragment meri 205 x 300 mm, prvotni kodeks je imel vsaj 205 x 155 mm. Besedilo je napisano v enem stolpcu: v = 0 – 22 – 168 – 205 mm; š = 0 – 22 – 125 – 155 mm, na strani je 20 vrstic, visokih 7,3 mm. Molitve so zapisane s široko prirezanim pisalom, kar vpliva na oblikovanje črk, zato ima *s-longa* lok bodisi vodoraven ali prisekan, *a* ni dosledno napisan z dvema očesoma, uncialni *d* je šesterokoten, *o* pa samo pravokoten; zanimivo je, da *s* na koncu besede lahko nadomešča črka *z* (*tuaz*), kar ga postavlja v okolje bavarskih šol. Pisar je nekoliko nespretno sledil narisanim črtam, zato so vrstice vegaste, tudi črke niso enako visoke; zaradi prirezanosti peresa je vtis oglatosti in koničenja zavajajoč, vsekakor je bil rubrikator bolj izurjen in je njegova pisava časovno usmerjajoča, čeprav gre le za nekaj rubrik. Oblikovanje črk *a*, *e*, poševno odrezana stebla, škatlasti *p* in *u* so blizu regensburško-bamberškim smerem ter se hkrati glede okolja in časa ujemajo s slogom kopista molitev.[235]

Rokopis sicer kaže izurjeno roko in napak ni, vendar je dosti oblikovnih nedomišljenosti, npr. premalo je prostora za stavčne začetnice in za rubrike, ki so zapisane z dobro rdečo tinto, ozko rezanim peresom in skrbno oblikovanimi črkami. Posebej zasnovanih inicial ni.

Vsebine molitev so zaznamovane z rubrikami (*pro sacerdote*, *pro defuncto laico* itd.) in tečejo od *Presta qs. Domine ut anime fidelium tuorum quorum* ... do *Inclina Domine aurem tuam*. Te molitve imajo izvor v gregorijanskem sakramentarju,[236] tukaj prisotne razlike so manjše, omejene na zamenjave besednega reda.

Zunanja stran bifolija je precej poškodovana in temna; tudi na notranji strani ni pergament posebej svetel, vendar je besedilo čitljivo. Bifolij je restavratorsko očiščen in zglajen; močno je poškodovan ob robovih na hrbtu in zavihih.

93. SI AS 1073, Zbirka rokopisov, II/1r, Rokopisni fragmenti (i)
Lekcionar. Kranjska ali Avstrija, 2. polovica 14. stoletja

235 Klemm, *Handschriften des 13. Jahrhunderts*, kat. 53, sl. 165 in 160 desni del: München, BSB, clm 9517, rokopis iz Oberaltaicha, pred 1282; zbornik teoloških besedil je delo več rok; Schneider, *Paläographie und Handschriftenkunde*, sl. 9, str. 49 dalje.

236 Deshausses, *Le sacramentaire grégorien*, II, str. 230. Enaka verzija je zapisana v liturgičnem priročniku, zdaj Ženeva, Bibliothèque publique et universitaire, Ms 142, fol. 311v. Gl. Ladner, *Iter Helveticum*, str. 257.

Pergamentni fragment je služil kot ovitek četrte zaporedne krstne knjige; na sprednji strani preganjenega folija je rokopisno označena sekundarna raba *IV. 1669–1686 Bapt.*, na nekdanjem hrbtišču je bila še ena oznaka, *B 4*, in na vrhu sprednjega dela ovitka je bila nalepljena etiketa, ki pa je odpadla.

Folij je bil položen čez platnice matične knjige tako, da je tekel medstolpični prostor čez ozko hrbtišče, na katerem so napisali dodatno oznako vsebine; matično knjigo so zavezovali z dvema paroma trakov, v foliju so ostale zareze.

Matična knjiga je ozkega in visokega formata (316 x 95 x 18 mm), tako da folija verjetno niso dodatno obstrigli in s sedanjimi dimenzijami 328 x 240 mm ustreza formatu prvotnega kodeksa. Besedilo je napisano v 25 vrsticah z višino 9,2 mm na dvostolpičnem zrcalu: v = 0 – 37 – 164 – 328 mm; š = 0 – 35 – 110 – 120 – 197 – 240 mm. Zavihi niso niti ravni niti enakomerni, merijo 6–9 mm.

Besedilo je kaligrafirano pisano in na notranji strani fragmenta sta na vrhu desnega stolpca dve preprosti kadeli z nazobčanim steblom; kadeli se slogovno ujemata tudi s stavčnimi začetnicami, ki so skrbno oblikovane in zrcalijo enak slog. – Tukaj uporabljena knjižna gotica je izrazito koničena in se uvršča v sklop rokopisov, ki jih od pribl. 1390 dalje ne manjka v avstrijskem kartuzijanskem okolju,[237] v mnogih osebnih variantah pa je prisotna v okviru dunajske dvorne delavnice ok. 1400 in v naslednjih letih. Iz tega okolja je izšlo veliko kopistov, floratorjev, rubrikatorjev itd., med katerimi je najti tudi Heinricha Aurhayma, ki je svojo pisavo izoblikoval v dunajskem krogu. Tukaj je umesten sklic na rokopis *Moralij Jobu*, kjer je zlasti v drugem delu, kjer je kadele treba pripisati Jakobu Chaczpeku,[238] videti na zgornji vrstici mnoge ožene začetnice in kadele, ki so slogovni približek kaligrafiranih inicial in kadel s tega fragmenta. – V besedilu so tudi štiri manjše, dobro vrstico visoke lombarde v rdeči in modri barvi, ki pa je zelo obledela, ter dve malo večji lombardi; *H(ec dicit deus)* v rdeči barvi je brez okrasa, ob spodnjem robu je tudi lombarda *H(ec dicit deus)*,

237 Gl. kartuzijanski brevir in misal iz Gaminga, ÖNB Cod. 1872 s predloženo datacijo 1393; Fingernagel, Roland, *Mitteleuropäische Schulen II*, kat. 32, sl. 168 dalje.

238 Ljubljana, NŠAL, Ms 10. Gl. tudi Fingernagel, Roland, *Mitteleuropäische Schulen II*, kat. 133, sl. 425: Dunaj, ÖNB, Cod. 1411 in 1462.

a je v modri barvi in ni dokončana, tako da je pobarvano steblo, lok je pa samo narisan.

Restavratorsko očiščen in poravnan folij; zunanja stran folija je zelo poškodovana.

94. SI AS 1073, Zbirka rokopisov, II/1r, Rokopisni fragmenti (j)
Misal. Avstrija, 1. tretjina 15. stoletja

Dva manjša fragmenta misala sta bila uporabljena za knjigoveške okrepitve neke knjige in sta imela starejšo signaturo *R III. 1658 – 1669.* Ugotoviti je mogoče le to, da je bil misal napisan na enostolpičnem zrcalu, da je bil širok 95 mm, vrstice pa so visoke 9 mm. Šlo je torej za rokopis majhnih dimenzij, bolj priročnik za zasebno rabo kot kaj drugega.

Na fragmentih je prepoznati verze iz Eklezijasta (*Ideo stabilita sunt bona* ... 31, 11) in psalmov (*Exaudi me misere* ... 142, 1). Besedila so napisana s skoraj črno tinto, videti je tenko naslonilno črto. Črke so izrazito koničene, tudi *a, g, c, s* in zaradi kvadrangul je vtis zbitosti izrazit. Črka *a* ima dve zaprti očesi, *g* ima kljukasto zanko, specifična je srednja poteza pri kratkem *s*, ki teče nekoliko poševno z leve na desno; odstavne poteze so za spoznanje zmehčane, niso izrazito koničaste, teme črke *e* je malce višje od sosednjih črk in vrh stebla črke *t* – kadar je na koncu besede – je malenkost upognjen na desno. Stebla pri *b* in *l* so viličasto razširjena. – Rubrike so napisane v enem slogu, le da je pero tanjše in črke so za malenkost bolj slikovite, imajo ostrejše vrhove na skoraj vsakem stiku dveh različnih potez, majuskulni *S(apientiae)* ima srednjo črto podvojeno in je energično poudarjena širina, vsekakor pa se poteze za strukturne dele črk pričenjajo z lasno tanko začetno potezo. Z rdečilom so napisane liturgične oznake (*Oratio unius apostoli*, *Lectio liber sapientie*) in lombarde; ena je visoka 2 vrstici, nekaj je enovrstičnih, so nezahtevne, a vešče izpisane oz. izrisane iniciale; okrasja ni. – Te značilnosti umeščajo fragmenta v krog rokopisov iz okolja Dunaja in bližnjih samostanov.[239]

Oba kosa sta restavratorsko očiščena in poravnana.

I.

Fragment meri 50 x 305 mm, videti je 4 vrstice besedila in zgornjo margino. Zaradi potemnelosti pergamenta na izpostavljenih mestih je mogoče ugotoviti, da je pokrival knjigo, visoko 272 mm, ki je imela tenke platnice in se je zavezovala z dvema trakovoma. Zgornja margina meri 22 mm, zunanja je bila široka vsaj 30 mm, notranja pa 20 mm, zavihek je po dolžini segal 32 mm, na krajših straneh pa 16 oz. 12 mm čez rob platnice.

II.

Še bolj okrnjen fragment iz istega misala, sedaj meri 58 x 240 mm, videti je 7 vrstic besedila in naris prečnih črt, ki pa je zelo zabrisan.

95. SI AS 1073, Zbirka rokopisov, II/1r, Rokopisni fragmenti (k)
Antifonar. Avstrijsko delo, med 1415 in 1430

239 Hranitzky et al., *Mitteleuropäiesche Schulen V*, kat. 53, barvne sl. 23–26: Dunaj, ÖNB, Cod. 4812, nižjeavstrijsko delo iz časa ok. 1420. Navedeni primer je samo eden od številnih.

Kot deli nekdanjega glasbenega rokopisa so se v enem ovitku ohranili dva bifolija in dva samostojna folija; bili so preganjeni in niso bili sekundarno uporabljeni. Izvirna paginacija je s črno tinto zapisana v zgornjem delu na verso strani; tako so ohranjene naslednje strani: 112r in 112v, 117r in 117v, 119r in 119v, 111r in 111v, 120r in 120v ter 122r in 122v. Paginacija na levi margini verso je značilna za ureditev glasbenih rokopisov v samostanski liturgiji. V prid monastični rabi govorijo tudi vključitve navodil za responsorije, navajanje številk psalmov ipd. – Na spodnji strani 112v je s svinčnikom zapisano *109* in *112* na strani 118v, z isto roko kot na fragmentu (gl. kat. 96).

Dimenzije posameznih folijev so 475 x 330 mm in zaradi ozke zgornje margine ter potisnjenosti zapisa proti zgornjemu robu se zdi, da so bili sekundarno obrezani, na kar nakazujejo tudi sledovi plesni na vrhnjem robu nekaterih folijev. Ni mogoče zanesljivo reči, ali je bil kodeks prevezan in je takrat dobil sedanje dimenzije.

Na vsaki strani je po 8 glasbenih enot; ena meri 53 mm. Notne črte so napisane z rdečo tinto, navpičnice na začetku in koncu so ostale potegnjene s svinčnikom. Za kvadratno notacijo in besedilo so uporabili črno tinto. Note niso kvadrati z ravnimi robovi, ampak je vodoravna linija na zgornjem in spodnjem robu nekoliko upognjena. Zrcalo ima dolge vrstice: v = 0 – 15 – 450 – 475 mm, š = 0 – 42 – 53 – 270 – 281 – 333 mm.

Pisava je kaligrafirana gotica in kaže značilnosti pisnih šol, ki so ok. 1400 povezovale knjižno umetnost med Prago in Dunajem, tako da so mojstri pogosto delali v obeh mestih. Črke so ožene, stebla so nekoliko usločena in na sredini posneta, vrhovi stebel (*l, h*) so razširjeni, zaključne poteze pri nizkem *s*, pa tudi *r*, *g* ipd. so dostikrat slikovito upognjene, prav tako se npr. pri visokem *s* ali *f* črta poveže s tildo in nastane valovnica (npr. *sum*, *profundo*). Črke se povezujejo, ker se mehko upognjena odstavna poteza dotakne ali približa naslednji črki.[240]

Na fragmentih so neokrašene lombarde v modri in rdeči tinti: *G(racia)*, *A(iudeis quoque)*, *D(um esset)*, *M(aria stabat)*, *M(mulier que erat)*, *D(ixit autem)*, *S(tephanus autem)*, *P(etrus et Iohannes)*, *Q(uod cumque)*, *I(sti sunt)*, *U(idebant omnis)*, *S(tephanus autem)* *D(amasci prepositus)*, *N(e magnitudo)*, *L(ibenter gloria)*, *R(egem virginum)*, *I(n diebus illis)* ter *E(t dicebant)*. Vse so ožene in visoke od 47 do 63 mm.

240 T. im. Češki pontifikal, Maribor, NŠA, Ms 12, je nekoliko starejši primer tako kaligrafirane knjižne gotice.

Ena sama lombarda, *S(tephanus autem)* ima nitast okras: zunanja obroba iz treh vzporednih potez s kupčki treh biserov z nitastim izrastkom se izteče v medaljonih s pecljatimi brsti ter šopi vodoravnih, vzporedno potekajočih niti; v notranjem polju je vzorec pecljatih brstov bodisi polžasto urejen ali pa so stebla vzporedna. To so risarske prvine, ki kažejo proti dunajskemu rokopisnemu slogu ter stvaritvam iz bližnih mest in samostanov: medtem ko so polžasti vzorci s kijastimi brsti že dolgo časa stalnica, pa je urejanje biserov v trikotne skupine ter risanje biserov z nitastimi ali trnastimi nastavki postalo splošno sprejeto okraševanje po letu 1400.[241] Časovno opredeljiva je tudi naklonjenost do dolgih vzporednih niti, ki se na fragmentu antifonarja razprostre daleč med notno črtovje. Predlagana datacija temelji na primerjavah z rokopisi, ki so ožje datirani in lokalizirani.[242]

Kadele so pisane s široko prirezanim peresom, visoke so 67 do 70 mm. To so: *S(cio cui credidi), Q(ui operatus est), N(octe ac die in profundo maris), S(urrexerunt), C(onmoverunt itaque), I(mpetum fecerunt), P(ositis autem), S(epelierunt stephanum), A(rgentum et aurum), I(n nomine), D(ixit angelus), M(isit dominus), C(oncurrentes), E(cce video celos), D(eus et pater), Q(uid molesti)* in *M(ittens hec)*. Dve kadeli (*Scio, Sepelierunt*) imata vozlasto zasnovano strukturo, kar je različica okoli 1400 pogostih prepletenih črkovnih fantazij. Tako kot pri nitasti iniciali je tudi pri vseh kadelah zunanja obroba sestavljena iz treh ali štirih črt, na katerih so v krajših razmikih postavljene skupine treh, izjemoma dveh biserov s temensko nitko. Najpogostejša polnila v notranjih poljih so obsekani listi, stilizirani listi, ki spominjajo na lipove, pecljati brsti ipd.; v iniciali *N(octe)* pa je profilni obraz, tudi značilno polnilo, a brez ikonografskega pomena in spada v tok antropomorfizacije inicial. Ista roka, ki je poskrbela za nitasti okras v lombardi *S(tephanus)*, je tudi prispevala okras v kadelah. – Tudi to so vzorci, ki jih je najti v prvih desetletjih 15. stoletja in so v taki razvojni fazi tesno povezani z drugimi rokopisi naših provenienc.[243]

Fragment se časovno in slogovno ujema s fragmentom št. 96, vendar ni delo iste roke.

---

241 Prim. Hranitzky et al., *Mitteleuropäische Schulen V*, kat. 33, sl. 234: Dunaj, ÖNB, Cod. 3339, dunajsko delo iz časa malo pred 1417.

242 Prim. Hranitzky et al., *Mitteleuropäische Schulen V*, kat. 42, sl. 256, 257: Dunaj, ÖNB, Cod. 5294, dunajsko delo, 1422, sl. 256, 257; kat. 44, sl. 260, 261: Dunaj, ÖNB, Cod. 4181, dat. 1423.

243 Najizrazitejša je skladnost s kadelnim okrasom v glasbenem rokopisu iz Žičke kartuzije, zdaj Gradec, UB, Cod. 18, zgodnje 15. stoletje. Golob, *Srednjeveški rokopisi iz Žičke kartuzije*, str. 86, sl. str. 87. Beier, *Die illuminierten Handschriften und Inkunabeln der Universitätsbibliothek Graz*, kat. 107, zlasti sl. 736, 746.

96. SI AS 1073, Zbirka rokopisov, II/1r, Rokopisni fragmenti (l)
Antifonar. Avstrijsko delo, med 1415 in 1430

Bifolij je preganjen in zavarovan s papirnim ovitkom, ni bil sekundarno uporabljen. To je zunanji bifolij antifonarja in izvirna foliacija na sredini zgornje margine s številkami 190 in 197 (zapisano v rimskih številkah *C.LXXXX* in *C.LXXXXVII*) pove, da je šlo za zunanji bifolij neke lege. Poleg tega je ob zgornjem delu veznika na recto strani s svinčnikom zapisano *80v*; za to oznako ni mogoče ugotoviti namena oz. sklopa. Če je bifolij razgrnjen in zasukan za 180°, sta ob vezniku še številki *106* in *107*, ki se nanašata na neznano evidenco (gl. kat. 95). Glede na (izvirno) foliacijo sredi zgornje margine je mogoče domnevati, da je bil rokopis namenjen liturgični rabi v neki župnijski cerkvi.

Bifolij je bil del antifonarja, bil je korni rokopis z dimenzijami 485 x 328 mm. Na vsaki strani je po 8 glasbenih enot (ena meri približno 50 mm); notne črte so napisane z rdečo tinto in vsaka skupina črt je zaključena z dvojnima navpičnicama na notranji in zunanji strani vrstice, kvadratna notacija in besedilo pa v gotici tipa *litterae psalterialis* ali *litterae missalis* s serifi, postavljenimi na romb (*quadrangulae*). Zrcalo ima dolge vrstice v = 0 – 45 – 412 – 485 mm, š = 0 – 42 – 48 – 244 – 250 – 328 mm.

Na fol. 190r se prične melodija na besedilo psalma (108, 30) *Confitebor Domino nimis in ore meo*;[244] na 190v je psalm (46, 2) *Omnes gentes plaudite manibus* povezan z rubriko *In vigilia ascensionis*;[245] na 197v je z besedami *Attende celum et loquar* iz 5. Mojzesove knjige (32, 1) zaznamovan začetek binkoštne vigilije.[246]

244 Gl. Fischer, *Offertoriale Triplex*, str. 74.

245 Prim. Huglo, *Les sources du plain-chant*, str. III, XII itd. Hesbert, *Antiphonale missarum sextuplex*, nr. 26 itd.

246 Hesbert, *Antiphonale missarum sextuplex*, nr. 79a M B C K.

Rokopisni fragment ima – zlasti glede na iniciale z nitastim okrasom in risbe v kadelah – značilnosti avstrijskih pisnih šol. Na bifoliju sta dve neokrašeni lombardi v modri in rdeči tinti: *C(onfitebor domino)* in *A[(l)e(l)uia]*; dve lombardi imata dodan nitast vzorec: *O(mnes gentes)* je rdeča z diagonalno vejo, ki se konča v polžasto zvitih listih, nitasti izrastki so rahlo razgibani, zunanja obroba poteka v menjavi ravnih črt in polkrožnih nizov s štrlečimi potezami; iniciala *A(ttende celum)* je temnomodra, svetlomoder nitast okras je zabrisan. Lombarde so visoke približno 45 mm. Medtem ko je nitasti okras ob iniciali *Attende celum* svetle turkizne barve, je ob iniciali *Omnes gentes* kontrastna kombinacija rdeče in modre dovolj zgovorna. Opozoriti velja na na vitico v notranjem polju, ki je videti kot grozd nagrbančenih cvetnih vrhov (druge prvine so sorazmerno pogoste), kar nas privede do mojstra, znanega z zasilnim imenom Florator Albrechtovega molitvenika ter v dunajsko okolje med 1420 in 1430.[247]

Kadele so napisane s široko prirezanim peresom, zunanja obroba je v menjavi polovičnih biserov s piko v sredini in ravnih črt, v notranjosti so polnila v obliki cvetov, geometriziranih listov, listnih valovnic, prisekanih listov, protja ipd. Iniciale *S(ubiecit)*, *D(ominus illuminacio)* in *D(ominus in syna in sancto)* so visoke od 50 do 57 mm. Risar kadelnih polnil sicer tudi spada v dunajsko rokopisno okolje, a je drugi mojster.

97. SI AS 1073, Zbirka rokopisov, II/1r, Rokopisni fragmenti (m)
Antifonar. Beneški slog, 1. polovica 15. stoletja

En folij s spevi za mašni oficij je nedvomno iz zbirke iste osebe kot pet folijev graduala (kat. št. 99), ker je na zgornjem robu z isto roko napisano *28*, na

247 Hranitzky et al., *Mitteleuropäische Schulen V*, kat. 71, zlasti sl. 337 in 339: Dunaj, ÖNB, Cod. 3728.

spodnjem robu s svinčnikom pa *91* oz. *92*. Folij je preostanek antifonarja, ki je bil delo v beneškem slogu iz 1. polovice 15. stoletja.

Pergamentni folij (365 x 260 mm) je zaradi organske poškodbe ob zunanji margini pomanjkljiv, poleg tega ni mogoče ugotoviti, ali ga niso na zgornji margini zelo obrezali (in s tem višinsko izenačili z nekaj drugimi fragmenti), saj je notni zapis potisnjen zelo visoko. Na vsaki strani je po 7 glasbenih enot, kjer štiri notne črte s pripadajočim besedilom zasedajo po 35 mm. Zrcalo z dimenzijami v = 0 – 18 – 281 – 365 ter š = 0 – 22 – 215 – 260 mm je bilo narisano s svinčnikom in notne črte prevlečene z rdečo tinto.

Besedilo je napisano v italijanski poznogotski rotundi (*gotico antiqua*). V besedilu so tri lombarde v rdeči ali modri tinti, dopolnjene z modrim ali z rožnato-vijoličnim strunskim okrasom. Slikarska iniciala *G(audeamus omnes)* je visoka 42 mm; iniciala je naslikana v dveh odtenkih rožnate, postavljena je pred zlato ozadje in to polje je obrobljeno s črno; listni okras v modri, svetli kromoksidni in rdečkasti ni bil dokončan in je zaradi vlage razmazan.

98. SI AS 1073, Zbirka rokopisov, II/1r, Rokopisni fragmenti (n)
Antifonar. Beneški slog, 1. polovica 15. stoletja

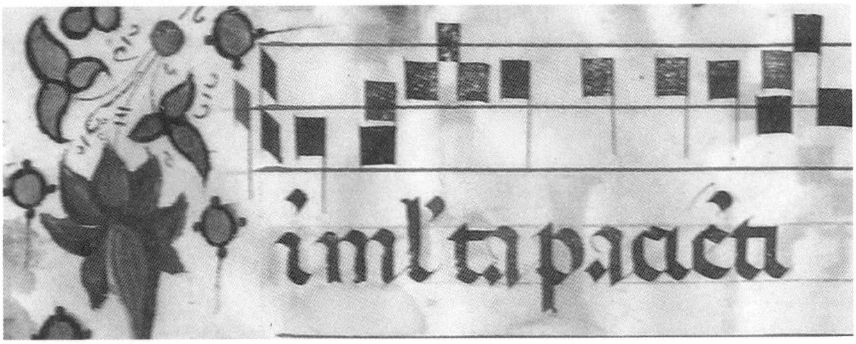

Trije foliji, prvotno del enega antifonarja, so bili izvirno bistveno večjih dimenzij, a so na zunanjem robu obrezani skoraj do pisnega polja, vsekakor pa tudi na preostalih treh marginah; vsak folij je drugačnih dimenzij.

Listi so oštevilčeni s svinčnikom, kar je delo zasebnega zbiralca, zato se tudi oštevilčenje ne ujema s prvotnim zaporedjem (*101–102, 85–86, 87–88*). Vsem trem folijem je skupna enaka ureditev strani, vselej je po 7 glasbenih enot, vsaka meri 38 mm; to so spevi za oficij in so napisani na štirih notnih črtah. Pisava je italijanska gotica, vendar sta besedilo pisala vsaj dva kopista, ki pa sta slogovno skladna. Pri prvem (fol. *85–86, 87–88*) je videti viličasto razcepljene spodnje serife oz. stalca (tudi *m, n, p, q, s-longa*) in izrazito je povezovanje črk z lasnimi odstavnimi potezami, loki pri črkah *m, n, u* itd. pa so pogosto začeti z mehkim šesterokotnim nastavkom, v sredini so minimi stanjšani in se na spodnjem delu različno zaključijo. Zanka pri črki *g* je široko speljana in ovalno zaključena, zgoraj se *g* povezuje z naslednjo črko, zgornji loki pri *f* in *s-longa* so odsekani itd. Drugi kopist pa ima nekoliko oglato speljane loke pri nekaterih črkah, čeprav ne dosledno (*a, c, e, d, m, n, o, s* v obeh oblikah), tako da so črke sicer lepo oblikovane, niso pa vselej enake.

Pergament je sorazmerno tenek in enakomerno svetel na obeh straneh, zato delno preseva besedilo z druge strani. Zdi se, da črt niso vnaprej narisali s svinčnikom; tinta za note ni enakega odtenka kot tinta za besedilo, pogosteje je najti lazurna polja, kar kaže vsaj na zaporedno delo, pri katerem sta nemara na vsakem foliju sodelovali dve osebi, notator in kopist.

Na vsakem foliju je nekaj lombard, vsega skupaj jih je 16. Delo je potekalo v dveh fazah, najprej je bilo narisano telo lombarde, nato pa strunski okras, ki pa je tekel čez posamezne segmente lombard brez potrebnih prekinitev; lombarde imajo zvečine tudi zunanje vertikalne črte, v notranjosti nekaterih lombard je npr. 5 vertikal, drugod pa tudi 12, obstranski biseri so ritmično precej različno nanizani in tudi neenotnih velikosti.

I.

Folij 101–102 meri 350 x 280 mm; izrezana je bila iniciala *E(cce nunc tempus acceptabile)* in je ostala stranska cvetlično-listna veja v dolžini 210 mm. Drobne modre in rdeče cvetove obdaja nitasto ozadje, na katerem so tudi zlate kaplje in zeleni listi. – Besedilo responzorija je vzeto iz 2. pisma Korinčanom (6, 2).[248]

II.

Folij 85–86 meri 320 x 279 mm; na spodnjem robu je obrezan do sredine lombarde v spodnji vrsti. Iniciala *O(blatus est quai ipse voluit)* meri 28 x 25

248 Prim. Hesbert, *Corpus antiphonalium Officii*, št. 6600.

mm, zasnovana je kot okroglo polje, v katerega rastejo štirje rdeči cvetovi. – Besedilo antifone je vzeto iz Izaijeve knjige (53, 7–8).[249]

III.
Folij 87–88 meri 332 x 225 mm; izrezana je iniciala *A(ngelus domini descendit de caelo)*, tako da je ostal samo precej bogat cvetlično-listni okras po dveh marginah v enakem slogu kot na foliju 101–102. – To je prvi responzorij za jutranjice na velikonočno nedeljo, besedilo je vzeto iz evangelija po sv. Mateju (28, 2).

99. SI AS 1073, Zbirka rokopisov, II/1r, Rokopisni fragmenti (o)
Gradual. Beneški slog, 1. polovica 15. stoletja

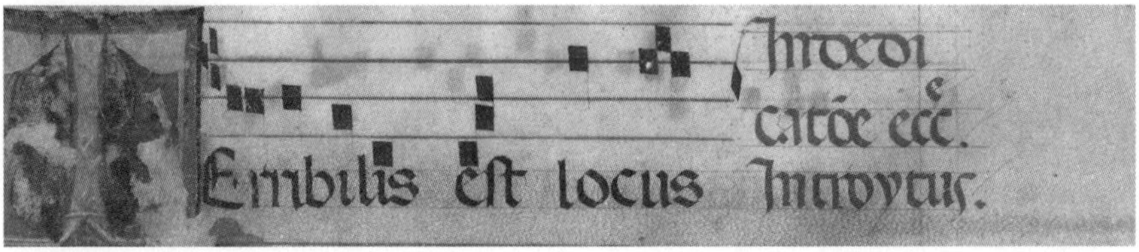

Pet folijev v dimenzijah 360 x 263 mm, ki so bili del istega graduala (mašni spevi). Izvirne foliacije ni nikjer, so pa na spodnjem robu s svinčnikom oštevilčeni z roko zbiralca. Sedanje zaporedje (*89–90, 93–94, 95–96, 97–98, 99–100*) se ne ujema s paginacijo iz 16. stoletja (ali pozneje), ki je napisana v desnem zgornjem vogalu recto strani. Tako je na str. 89 zapisano 125, na str. 93 piše 66, na str. 95 piše 98, na str. 98 piše 127, folij 99–100 je v zgornjem vogalu zaradi vlage preperel in morebitna novoveška foliacija ni razvidna. Na zgornji margini fol. 89 je pripis: *pinxit Antonius nobilis* [črta z vinjetno zanko] *1548 Veneziae*. Napis pojasnjuje zasebno lastništvo v sredini 16. stoletja ali pozneje in ne posreduje imena knjižnega slikarja; foliji so del graduala, ki je nastal v beneškem slogu v 15. stoletju.[250]

249 Prim. Hesbert, *Corpus antiphonalium Officii*, št. 4097.
250 Gl. Dolinar, Kološa, Trpin, *Rokopisi*, str. 26. Glede sloga in kronologije je primerjalno zanimiv rokopis, sedaj Koper, Škofijski arhiv, Ms 4; gl. Golob, *S črnilom in zlatom*, str. 296–300.

Pergament je solidne kakovosti in obojestransko svetel, vendar je trd in škrta, poleg tega ni dovolj razmaščen in na nekaterih mestih se ne temnorjava tinta ne barvni nanosi niso dobro povezali s podlago. Gradual je bil izpostavljen vlagi, zato je list 99–100 na zgornjem robu pričel propadati, zaradi vlage so barvne plasti nekaterih slikarskih inicial poškodovane.

Na strani je po 6 glasbenih enot, kjer po štiri notne črte s pripadajočim besedilom zavzemajo 41 mm. Napevi so zapisani v kvadratni notaciji. Zrcalo je na vseh folijih enako oz. je bilo pripravljeno tako, da so vse vodoravne in navpične črte najprej narisali s svinčnikom in vodoravne so prevlekli z rdečilom; črte s svinčnikom so ostale pod in nad besedilom, dvojni črti sta potegnjeni na začetku notnih črt (za ključe), na koncu pa je enojna navpičnica. Zrcalo je mogoče dovolj natančno izmeriti, ker se zunanje mere folijev razlikujejo le za kakšen milimeter: v = 0 – 29 – 271 – 360 mm; š = 0 – 30 – 37 – 208 – 215 – 263 mm.

Besedila so napisana v italijanski poznogotski rotundi (*gotico antiqua*). Pisava je lepa, vendar so nekatere črke oblikovane v več različicah, tako je npr. *g* videti (str. 66r) najprej napisan z okroglo zanko, ki je odprta, kmalu zatem pa z ostro trikotno zanko; *a* je na 66r napisan s pokončno črto in ozkim, sunkovito trikotnim trebuhom, na 66v pa je pokončnica izpeljana z globokim lokom na levo in drobnim, vendar okroglim trebuhom. Črke se med seboj ne povezujejo z odstavnimi linijami, zato pa je povezava med njimi na listu 98 obvezna, oba kopista sta *r* pisala v obeh oblikah, le da je njun duktus različen, nobeden pa ni lokov (*b, m, n, o, p* itd.) lomil ali ostril. Nekaj razlik je tudi pri okrasnih črkah, ki sledijo slikarskim inicialam in lombardam; to so drobna, a lepa kaligrafska dela, vse imajo notranje polje pokrito s presojno rumeno tinto.

V celoti je 22 lombard, ki so visoke približno 15 mm; menjavajo se modre z rdečim strunskim okrasom in rdeče z rožnato-vijoličnim, zunanji šop strunskih potez se pogosto konča s sunkovitim vodoravnim potegom. Na petih folijih so 4 slikarske iniciale, vse na začetkih prazničnih odlomkov. So delo ene delavnice ali samo enega mojstra, povezuje jih postavitev inicial pred zlato polje s črno obrobo. Iniciale, notranja inicialna polja ter listni okras je vselej v skladju odtenkov rožnate, temnomodre, bledo zelene ter rdeče barve. To so izrazito dekorativna polja, ki so učinkovito strukturirala vsebino glasbenega kodeksa.

I.

Folij 89–90: na 89r oz. 125r se pričenja introitus ob prazniku posvetitve cerkve s *T(erribilis est locus*; Knjiga o stvarjenju, 28, 17).[251] Iniciala *T* (45 x 44 mm) ima rožnato telo, ki je prepredeno z drobnimi belimi nitkami; stoji pred bledozelenim ozadjem, ob steblu so listi temno modre in cinobrove barve. Okoli je zlato polje in okvir je črno obrobljen, iz obeh spodnjih vogalov se izvijata listni veji, tako da meri inicialno polje v celoti 90 x 73 mm.

II.

Folij 93–94: na 93v oz. 66v se z *I(ntret in conspectu tuo, Domine*; Psalm 78, 11) pričenja maša ob rojstvu več mučencev.[252] Iniciala je visoka 120 mm, bledorožnato steblo se na glavi in peti razcepi ter izteče v plahutajoča preganjena lista bledo zelene in cinobrove barve. Tudi prstan sredi inicialnega telesa je bledo zelene barve, iniciala pa je podložena z zlatim poljem, ki sledi zunanjemu obrisu iniciale, tako da se izboči ob prstanu; celota je obrobljena s črno potezo.

III.

Folij 95–96: na 95r oz. 98r se s *S(acerdotes tui, Domine induant justitiam)*, kar je verz iz psalma (131, 9) pričenja introitis ob prazniku spoznavalcev.[253] Iniciala je postavljena pred zlato ozadje, ki ima črn okvir (60 x 55 mm); stasito inicialno telo je razdeljeno na dvoje, tako da oba odtenka rožnate ustvarjata vtis plastičnosti. V obeh lokih sta pred svetlozelenim ozadjem naslikana razprta lista v odtenkih rjaste in cinobrove rdeče. Serifa sta spremenjena v preganjena lista, ki segata v zunanji prostor (75 x 83 mm). Iniciala je poškodovana, ker so mokra polja hoteli pobrisati in so barve razmazane.

IV.

Folij 97–98: na 98v (127v) se z *R(equiem eternam*, 56 x 43 mm) začenja liturgija za pokojne, rubrika pravi *In agenda mortuorum*. Iniciala v dveh odtenkih rožnate ima notranje polje v pretežno temnomodri barvi, ki je

251 Hesbert, *Antiphonale missarum sextuplex*, št. 100 B C K S

252 Hesbert, *Antiphonale missarum sextuplex*, št. 24a B C K S; št. 114 C K S; št. 130 B K S; št. 159 B K S; št. 162 B K S.

253 Prim. cantusindex.org/id/004676 [dostop 17.april 2018].

obrobljeno z belimi nitkami, zaviha lokov pa tvorita dve medaljonski polji, pokrita z zelenkasto barvo. Iz stebla iniciale in iztegnjenega kraka se izvijajo preganjeni listi, tako da iniciala v celoti pokriva površino 102 x 92 mm. Ozadje je zlato in črno obrobljeno.

V.

Folij 99–100 nima nobene slikarske iniciale, so samo lombarde s strunskim okrasom.

100. SI AS 1073, Zbirka rokopisov, II/1r, Rokopisni fragmenti (p)
Antifonar. Beneški slog, 15. stoletje

Ohranil se je en sam folij iz antifonarja z melodijami za nočni oficij. Provenience ni mogoče ugotoviti, je pa bil vključen v neko zasebno zbirko, ker je na spodnjem robu s svinčnikom zapisano *103* (na sprednjem licu) in *104* (na hrbtnem).

Folij je na zunanji in spodnji margini zelo obrezan, tako rekoč do samega pisnega polja, ni pa mogoče ugotoviti, kako močno je obrezana zgornja margina, kar so nemara storili z željo, da so ga po višini izenačili z drugimi fragmenti iz konvoluta, zaznamovanimi s podobnim, v glavnem beneško opredeljivim slogom (kat. 97, 98 in 99).

Gre za folij iz samostanskega antifonarja in je delo utečene rokopisne delavnice, kar je razvidno iz kvalitetnega in enakomerno obeljenega pergamenta, ki je gladek in mestoma tako tenek, da preseva zapis z druge strani. Na dobro delavnico kaže tudi enakomerna italijanska gotica (*gotica antiqua*), ki sicer je rotunda, vendar so loki (*m, n,* lok na s-*longa* itd.) nekoliko zalomljeni, vrhovi stebel (*b, l, t* itd.) so največkrat viličasto razcepljeni. Značilnost kopista oz.

delavnice so tudi dodatno okrašene stavčne začetnice, liturgične rubrike so napisane s primernimi razmiki, ni pa mogoče reči, ali je melodije v kvadratni notaciji napisal isti rokopisnik kot besedilo. Na foliju je 6 lombard, ki so v rdeči ali modri tinti; dopolnjuje jih standardni strunski okras v modri ali z rožnato-vijolični barvi, biseri na strunah pa so površno narisani.

Na začetku responsorija je slikarska iniciala *I(n die qua invocavi te, Domine* ..., v = 61 mm), ki temelji na besedah Jeremijevih žalostink (3, 57–58).[254] Temnorožnato inicialno steblo, ki se na konceh vejasto razprostira, je na sredini speto z osmičastim karminastim vozlom. Ozadje je pravokotno, razdeljeno na zlato in modro polovico, vtis, da gre za iluzijo drevesa, podpirajo na tenko vejico nanizani zlati diski. Ta iniciala se ne ujema z nobeno drugo s fragmentov beneško zaznamovanih glasbenih del.

Fragment meri 365 x 260 mm. Besedilo in note so zapisane s sivo-črno tinto, ki pa se ni povsod sprijela s podlago. Na foliju je obojestransko po 7 glasbenih enot, kjer štiri notne črte s pripadajočim besedilom zasedajo po 35 mm, sledov predhodnega narisa s svinčnikom ni videti. Za notne črte so uporabili rdečo tinto, vendar so to storili s precejšnjim pritiskom; z rdečo tinto so napisana liturgična navodila ter okrasne poteze v stavčnih začetnicah.

Folij je na svoji recto strani umazan in ima več tintnih madežev.

101. SI AS 1073, Zbirka rokopisov, II/1r, Rokopisni fragmenti (r)
Koledar (julij, avgust). Augsburg, 2. polovica 15. stoletja

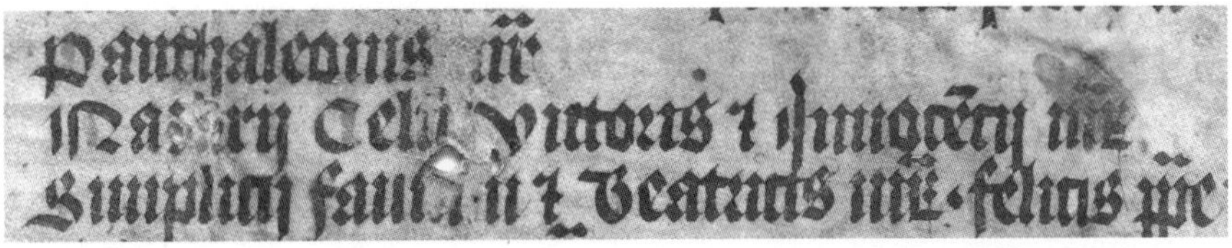

Pergamentni folij (333 x 258 mm) je bil uporabljen za ovitek krstne matične knjige; na sprednji strani je z roko 17. stoletja zapisana legenda *I, 1627–1643, Bapt.*, na hrbtišču pa *T I.*

254 Besedilo se ujema s tistim iz rokopisa Ivrea, Biblioteca capitolare, Cod. 106, vol. I-IV; to je antifonarij rimskega obredja. Prim. Hesbert, *Corpus antiphonalium officii*, vol. 1, resp. 343.

Dimenzije fragmenta, ki je močno poškodovan, ne ustrezajo zlatemu rezu, zato ni izključeno, da so folij na zgornjem delu (nad ligaturo za *Kalendae*) obrezali, medtem ko je spodnja margina ostala neokrnjena. Vrstice so visoke 7,4 mm in pisno polje meri 250 x 175 mm; zrcalo je sedaj, po radikalni obrezanosti na zgornji margini: v = 0 – 10 – 26 – 333 mm, š = 0 – 40 – 52 – 58 – 61 – 65 – 78 – 82 – 93 – 101 – 225 – 258 mm.

Matična knjiga je imela mehke platnice (približno 300 x 100 x ok. 25 mm) z ravnim hrbtiščem, zavihi so sorazmerno ozki (zgoraj 12, navpični 12 in 22 ter spodaj 18 mm); ohranili so se vrezi za vezovalne trakove.

Vpisani prazniki kažejo, da ni šlo za koledar oglejske cerkve, ker niso navedeni oglejski svetniki in prazniki (manjkajo npr. praznik sv. Mohorja in Fortunata, sv. Prota, posvetitev oglejske cerkve itd.). Nekateri prazniki so obči, drugi pa kažejo nemško okolje. Napisani so npr. *portam s. Johannis Baptistae*, *octava apostolorum s. Petri et Pauli*, *Traslatio s. Nicolai*, z rdečilom je izpostavljen praznik Katarine Aleksandrijske (*translatio*, v Regenburgu praznik 5. julija), sledi cesar Henrik II. (v južnonemških mestih na različne julijske datume), *divisio apostolorum*, Prakseda (21. julija), praznik Marije Magdalene, Apolinarija (23. julija), Kristine, apostola Jakoba, Marijine matere Ane, Pantaleona (27. julija, zavetnik Kölna), Viktorja I., Simplicija in Faustina (29. julija, Fulda), Abdona in Senensa (30. julija), in, zanimivo, Bernarda, škofa iz Halberstadta.

Zunanje lice folija, kjer so napisani prazniki za mesec avgust, je zelo poškodovano in malo vpisov je zanesljivih, recimo na 7. avgust je mogoče prebrati vpis za sv. Afro, zavetnico mesta Augsburg, bolje so berljivi veliki prazniki, napisani z rdečilom, *assumptio s. Mariae*, Jerneja apostola, Avrelija Avguština, *decollatio Johannis Baptistae*, vmes pa so navedeni npr. praznik Agapita (18. avgusta, južna Francija), Timoteja in Simforiana (22. avgusta), Rufina itd.

Pisano je v kaligrafirani knjižni gotici s črno in rdečo tinto, modra je uporabljena v dveh odtenkih.

Folij je restavratorsko očiščen in zglajen; na zunanji strani ni mogoče prebrati vseh vpisanih praznikov, manjka del prevleke čez spodnji del na hrbtni strani, na pregibih so številne luknje in sledovi razlite tekočine.

102. SI AS 1073, Zbirka rokopisov, II/1r, Rokopisni fragmenti (s)
Koledar (marec). Južna Nemčija, 2. polovica 15. stoletja

Pergamentni fragment je bil uporabljen kot ovitek matične knjige; na nekdanji sprednji platnici sta zapisani letnici *1636–1653*. Kot kaže, so fragment ohlapno prišili na nosilec (ki je bil tenek zvezek iz ene lege), kar lahko sklepamo po ohranjenih vbodih; folij, ki je bil enoslojno varovalo matične knjige, so obstrigli po dimenzijah nosilca.

Sedaj meri 210 x 296 mm in to je samo del nekdanjega folija; po vsem sodeč je sprva moral biti kodeks velikih dimenzij, približno 500 mm v višino; po kodikoloških lastnostih se ujema s fragmentom kat. 103. Na vsaki strani je ostalo samo 9 vrstic, deseta je prerezana; vrstična višina nekoliko niha (skoraj 19 mm), ligatura za *KL* meri 34 mm. Od preostalih kodikoloških podatkov so zanesljive samo mere zgornje (35 mm), zunanje (47 mm) in notranje margine (27 mm).

Pisava je kaligrafirana knjižna gotica, rdeča in modra tinta sta se dobro ohranili, na notranji strani je rjava tinta zbledela, na zunanji strani pa je fragment površinsko poškodovan in temen. Na notranji strani je za prvo polovico marca je najti vpise za praznik spreobrnjenja Marije Magdalene (2. marca), za smrtni dan cesarice Kunigunde (3. marca), none praznika kartaginskih mučenk Perpetue in Felicite (8. marca). Na zunanji strani je zanesljivih manj vpisov, vendar gre nedvomno za vpis praznika sv. Krizantija in tovarišev (17. marca), navedena je *Cathedra sancti Petri* (25. marca), praznik apostola Matije (27. marca).

Zelo kvaliteten, tenek in mehek pergament, fragment je restavratorsko očiščen in zglajen.

103. SI AS 1073, Zbirka rokopisov, II/1r, Rokopisni fragmenti (t)
Koledar (oktober). Južna Nemčija, pozno 15. stoletje

Pergamentni fragment je služil kot ovitek matične knjige za leta 1646–1658, vendar na njem ni evidenčnih oznak prvotne župnije.

Sedanje dimenzije (215 x 295 mm) so najbrž približna polovica nekdanjega folija in je sprva moral biti velik (oltarni) kodeks, mogoče je meril več kot 500 mm v višino. Ohranilo se je po 10 vrstic z zgornjega dela folija, z vrstično višino 18,4 mm, ligatura *KL* pa meri 36 mm.

Ta fragment je po vseh kodikoloških lastnostih del takega kodeksa kot je koledarski fragment za mesec marec (kat. 102) in sta izdelek iste oz. slogovno skladne rokopisne delavnice. Pisava je kaligrafirana knjižna gotica, rdeča in modra tinta sta se dobro ohranili, medtem ko je rjava tinta zelo zbledela. Po slogu gre za (južno)nemško delo in sicer za kodeks, ki je bil izdelan za trg; manjka namreč precej prazniških vpisov, iz katerih bi bilo mogoče reči, kateri škofiji je bil namenjen. Večina navedenih praznikov ni krajevno specifičnih in to nakazuje, da je bil koledar pripravljen za trg, zato je tudi veliko praznih vrstic. Med navedenimi svetniki so: sv. Remigij, German in Vedast, Frančišek Asiški, papež Kalist, evangelist Luka, evangelist Matej ter Mavricij in tovariši; res pa imenovanje oktave za sv. Lamberta kaže na kraje, kjer je bilo njegovo čaščenje pogosto, med drugim tudi na Bavarskem.

Sledovi zapognjenosti čez hrbet in robove platnic niso določni. Zgolj nagubanost folija na delu, ki bi lahko pokrival segment ravnega hrbtišča, ni dovolj zgovorna. Vse kaže, da so fragment obrezali tudi potem, ko so ga ločili od nosilca.

Zelo kvaliteten pergament, fragment je restavratorsko očiščen in zglajen.

104. SI AS 1073, Zbirka rokopisov, II/55r
Stiški nekrologij. Stična, 1. polovica 15. stoletja

Trije fragmenti izvirajo iz cistercijanskega samostana Stična in besedilo je v pretežni meri nastalo do ok. 1432; vsi trije kosi so bili uporabljeni kot deli knjižne vezave imenjske knjige za Kranjsko za leta 1619–1661. Imenjske knjige je Narodnemu muzeju oziroma arhivu v letih 1937 in 1939 izročilo Predsedstvo Okrožnega sodišča v Ljubljani.

Prvotnih dimenzij stiškega nekrologija ni mogoče ugotoviti, vsekakor je po višini presegal 520 mm.

Svetniški vpisi in naslovi rubrik so v knjižni gotici, imena samostancev, plemstva in članov samostanske družine pa pretežno v bastardi; podatke je vneslo pet rok. Zapisi so v različnih odtenkih črno-rjave ali črno-sive tinte, ker so vpisovali pokojne ob različnih časih. Za osnovni zapis (najbolje razviden pri svetniških imenih v koledarju, do ok. 1432) so uporabili rjavo-sivo tinto, ki se s podlago ni najbolje sprijela. Z rdečilom so izpisani naslovi nad stolpci, rimski koledar, pomembni svetniški prazniki, pomembne osebe (stiški opat, koroški vojvoda, goriški grof) oz. veliki dobrotniki.[255]

Čvrst pergament, ki se stežka upogiba, je svetel, nekoliko rumenkastega odtenka. Sedaj so vsi trije kosi restavratorsko očiščeni in poravnani.

I.

Fragment meri v celoti 408 x 276 mm; zaradi knjigoveške rabe je bil dvakrat preganjen in na robu je pravokotni kos pergamenta odtrgan. Poleg tega je obrezan blizu ligature KL, zato manjka skoraj vsa zgornja margina, na spodnjem delu pa manjka 15. vrstica in spodnja margina v celoti.

255 Kos, Odlomki stiškega nekrologija, str. 63–69. Dolinar, Kološa, Trpin, *Rokopisi*, str. 24.

Pergamentni list je razdeljen v šest stolpcev, ki – beroč od leve proti desni – vsebujejo: 1. koledar (a. dnevi v tednu so zaznamovani s črkami od *a* do *g*, b. je stolpec z oznakami za kalende, none in ide, c. označeni so nekateri prazniki cistercijanskega reda), 2. sledi stolpec z imeni pokojnih menihov (*monachi*), 3. nato stolpec z imeni pokojnih novicev (*novicii*), 4. zatem umrlih konverzov (*conversi*), 5. je stolpec z imeni umrlih oseb plemiškega rodu (*nobiles*), v 6. stolpcu so imena umrlih oseb, ki niso bili člani plemstva, so pa spadali k samostanski družini (*familiares*), so bili meščani in drugi laiki.

Nekrologij je bil urejen tako, da je na vsaki strani bilo videti vpise za polovico meseca, oz. da je odprta knjiga pokazala vpise za izbrani mesec. Zrcalo določa stolpec s svetniškimi vpisi: za vsak dan je odmerjen sorazmerno visok prostor, ena vrstica meri 27,1 mm, tako da je na tem licu videti horizontalno mrežo za 14 dni. Imena svetnikov so napisana posamezno, le eno v posamezni vrstici. Skoraj 30 mm visoke vrstice so umestne, ker je ob bistveno manjši pisavi (v drugih rubrikah, npr. *nobiles*, *falimiares* itd.) mogoče v eno vrstico vpisati imena več oseb in v teh primerih je višina vrstic približno 5 mm.

Na drugi strani so vpisi jasnejši, ker to lice ni bilo izpostavljeno obrabi. Videti je lasno tenke poteze za zrcalo, ni pa videti vbodov, ki bi jih zatrdno lahko povezali s pikiranjem.

Milko Kos opredeljuje 5 različnih vpisovalcev: 1. največ vpisov je prispevala roka, ki je sestavila večji del starejših podatkov vse do približno 1432 (ko je umrl plemič Pavel Glogowiczer),[256] 2. roka je proti koncu 15. stoletja prispevala nekaj imen, 3. roka je prispevala zapise v letu 1525, 4. roka je pisala v humanistični pisavi 16. stoletja, 5. roka je dodala zapise v 17. stoletju.

II.

Fragment je nekoliko nepravilen pravokotnik, meri 412 x 87 mm in je po dolžini dvakrat preganjen: po vsem sodeč je bil hrbtna okrepitev za knjižni blok ali del knjižnega bloka, ki je bil debel približno 20 mm. Na obeh licih so napisana imena ali deli imen.

256 Pavel Glogowitzer oz. Glogoviški Pavel je v virih omenjen v letih 1405, 1406, 1421 in 1422; Mlinarič, *Stiška opatija*, str. 193, 200, 206, 207.

III.
Fragment je nepravilnih oblik in meri 407 x 25 mm. Ni mogoče zatrdno reči, ali je bil uporabljen za ovitek okoli knjižnega bloka (in po dolžini odrezan) ali za kaj drugega.

105. SI AS 1074, Zbirka urbarjev, 5u, Urbar graščine Boštanj pri Grosuplju, 1682

Evangelij po sv. Luki. Stična, ok. 1175–1180

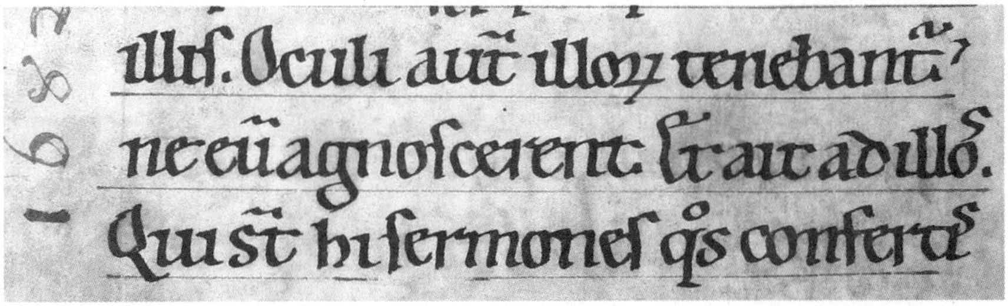

Knjižni blok urbarja (240 x 171 mm) je vezan v nekoliko večje (246 x 177 x 26 mm) in trde kartonaste platnice, obreza je okrašena z modrim in rdečim obrizgom. Na sprednji platnici je arhivska etiketa *5u*, najstarejša oznaka je letnica *1682* na sredini sprednje platnice (v medstolpičnem prostoru), nekoliko poznejša je s krepko široko potezo napisana signatura *C Nr. 1*.

Platnici sta prekriti z dobršnim delom folija, ki je položen počez; vrhnja pisna črta je tik pod robom platnice, levo naslonilo levega stolpca pa prav ob zgornjem robu platnice in je večina notranje margine odrezana, desni stolpec pa je viden v celoti in tudi zunanja margina (60 mm); zgornja margina se v dobršni meri zavihne na notranjo stran platnice (27 mm), spodnja je široka 97 mm.

Na fragmentu je videti v celoti dva stolpca, vsak je širok 95 mm; besedilo ima 29 vrstic, visokih 10,2 mm, prečne in navpične črte zrcala so narisane s tenkimi potezami svinčnika, pisno polje meri 296 x 210 mm, cel fragment z zavihki vred pa 419 x 279 mm. Meritve zrcala so merodajne samo glede višine (0 – 27 – 323 – 419 mm), pri širini pa ne moremo izmeriti natančnih dimenzij zaradi obrezanosti folija.[257] Poleg narisa zrcala ni videti drugih kodikoloških potez.

Besedilo je pisano v poznoromanski karolini in je po paleografskih značilnostih sodeč delo kopista Izidorjevih Etimologij iz Stične.[258] Njegova pisava, zelo podobna delom Bernarda in Gregorjevega mojstra, se pokaže pri upognjenih steblih dolgega *s*, medtem ko je kratki *s* nekoliko kljukast, črka *a* ima ozko zanko, pokončni *r* ima kratko steblo in kot romb dodano potezo na desni, ki kar preide v kinetiko sosednje črke itd. Stavčne začetnice *N, F, I* je rad potegnil pod prečno črto in *V* precej visoko, posebej pa je vtisna enakost energično zapisanih okrajšav (*-em*).[259] Tako kot Gregorjev mojster in Bernard je tudi on sledil načelu, da so stavčne začetnice v enem stolpcu dobile polnilo v rumeni tinti, v sosednjem pa v rdeči,[260] poleg tega pa jih je – tako kot Bernard ali Gregorjev mojster – stisnil v sredini (E, O) in nekatere črke so gibko upognjene.

Na zgornjem delu desnega stolpca je rdeča kaligrafska iniciala *E(cce duo ex illis*, Luka, 24, 13): lepo zaobljeno telo spremlja v notranjosti nagrbančena nitasta obroba, po slogu takšna, kot jih je videti v več rokopisih iz Stične.[261]

Vidni del fragmenta vsebuje besedilo iz 24. poglavja evangelija po sv. Luki: levi stolpec zgoraj se prične: (*ad monu)mentum, portantes quae paraverant aromata ... (*Luka, 24, 1), desni pa se zaključi: *Sed et mulieres quaedan ex nostris terruerunt nos, quae ante lucem fuerunt ad mo(numentum* ..., Luka 24, 22).

Fragment smemo šteti za merodajno dokazilo, kako je bil oblikovan volumen z evangeljskimi knjigami.

Urbar je očiščen in restavriran.

---

257 Po dimenzijah in ureditvi pisnega polja je ta fragment najbližje ureditvi kodeksa s komentarjem Petra Lombarda, ki meri 423 x 304 mm; Ljubljana, NUK, Ms 3.

258 Ljubljana, NUK, Ms 16.

259 Golob, *Srednjeveški kodeksi iz Stične*, sl. 165.

260 To je ena od značilnosti v več rokopisih iz Stične, je davek estetiki njihovega časa in tega pravila se je držalo več kopistov.

261 Npr. Ljubljana, NUK, Ms 16 ali Dunaj, ÖNB, Cod. 688.

106. SI AS 1074, Zbirka urbarjev, 6u, Urbar graščine Boštanj pri Grosuplju, 1683
Meniški oficij. Srednjeevropska pisna šola, pozno 14. stoletje

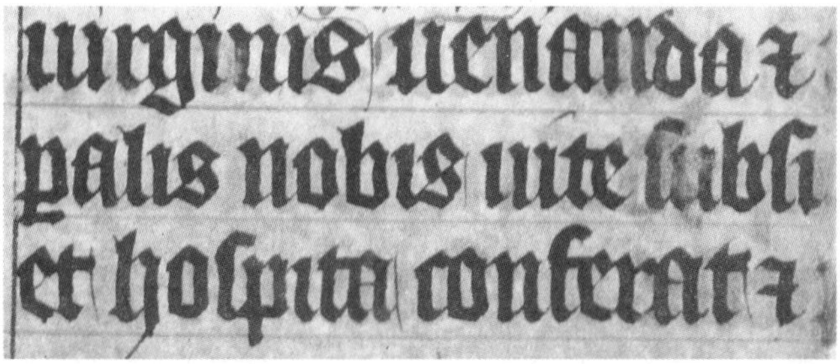

Na zgornjem robu sprednje platnice je zapisana letnica *1683*, od druge roke je velika oznaka s širokim peresom *C No. I.*, v vogalu je še arhivska nalepka *6u*.

Urbar je vezan v trde kartonaste platnice (205 x 160 x 26 mm). Prevlečen je s folijem rokopisa iz meniškega oficija; besedilo je urejeno v dva stolpca, vendar je desni precej obrezan, levi pa je širok 88 mm. Zrcalo je kombinirano, naslonilne črte so potegnjene s črno tinto, prečne pa z rjavkasto-rumenim barvnikom. V vsakem stolpcu je 26 vrstic, ki so visoke 10,8 mm. Sedaj meri folij (z zavihki vred) 387 x 243 mm, s tem da je pisno polje 281 x 186 mm; zunanja in zgornja margina sta malone v celoti odrezani, tako da ni mogoče dovolj zanesljivo oceniti prvotnih dimenzij kodeksa.

Besedilo je napisano v knjižni gotici in sicer gre za tekstualis v zelo osebnem duktusu, ki je že prestopila v formalizirano poznogotsko obliko, pridržano predvsem za liturgične rokopise. Tako je izrazito oženje črk, ki se »zapirajo« (npr. *a* in *s* s stično zaprtimi polji, povezava *c* in *i* v kvadrat), zgornji del stebel *b, d, h, l* je globoko in ozko zacepljen. Ni mogoče izključiti domneve, da sta na tem foliju besedila pisala dva kopista, ker nekatere črke nastopajo v več oblikah (npr. *g* v spodnji vrstici levega stolpca ima trikotno zanko, v molitvi za sv. Jedert pa je zanka širša in odprta, tudi zgornja stebla niso izrazito razcepljena). Pomensko izstopajoče stavčne začetnice so obogatene z manjšimi okrasnimi potezami, nekatere prehajajo zaradi stopničastega vzorca na vertikalah v preproste kadele, druge imajo del okroglin poudarjen z dodatno črtico ali lokom ali drobnim geometriziranim vzorcem. Tri večje lombarde (*Benedicus, Incitatis, Pretera*) so brez okrasnih izboljšav. – Besedilo kaže več značilnosti, ki jih je sicer najti v rokopisih ob koncu 14. stoletja na Dunaju in v mogoče še izrazitejši obliki v delih iz kartuzije Gaming, zahodno od Dunaja. Predvsem je vtisna odrezava, energična poteza, globoka zacepljenost stebel, sklenjenost črk *a* in *s* itd.[262]

Urbar je očiščen in restavriran.

107. SI AS 1074, Zbirka urbarjev, 7u, Urbar graščine Boštanj pri Grosuplju, 1684
Lekcionar. Srednjeevropsko delo, prehod iz 13. v 14. stoletje

Urbar iz Boštanja je imel mehke platnice, ki so bile polepljene z različnimi pergamentnimi fragmenti, pod katerimi so bili zlepljeni papirni listi. Največji fragment je glagolski, ki je prekrival dobršni del knjižnega bloka. Ker je bil za prekritje hrbtne strani premajhen, so prilepili še tri kose, enega papirnega, enega pergamentnega brez besedila (približno 73 x 35 mm) in fragment z dvema svetopisemskima besediloma (približno 74 x 160 mm); pergamentni kosi niso ravno odrezani. Mogoče sta bila oba fragmenta odrezana s folijev istega rokopisa. V platnicah so vreznine za dva zavezovalna trakova.

Na fragmentu sta dobri dve vrstici besedila v lepi knjižni gotici s kaligrafirano zapisanimi stavčnimi začetnicami, ki so poudarjene z rdečo potezo; vrstična višina je pribl. 7,5 mm. Spodnja margina je nemara merila 55 mm, lahko pa bi bila širša.

Na eni strani lahko preberemo *Quia tulerunt dominum meum* ... in to so besede, zapisane v evangeliju po Janezu (20, 13), na drugi strani pa *Et*

262 Fingernagel, Roland, *Mitteleuropäische Schulen II*, kat. 31, sl. 148–154: Dunaj, ÖNB, Cod. 2765, rokopis iz dvorne delavnice, ok. 1385/1395; kat. 32, sl. 169 (sredinski del) in 170: Dunaj, ÖNB, Cod. 1872, rokopis iz kartuzije Gaming, ok. 1390/1395 (ok. 1393?).

quomodo possum nisi aliquis ostenderit, kar je citat iz Apostolskih del (8, 31). Ta fragment je najverjetneje bil del knjige beril, lahko pa bi bil – glede na predtridentinsko obdobje – del katere druge liturgične knjige.

Pisava pripada tipu knjižne gotice, ki je z oženjem črk dosegla prehod iz poznoromanske minuskule in se ponekod, zlasti v cistercijanskih samostanih (Lilienfeld) uveljavila z novo estetiko že pred sredino 13. stoletja, bila pa na splošno sprejeta za odličnejše liturgične rokopise v širšem južnonemškem-avstrijskem prostoru nekaj desetletij pozneje.[263] Rokopisa ne moremo natančneje datirati, velja pa opozoriti na razcepljeno spuščeno steblo črke *p* in dekorativno povezavo *pp* z uvihnjeno prečno črto. S tema detajloma in splošnim estetskim vtisom se kot kraj morebitnega nastanka odpre tudi območje vzhodne Srednje Evrope.[264]

Urbar, s katerega so fragmenti sneti, meri v višino 212 mm. Prvotni sestav prevlek je fotografsko dokumentiran in posnetek je dostopen v mapi s fragmenti.

108. SI AS 1074, Zbirka urbarjev, 8u, Urbar graščine Boštanj pri Grosuplju, 1685
Brevir. Stična, 1175–1180

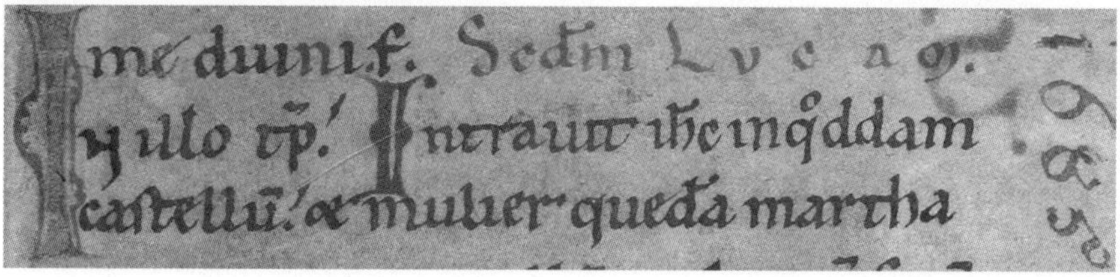

Urbar je ovit v fragment brevirja in na prostoru med stolpcema je zapisana letnica *1685*, nad tem je nekoliko poznejša oznaka *C. No. I.* in v vogalu je arhivska nalepka *8u*. Na prvi strani knjižnega bloka je naslov *Abreitung 1685*.

263 Fingernagel, Roland, *Mitteleuropäische Schulen II*, kat. 12, sl. 56–58: Dunaj, ÖNB, Cod. 1827, rokopis je iz samostana Mondsee, a kaže izrazito skladne paleografske poteze.

264 Fingernagel, Roland, *Mitteleuropäische Schulen I*, kat. 68, sl. 213: Dunaj, ÖNB, Cod. 2745, rokopis iz južne Nemčije ali Avstrije, opredeljen kot delo zgodnjega 14. stoletja; kat. 69, sl. 215–216: Dunaj, ÖNB, Cod. 1809, rokopis je nastal na Moravskem ok. 1317/1319.

Knjižni blok (193 x 155 x 35 mm) je dobil trde kartonaste platnice (197 x 163 mm), prevlečen je s folijem iz brevirja, pri čemer se je nepodloženo hrbtišče uvihnilo navznoter. Razprta knjiga kaže dobršni del folija (354 x 197 mm), z upoštevanimi zavihki pa meri fragment 386 x 229 mm.

Besedilo brevirja je urejeno v dva stolpca, vsak je ohranjen v vsej višini; zapisano je v 42 vrsticah, širokih po 95 mm in z vrstično višino 7,4 mm. Pisno polje meri 305 x 192 mm, od margin pa je ohranjena samo spodnja, ki je visoka 72 mm. Tako kot je pogosto videti pri rokopisih iz časa opata Folknanda, je besedilo napisano na pergamentu, kjer ni najti sledov narisanega zrcala. Morebitna pikiranja zaradi obrezanih margin niso vidna.

Pergament je odlične kakovosti; za zapis je uporabljena kakovostna črna tinta, z rdečilom so napisane rubrike, za katere so uporabili – v primerjavi s peresom za besedilo – dosti ostreje ošiljeno pisalo. V desnem stolpcu so stavčne začetnice poudarjene s potezo v rdeči tinti, v levem pa z rumeno. Rdeče so tudi okrasne kaligrafske iniciale, ki so praviloma visoke 2 vrstici (14 mm) in imajo ob telesu polovične bunke, gladke ali nagrbančene obrobne niti. Enovrstične iniciale (8 mm) nimajo okrasnih prvin. Po likovnem značaju izstopa iniciala *I(n illo tempore)*, ki je svetlomodra z rdečo obrobo. Odtenek in kvaliteta nanosa v modri barvi (tempera, ne tinta) se ujemata z inicialami, kakršne vidimo v drugih stiških rokopisih, npr. NUK, Ms 3, 5, ali Dunaj, ÖNB, Cod. 758 itd.[265] Poznoromanska karolinška minuskula je primerljiva z zapisi v rokopisih Ljubljana, NUK, Ms 16 ali 8/IV.

Besedilo, ki teče od levega stolpca zgoraj je iz *Visoke pesmi* (3, 6): ... *est isat quae ascendit per desertum sicut virgula* ... Izteče se v spodnji vrstici desnega stolpca s: ... *putamus reprehensum [esse] ministerium Marthae, quam cura*, ki razlaga besedilo iz 10. poglavja evangelija po sv. Luki: to besedilo je zapisano v pridigah sv. Avguština.[266]

265 Golob, *Srednjeveški kodeksi iz Stične*, npr. sl. 70, 95, 199, 201.
266 *Sermones Sancti Augustini*, PL XXXIX, stp. 774.

109. SI AS 1074, Zbirka urbarjev, 16u, Register župnijske cerkve sv. Jurija v Ihanu, 1592–1613
Lekcionar. Vzhodna Srednja Evropa, 1. polovica 14. stoletja

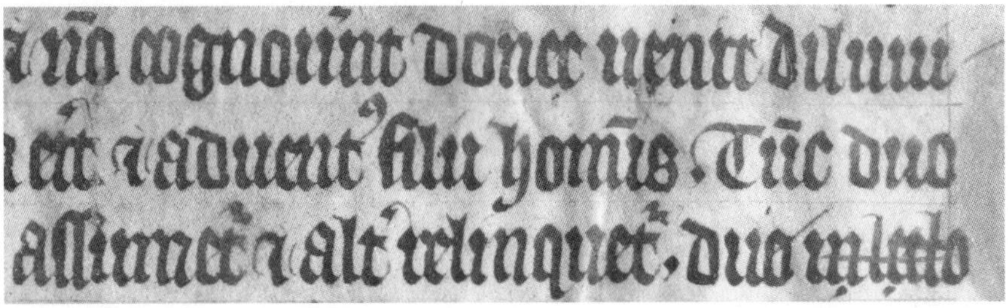

Knjižica (165 x 110 mm) ima 30 listov, notranji papirni listi so precej poškodovani. Na prostem robu, ki je bil sprva spodnji rob, je evidenčni vpis *No 65/1890*, zraven je zaznamek o vsebini in novejši pripis *Ihan*.

Enoslojni ovitek iz pergamentnega folija kaže en stolpec lekcionarja, pisanega v oženi knjižni gotici. Na zunanji strani je nekdanja recto stran iz rokopisa, ki je prvotno meril 304 x 200 mm. Ohranil se je en stolpec, širok 133 mm, kjer je 25 vrstic, visokih 8,9 mm. Prvotna zunanja margina je po dolžini zavihana, na robu, kjer je bila notranja margina, pa je videti vreze izvirnega knjigoveškega šivanja. Pisno polje meri 221 x 133 mm, margine je mogoče v celoti izmeriti: zgornja = 25 mm, spodnja = 58 mm, notranja = 20 mm, zunanja = 47 mm.

Besedilo je pisano s črno tinto, za rubrike in iniciale so uporabili kvalitetno rdečilo. Iniciale, ki imajo dolga stebla (npr. *I, F*) in so ob levi strani stolpca, so zelo visoke, merijo 80, 90 mm. Pisava je mestoma manierirana, z usločenimi vertikalami, s sunkovitimi potezami pod črto (npr. leva noga črke *x*, spodvita poteza črke *h*), pretiranim zgornjim lokom črke *a* (ki je v minuskulni obliki v rabi tudi kot stavčna začetnica), nestabilno postavitvijo začetnega *E* itd. To je individualizirana pisava, ki pa bi ji našli primerjave v avstrijskih, moravskih in čeških skriptorijih v 1. polovici 14. stoletja.[267]

267 Fingernagel, Roland, *Mitteleuropäische Schulen II*, kat. 84, sl. 251: Dunaj, ÖNB, Cod. Ser. n. 4234, Lilienfeld, 1. četrtina 14. stoletja; kat. 9, sl. 297: Dunaj, ÖNB, Cod. 1773, rokopis je iz češke rokopisne delavnice, datiran 1315; kat. 120, sl. 368–376: Dunaj, ÖNB, Cod. 1174, rokopis je pripisan avstrijskemu okolju (Krems?) in je nastal v letih 1333–1334 itd.

Na zunanji strani je mogoče prebrati odlomek iz Pisma Rimljanom od ... *O altitudo divitiarum sapientiae* ... (11, 33) do ... *assumpsit. Tu qui es, qui judicas alienum servum? Suo domino*... (14, 3 in 4). Na notranji, nekdanji verso strani se zgoraj nadaljuje: ... *stat, aut cadit. Stabit autem, potens est enim Deus* (14, 4).[268] Spodnje vrstice se iztečejo s citatom iz Janezovega evangelija: *Cum sublevasset oculos Jesus* ... ter po rubriki končajo v zadnji vrstici s citatom iz 2. Pisma Tesaloničanom: *Fratres. Gratias agere debemus Deo semper pro vobis* (2, 12).

110. SI AS 1074, Zbirka urbarjev, 25u, Priročni urbar graščine Medija, 1671–1686

Apostolska dela. Stična, 1175–1180

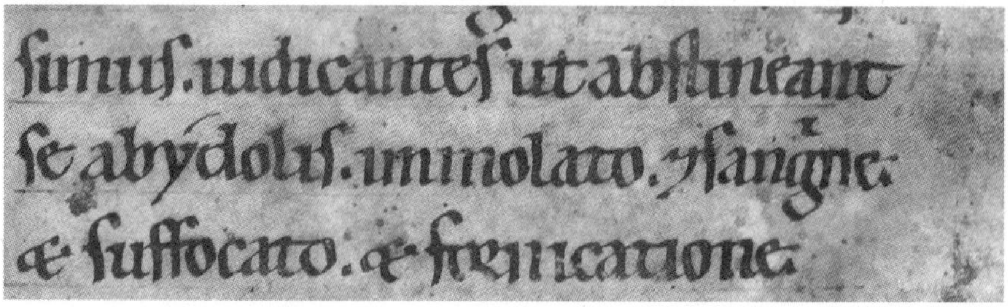

Knjižni blok (195 x 157 x 25 mm) priročnega urbarja graščine Medija je šivan na tri vezice; ima platnice iz trdega kartona, obreza je poudarjena z rdeče-modrim obrizgom in knjiga ima zavezovalne trakove.

Za zunanjo prevleko so uporabili del folija iz novozaveznega kodeksa z Apostolskimi deli, ki so ga prepisali v Stični v času opata Folknanda (pred 1180). Platnice so nekoliko večje od knjižnega bloka in zato je pri razgrnjeni knjigi videti 365 x 200 mm pergamentnega folija, z zavihki vred (zgoraj 23 mm, spodaj 16 mm, spredaj 16 mm, zadaj 13 mm) pa fragment meri 394 x 239 mm.

Za prevleko so uporabili en folij iz kodeksa, ki je bil višji kot 400 mm; na fragmentu je videti en stolpec besedila v celoti in del drugega. Ker je

268 Gl. tudi molitve Janeza Zlatousta; v izdaji Bernarda de Montfaucona, 1837, str. 1038, levi stolpec.

verso stran folija, je mogoče izmeriti levo, to je zunanjo (63 mm) in spodnjo margino (94 mm); zgornja margina je bila odrezana nekaj milimetrov nad prvo zgornjo vrstico. – Za naris zrcala so – spet značilno za rokopisno delavnico v Stični – uporabili rjav svinčnik.

V celoti ima stolpec 29 vrstic, ki so visoke 9,8 mm; to je v skladu z oblikovanjem strani v volumnu s petimi Mojzesovimi knjigami,[269] ki ga je prepisal Bernard v lepi poznoromanski karolini, kakršna je značilna za Bernardov duktus. Prepis se ujema z nesporno njegovimi deli kot so Ljubljana, NUK, Ms 7, 8/II in 18 ter Dunaj, ÖNB, Cod. 649, 756 in 757. Zanj je značilna mehka poteza, estetiziranje črk (npr. *s-longa* s kljukico in upognjenim steblom), nič manj pa detajli, kot so poudarjene okrasne kapitalke v začetku fraze; pridružuje se še lombardni *T(unc Paulus*, 27 mm) z obrobno nitjo, ki oblikuje polkrožne izbokline.[270]

Na fragmentu je odlomek 21. poglavja iz Apostolskih del; nekaj je poškodb zaradi polj rdečega pečatnega voska, vendar je besedilo dobro ohranjeno v levem stolpcu, ki se zgoraj prične z: ...*viri quatuor votum habentes super se* (Apostolska dela, 21, 23) in se na dnu stolpca izteče z: ... *enim Trophimum Ephesium in civitate cum ipso*...(21, 29). Stavek bi se nadaljeval v desnem stolpcu in besedilo se je končalo z besedami ... *hos dies tumulti con(citasti)*... (21, 38).

111. SI AS 1074, Zbirka urbarjev, 26u, Urbar graščine Medija, 1683–1747
Danijelova knjiga. Vzhodna Srednja Evropa, 1. polovica 14. stoletja

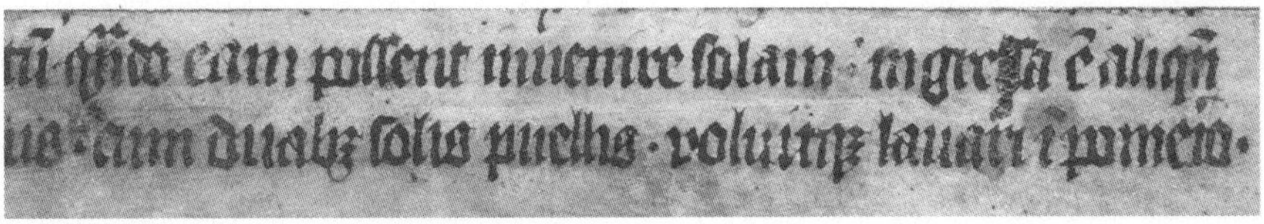

Knjižni blok urbarja (197 x 156 x 27 mm) je šivan na tri vezice; platnice so iz trdega kartona, knjižni blok ima rdeč obrizg na obrezi.

269 Dunaj, ÖNB 649, gl. Golob, *Srednjeveški kodeksi iz Stične*, tabela na str. 55.

270 Gl. Golob, *Srednjeveški kodeksi iz Stične*, za pisavo gl. npr. sl. 111–125 in 126–132, za inicialo pa sl. 3, 115, 118, 157 itd.

Zunanjščina je prekrita s tremi kosi pergamenta, pri čemer je čez hrbtno platnico, hrbtišče in del sprednje platnice nalepljena listina (z zavihi vred 357 x 232 mm), sredino sprednje platnice pokriva prazen kos pergamenta (58 x 232 mm) in tik ob robu sprednje platnice je še kos pergamenta z dvema vrsticama besedila. Na praznih mestih so vsakovrstni naključni pripisi, predvsem računi, v levem zgornjem vogalu je arhivska etiketa *26u*.

Dvovrstični odlomek rokopisa, ki je prilepljen tik ob zunanjem robu sprednje platnice, posreduje zgolj vtis o pisavi. Gre za oženo, koničeno in nekoliko kaligrafirano knjižno gotico; za 14. stoletje govori oblika črke *a* z dvema očesoma in tudi *g* ima zanko potegnjeno tako visoko in je sklenjena, da je črka dobila dve očesi; za nakazani čas govori dosledno povezovanje lokov, okrasno pojmovanje abreviatur z lasnimi potezami itd.[271] – Del besedila je zamazan, tako da je mogoče v dveh delno ohranjenih vrsticah prebrati naslednje: ... *possent invenire solam. Factum est autem, cum observarent diem aptum, ingressa est aliquando sicut heri et nudiustertius cum duabus solis puellis. Voluitque lavari in pomario...* (Danijel, 13, 14 in 15).

112. SI AS 1074, Zbirka urbarjev, 43u, Urbar gospostva Turjak, 1504
Psalmi. Srednjeevropsko delo, 1. polovica 14. stoletja

Knjižni blok (220 x 150 x 28 mm) urbarja je vezan v mehko preklopno vezavo iz temnorjavega usnja. Z dolgimi šivi je knjižni blok pritrjen na usnjeni ovoj le ob peti in glavi, kjer sta za okrepitev všita tudi dva pergamentna odrezka. Oba pripadata istemu svetopisemskemu kodeksu, odrezka pa sta široka 37 oz. 40 mm. Pod hrbtišče podloženih delov odrezkov ni mogoče

271 Primerjava z rokopisom, ki je nastal na Češkem po letu 1340 temelji na estetiki dekorativnega, viličastega razširjanja stebel v oblikovanju črke *a*, povezovanju lokov in oženju črk, kar ustvarja skupen paleografski prostor, ne pa sugeriranje, da gre za istega kopista. Fingernagel, Roland, *Mitteleuropäische Schulen I*, kat. 147, sl. 450–451: Dunaj, ÖNB, Cod. 1471, češko delo, po 1340.

videti, tako da so prosti in očesu dosegljivi samo delci, dolgi največ 22 mm. I. odrezek meri 40 x [19 (+ 35 všiti del) + 12] mm, II. odrezek pa 37 x [22 (+ 35 všiti del) + 6 mm]. Pisava je zelo drobna, vrstice so visoke nekaj manj kot 4 mm.

Iz skupin besed ... *Inimici defecerunt* ..., ...*et civitates oerum* ... ter ... *erit memoria eorum*... je mogoče ugotoviti, da gre za dele 9. psalma (verza 7 in 8).

Po pisavi sodeč bi utegnilo biti avstrijsko delo, ki je v 1. polovici 14. stoletja nastalo pod francoskim vplivom, okrasnih prvin ni videti.

113. SI AS 1074, Zbirka urbarjev, 51u, Register kletne desetine in gornine samostana Žiče, 1640–1655
Jeremija. Srednjeevropsko delo, 1. polovica 14. stoletja

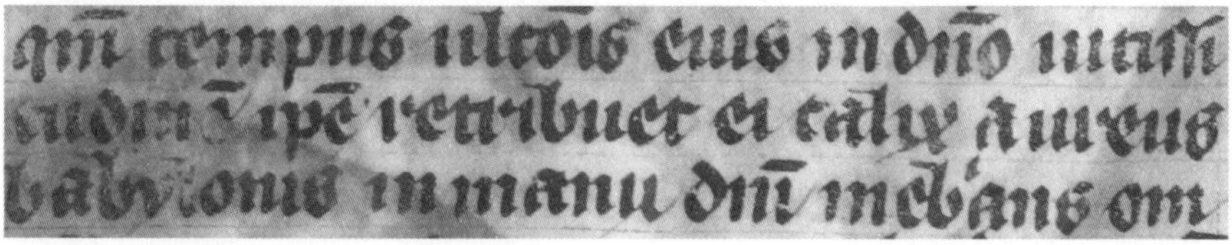

Na zunanjščini sprednje platnice je s sočasno pisavo zabeležena vsebina *Keller Register Anno 1643*, dodan je poznejši pripis *Nro. 506*, in na vrhu platnice je arhivska etiketa *51 u*.[272]

Čez zvezek (203 x 157 mm) je prišit enoslojni pergamentni ovitek, ki je nekoliko večji od papirnih listov in meri 205 x 157 mm. To je obrezan bifolij iz svetopisemskega volumna; razgrnjen meri 205 x 315 mm, nekdanji veznik je tudi sedaj položen na hrbtišče. Kodeks z bibličnimi besedili je imel dva stolpca; prvotno širino je ohranil notranji stolpec (78 mm), nepoškodovan je tudi medstolpični prostor (10 mm), zunanji stolpec pa je obrezan in je širok le 34 mm, prav tako manjka zunanji prosti rob. Ker je pergamentni folij nekoliko neenakomerno obrezan in ker postavitev zrcala na enem in drugem foliju ni bila povsem poravnana, je na sprednjem videti 33 vrstic besedila, na hrbtnem pa 37, vrstice so visoke približno 4,5 mm. Zrcalo je bilo narisano z rjavim barvnikom.

272 Na notranji strani je zapisan račun *34/9/67. St. 30.000*, spodaj *N. 300.*

Na sredini zgornje margine (35 mm) je glede na verso ali recto stran folija zapisano v menjavi rdečih in modrih črk *IE* oz. *RE*. Gre za okrasne lombarde, visoke 5 mm, v enakem slogu je lombarda *H(ec dicit)*. Na notranji strani sprednje platnice je videti nekaj pomanjkljivosti, paragrafi in rimske številke za posamezna poglavja niso izpisani.

Ker je zunanja stran bifolija površinsko zelo poškodovana, je besedilo mogoče prebrati na notranjosti. Na notranjem stolpcu sprednjega lista beremo od ... *eam hostes et deriserunt sabbata eius* ... do ... *omnes qui glorificabant eam* ... (Žalostinke, 1, 7 in 1, 8). Na notranji strani hrbtnega lista pa ... *quem ponavi eius. Et quis sustinebat me. Et quis est iste pastor* ...[273] (Jeremija 49, 19) do: ... *forte sanetur. Curavimus Babylonem, et non est sanata*... (Jeremija, 51, 8–9).

Pergament je mehek in tenek, površinsko je gladek in na zunanjščini je besedilo skorajda izginilo. Ker gre za standardno delo, je zelo malo pozornosti namenjene likovnim prvinam. Ni paragrafov, niti niso posebej poudarjene stavčne začetnice. Omenjena lombarda *H* ima skromen, čeprav kvalitetno narisan nitast okras. – Pisava je zaznamovana z vertikalizmom in zaradi majhnih dimenzij se skrijejo nekatere prvine, ki kažejo na občutek za dekorativnost, npr. koničasti vrhovi *a* in *e*, ki so vboklo posneti, energično oblikovanje kratkega *s*, razpiranje stebel v viličaste vrhove še ni dosledno, črke *h* in *x* so – tako kot abreviature – sunkovito potegnjene itd. Take značilnosti je najti na širšem prostoru od čeških delavnic prek avstrijskih in južnonemških v 1. polovici 14. stoletja,[274] vendar pa oblikovanje besedila, malih lombard in naslovov v zgornji margini ne more skriti spomina na estetiko pariških biblij, ki so preplavile Evropo eno stoletje poprej.

---

273 Sedaj: ... *Et quis erit electus, quem praeponam ei? quis enim similis mei? et quis sustinebit me? et quis est iste pastor, qui resistat vultui meo?*

274 Prim. Fingernagel, Roland, *Mitteleuropäische Schulen I*, kat. 154, sl. 461: Dunaj, ÖNB, Cod. 1026, rokopis iz širšega avstrijsko-južnonemškega prostora.

114. SI AS 1074, Zbirka urbarjev, I/36u, Priročni urbar gospostva Pilštanj, 1659–1670
Liturgični rokopis. Stična (?), po 1175

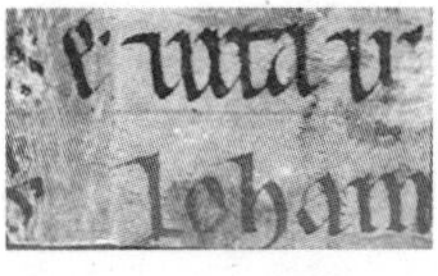

Knjižni blok pilštanjskega urbarja (315 x 203 x 80 mm) šteje 795 oštevilčenih strani ter 10 neoštevilčenih in praznih. Vsebinske sklope zaznamujejo signacula oz. označki, ki so nalepljeni vzdolž zunanje obreze. Ohranilo se jih je 63, eden (str. 688) je s papirno osnovo vred odtrgan.

To so pergamentni trakovi, široki 15–18 mm, preganjeni na dolžino 30–35 mm in nalepljeni na zgornjo in spodnjo stran papirnega lista. Nekateri so izrezani iz nepopisanega dela pergamentnega folija, največkrat pa je videti delce črk oz. besed v eni ali dveh praviloma obrezanih vrsticah. Gre za poznoromansko karolino, ki je nekoliko ožena, črke so vseskozi lepo oblikovane, je pa mogoče ugotoviti dve roki, ki se nekoliko razlikujeta, vendar se zaradi enake kakovosti pergamentne osnove in odtenka tinte ne zdi mogoče, da bi uporabili folija iz različnih romanskih rokopisov. Vrstična višina besedil je približno 8 mm, tako rekoč standardna za rokopise liturgične rabe.

Na nekaterih pergamentnih trakovih je mogoče prebrati kakšno besedo, ki pa je po navadi brez predhodne in naslednje besede. Ker so hkrati skoraj povsod besede prestrižene, ni mogoče prepoznati besedila. Na strani 343 je označek, kjer na čelni in hrbtni strani preberemo]*dicit Dominus Deus. Clama ne*[(*cesses* ...). To so zadnje besede iz Izaije, 57, 21, in prve besede iz naslednjega poglavja Izaijeve knjige, 58:1. Na strani 455 pa je prilepljen označek z besedami:]*Erat dies festus Iudaeorum*[, ki je sicer zapisan v Evangeliju po Janezu, 5, 1. Na strani 474 je prilepljen odrezek z rubriko *Secundum Johannem*.

115. SI AS 1074, Zbirka urbarjev, I/54u, Knjiga ribnikov gospostva Vurberk, 1737–1743
Misal. Avstrija ali Kranjska, zgodnje 15. stoletje

Na sprednji platnici je nalepljena etiketa (165 x 173 mm), ki navaja glavne podatke o vsebini in času, ki ga zaobjema urbar. V zgornjem levem vogalu je arhivska nalepka z oznako *I/54u* in v knjigi je tudi pečat z oznako *Državni arhiv Ljubljana*.

Knjižni blok (300 x 192 x 16 mm) šteje 72 oštevilčenih folijev in 13 praznih; obreza ima rdeče-moder obrizg, platnice se zavezujejo z usnjenimi trakovi. Tenke kartonaste platnice (305 x 190 mm) so prevlečene z bifolijem misala. Vezava je preprosta, ravno hrbtišče ni okrepljeno, štiri usnjene vezice izstopijo na stiku med platnico in hrbtiščem. Bifolij je položen čez platnice tako, da je veznik umeščen na pregib med sprednjo platnico in hrbtišče.

Bifolij je skorajda nepoškodovan in skupaj z zavihki dobimo dimenzije prvotnega kodeksa, ki so bile 325 x 228 mm. Pisno polje meri 252 x 160 mm, margine so široke: gornja 43 mm, notranja 25 mm, spodnja 61 mm in zunanja 63 mm. Na razgrnjeni knjigi je videti površino uporabljenega bifolija (305 x 400 mm), v celoti pa meri fragment 325 x 430 mm.

Besedilo je urejeno v dveh stolpcih s 30 vrsticami, visokimi 7,5 mm. Zrcalo je natančno in dosledno narisano in meri: v = 0 – 43 – 295 – 325 mm, š = 0 – 25 – 100 – 110 – 175 – 228 mm. Za zapis so uporabili dobro temnorjavo tinto, rdeča pa se ni povsod prijela na pergament in modra ni posebno krepka. Poleg rdečih črtic v stavčnih začetnicah in rubrik je tudi iniciala *F* (16 x 14 mm) škatlasto oblikovana, kar je značilno za podrejene lombarde v rokopisih 15. stoletja. Pergament je dobre kakovosti, je nekoliko rumenkast in površinsko zelo gladek, učinkuje povoščeno. Površina je sicer delno umazana, a na pergamentu ni hujših poškodb, le besedilo je mestoma nečitljivo.

Bifolij je zasukan za 180° glede na urbar in tako je na foliju, ki prekriva sprednjo platnico, v zgornji vrstici rubrika *Ad philipei* in v levem stolpcu lahko beremo od *Hoc enim sentite in vobis*..., kar je citat iz Pisma Filipljanom (2, 5); v desnem stolpcu se zgoraj prične citat: ... *pacem peccatorum videns* ... iz psalma 72, 3. – Na hrbtni platnici je v levem stolpcu zgoraj tudi del psalma: ... *defecerunt sicut* ... *dies mei et ossa mea sicut* ... (psalm 101, 4), v desnem stolpcu spodaj pa se izteče besedilo s stavkom *Dico enim vobis, quia ex hoc non manducabo illud, donec impleatur regno Dei* (Luka, 22, 16).

Ta fragment se v temeljnih potezah ujema s fragmentom, uporabljenim na knjigi *Poročilo o obhodu kočevskega gospostva*, kat. 78, in tega je mogoče časovno in regionalno natančneje opredeliti zaradi več inicial s specifičnim nitastim okrasom. Zunanje mere fragmenta na *Knjigi ribnikov gospostva Vurberk* so drugačne (folij je bil obrezan zaradi prilagoditve knjigi), zato pa je zrcalo oz. ureditev pisnega polja malone identična, enako vrstična višina in število vrstic, vsekakor pa tudi pisava.

116. SI AS 1074, Zbirka urbarjev, I/55u, Priročni urbar graščine Zalog pri Moravčah, 1688–1699
Antifonar. Avstrijsko-južnonemški prostor, 2. polovica 15. stoletja

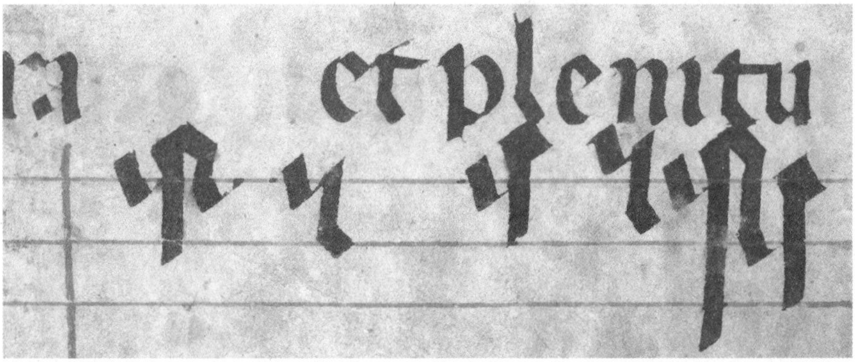

Na sprednji platnici je na zgornjem robu napis *Formular*, ob tem je poznejši napis *Urbar Zalog-Wartenberg. 1695 ss*. Na usnju, ki prekriva hrbtišče, je s črnilom v štirih vrsticah ponovljen napis [*Urbar Zalog (Wartenberg) 1695.*] Najmlajša evidenca je arhivska nalepka *I/55u*.

Knjižni blok (306 x 205 x 30 mm) je vezan v kartonasti platnici, hrbtišče s 3 vezicami je pokrito s temnorjavim usnjem. Vsaka platnica je nato prekrita s približno polovico glasbenega folija, ki so ga delno obrezali; po vsem sodeč je antifonar prvotno meril vsaj 421 x 344 mm. Prvotno spodnja polovica je nalepljena na sprednjo platnico in z zavihki vred meri 204 x 344 mm, na hrbtni platnici pa je nekdanji zgornji del folija in meri 217 x 344 mm.

Na vsaki strani je videti po tri glasbene enote z višino 50 mm, knjigovez pa je razrezal modro lombardo *D(ominus)* uncialnega tipa, ki se nadaljuje z besedilom 17. psalma (*Dominus meum et refugium meum* ...).

Antifonar je napisan na kakovostnem pergamentu in je brez poškodb. Za besedilo, note in kadelo *L(audans)*, 47 mm, je uporabljeno dobro črnilo, notne črte in poteze v stavčnih začetnicah so rdeče, že omenjena lombarda *D* je modra (37 mm).

117. SI AS 1074, Zbirka urbarjev, I/61u, Urbar gospoščinskih terjatev od kupljenih podložnikov na Lurnskem polju, 1632–1635
2. knjiga Makabejcev. Salzburško delo, okoli 1400

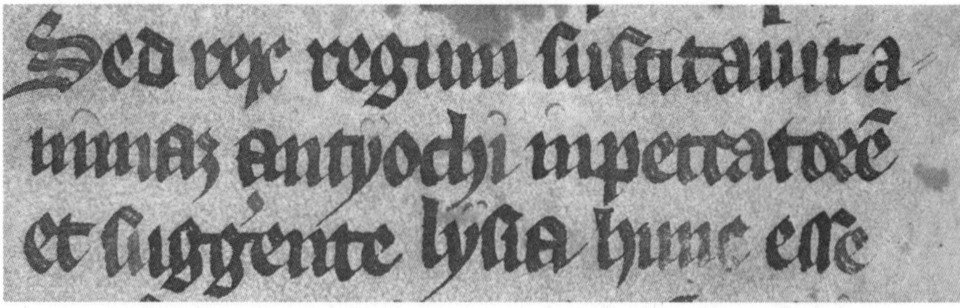
Sed rex regum suscitavit a
nimos antiochi in peccatorem
et suggerente lysia hunc esse

Knjižni blok (307 x 191 mm) šteje le nekaj papirnih listov, vendar so vse 4 vezice potrgane in del papirnih listov izpada. Na zgornjem robu sprednje platnice (nekdanja zunanja margina) je napisan naslov (*Urbarium* ...), v sredini, nekdanjem medstolpičnem prostoru je še letnica (*Angefangen 1632*); na spodnjem robu je poznejša evidenčna številka *No. 914*, najpozneje je bila dodana arhivska nalepka *U 61*. Na zunanjosti platnice je videti nekdanjo verso stran.
Platnice iz trdega in tenkega kartona so prevlečene s fragmentom folija in merijo 312 x 193 mm, tako da se na razprtih platnicah vidi 402 x 312 mm

nekdanjega pergamentnega lista. Skupaj z zavihki je izmera nekoliko večja, 348 x 450 mm, vendar so ohranjene le zgornja (60 mm), zunanja (80 mm) in notranja margina (50 mm), na spodnjem robu pa je folij odrezan kmalu po zadnji vrstici besedila.

Zapis svetopisemskega besedila v dveh stolpcih zavzema pisno polje 375 x 205 mm; vsak stolpec je širok 90 mm, v vsakem je 39 vrstic, visokih 9,8 mm.

Knjižna gotica je zapisana v kvalitetni črni tinti, na začetku 13. poglavja 2. knjige Makabejcev je rdeča lombarda *A(nno centesimo quadragesimo nono, cognovit Judas ...)*. Pisava je skrbna, kaže na 1. polovico 15. stoletja, ki bi bila v južnonemškem-avstrijskem prostoru izbrana za boljše liturgične rokopise. Za tekstualis tega časa je značilna ravna linija sredinskega dela stebel večine črk *h, t, s* (*s-longa*), vendar se pri črki *l* dostikrat upogne; *g* se zgoraj izteče z »nosom«, ki se povezuje z naslednjo črko, hkrati pa ima odprto zanko, *a* je izrazito škatlaste oblike, dosti je lasno tenkih povezav in odstavnih potez (npr. na vrhu uncialnega *d*), na vrhu črke *i* še ni pike.[275]

Besedilo se v levem stolpcu zgoraj prične s: *(con)servare se sine peccato, sub oculis videntes* ... (2. knjiga Makabejcev, 12, 42) in izteče z: *Erat autem in eodem loco turris quinquaginta cubitorum, aggestum undique habens cineris. Haec pro* ... (2. knjiga Makabejcev, 13, 5). V desnem stolpcu zgoraj je nadaljevanje: ... *(pro)spectum habebat in praeceps. Vide* ... Konča se z ... *pro legibus, templo, civitate, patria, et civibus starent, circa Modin exercitum consti(tuit*; 1. knjiga Makabejcev, 13, 14).

Pergament je odlične kakovosti in oblikovanje strani brezhibno; kodeks, iz katerega so vzeli folij, je bil nedvomno odlično delo. Platnice so dobro ohranjene.

275 Prim. Fingernagel, Roland, *Mitteleuropäische Schulen II*, kat. 84, sl. 347: Dunaj, ÖNB, Cod. 2785, rokopis iz širšega salzburškega prostora okoli 1400.

118. SI AS 1080, Zbirka Muzejskega društva za Kranjsko, Muzejskega društva za Slovenijo in Historičnega društva za Kranjsko, šk. 1, fasc. 1, Rokopisni fragmenti (a)
Misal. Stična, ok. 1175

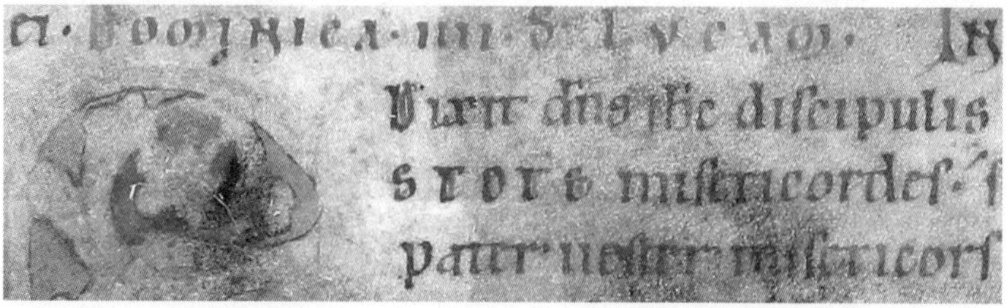

Ohranila sta se dva bifolija mašne knjige, ki je bila izdelana za rabo v cistercijanskem samostanu Stična;[276] kodeks je prvotno je meril vsaj 265 x 195 mm. ARS hrani dva bifolija,[277] na obeh pa je ob sicer kakovosten prepisu mogoče ugotoviti, da slikarski iniciali nista bili dokončani (gl. kat. 119).

Kopist je bil nedvomno iz Stične, po vsej verjetnosti Gregorjev mojster (prim. NUK, Ms 8/I in Ms 8/IV); pisava je poznoromanska minuskula z značilno mehkim oblikovanjem črk, z nekoliko posnetimi vrhovi stebel (*b, d, l*), z minimi (*n, m*), ki so ravni in se šele na koncu besede uvihnejo v povezovalno črto, s precej veliko zanko pri črki *a* in na *g* itd.[278] Nad nekaterimi besedami so nevme. Na vsakem fragmentu so rdeče lombarde s skromnim okrasom ter slikarske iniciale v slogu Izidorjevega mojstra.

Obrezani pergamentni bifolij je sedaj restavratorsko očiščen in zglajen; na zunanji strani je površinsko obdrsan in temen, na notranji strani je pergament svetel, besedilo in pripadajoče rubrike se dobro vidi. Služil je kot prevleka čez knjigo (232 x155 x ok. 60 mm) z ravnim hrbtiščem, zato so na fragmentu ostali sledovi oz. odtisi tanjših vezic. Nosilec, okoli katerega je bil ovit fragment, ni znan. V fragmentu so vreznine, skozi katere so bili napeljani trakovi za zavezovanje. Fragment je ohranil zavihe na treh straneh, na četrti (nad besedilom) je bil na liniji zaviha odrezan in tako manjka mogoče 20 mm. Črta, ki je sled roba platnic, je ozka (2 mm), kar kaže, da so bile platnice kartonaste.

---

276 Golob, *Srednjeveški kodeksi iz Stične*, str. 199–200, sl. 266.
277 Še nekaj fragmentov hrani Zgodovinski arhiv Ljubljana.
278 Prim. Golob, *Srednjeveški kodeksi iz Stične*, sl. 156, 157, 159–161.

Razgrnjen bifolij meri 267 x 387 mm; pisno polje z 24 vrsticami meri 182 x 133 mm, vrstična višina je tako rekoč standardna za stiške liturgične rokopise in meri 7,8 mm. Besedilo je urejeno v enostolpično zrcalo: v = 0 – 23 – 203 – 232 – 245 mm; š = 0 – 18 – 150 – 190/192 mm. Besedilo je napisano z zelo temnorjavo tinto, stavčne začetnice so poudarjene z rdečo potezo, z rdečo tinto so napisane tudi liturgične oznake. Na zunanji strani bifolija je rdeča neokrašena iniciala *I*(*n illo tempore*) lombardnega tipa, v = 26 mm; na notranji strani je iniciala *A*(*biit Iesus sabbato* ... Matej 12, 1; v = 26 mm).

Na zunanji strani je nedokončana slikarska iniciala *A(ccedentes),* na vmesna polja sta ne posebno natančno naneseni modra in zelena barva; manjka rumena barva, predvsem pa bi vitice morale biti obrobljene in s tem dokočane. Enako delovno fazo kaže slikarska iniciala *E(stote misericordes sicut et Pater vester* ...; Luka 6, 36) na notranji strani.

Od prvotnega zrcala je videti po dve navpičnici ob pisnem polju za verzalni stolpec.

119. SI AS 1080, Zbirka Muzejskega društva za Kranjsko, Muzejskega društva za Slovenijo in Historičnega društva za Kranjsko, šk. 1, fasc. 1, Rokopisni fragmenti (b)
Misal. Stična, ok. 1175

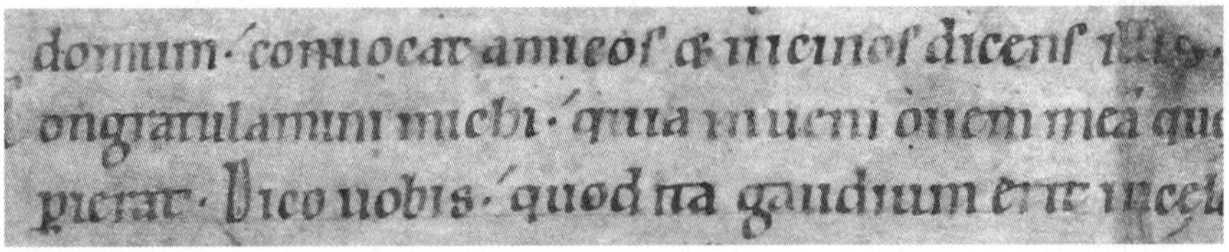

Misal, izdelan za rabo v cistercijanskem samostanu Stična,[279] je prvotno je meril vsaj 265 x 195 mm. ARS hrani dva bifolija (gl. kat. 118), oba sta imela prepisano besedilo in rdeče lombarde, na nobenem bifoliju pa slikarski iniciali nista bili dokončani.

Kopist je bil verjetno Gregorjev mojster iz Stične; pisava je poznoromanska minuskula z značilno mehkim oblikovanjem črk, ki ga najbolje

279 Golob, *Srednjeveški kodeksi iz Stične*, str. 199–200.

prepoznamo v prvem in četrtem volumnu z besedilom *Moralij o Jobu* Gregorja Velikega (prim. NUK, Ms 8/I in Ms 8/IV).[280] Nad nekaterimi besedami so nevme. Rdeče lombarde imajo skromen okras, tudi tukaj je nedokončana slikarska iniciala v slogu Izidorjevega mojstra (*Benedete*).

Obrezani pergamentni fragment je bil uporabljen kot ovitek neznane knjige. Sedaj je restavratorsko očiščen in zglajen; na zunanji strani je površinsko poškodovan, odtrgana mesta so restavratorsko dopolnjena, posebej izrazite poškodbe so bile ob knjigoveških vrezih na izvirnem vezniku. Na zunanji strani je bifolij precej potemnel, na notranji strani je svetel in besedilo je razvidno.

Razgrnjen bifolij meri 245 x 387 mm; pisno polje 182 x 133 mm, 24 vrstic z vrstično višino 7,8 mm; enostolpično zrcalo je enakih dimenzij kot pri zgoraj navedenem bifoliju.

Prevleka čez knjigo (175 x150 x ok. 60 mm) z ravnim hrbtiščem, ki se je zavezovala s trakom, zato sta na vsaki strani zarezi. Nosilec, okoli katerega je bil ovit fragment, ni znan. Fragment je bil sorazmerno globoko zavihan čez rob platnice, rob je ozek, torej so bile platnice najbrž kartonaste.

Za prepis je bila uporabljena zelo temnorjava tinta, stavčne začetnice so poudarjene z rdečo potezo, rdeča tinta je tudi za liturgične oznake. Modra in zelena barva v inicialah se ujemata z barvno lestvico drugih stiških inicial, posebej Izidorjevega mojstra. Na zunanji strani je rdeča neokrašena lombarda *U*, v = 22 mm; na notranji strani sta dve rdeči neokrašeni iniciali, *E(sto consentiens adversario*, Matej 5, 25), v = 25 mm in *M(agister vidimus quemdam*, Marko 9, 38), v = 28 mm. Samo iniciala *M* je s svojo obliko ožje opredeljiva kot tip lombarde, ki jo najdemo v opusu rubrikatorja v rokopisu NUK, Ms 16,[281] preostale so brez slogovnih posebnosti.

Na zunanji strani je nedokončana slikarska iniciala *B(enedete),* risba vitic z rdečo potezo se komajda vidi, modra in zelena barva na vmesnih poljih ni natančno nanesena, zato se listni zaključki na viticah ne vidijo dobro.

Na notranji strani je ob pisnem polju videti navpičnici, ki zamejujeta verzalni stolpec.

---

280 Prim. Golob, *Srednjeveški kodeksi iz Stične*, sl. 156, 157, 159–161.

281 Golob, *Srednjeveški kodeksi iz Stične*, str. 86, risba, ki predstavlja nekaj variantnih oblik kaligrafske iniciale M, v tem primeru Ljubljana, NUK, Ms 16, fol. 117r.

120. SI AS 1080, Zbirka Muzejskega društva za Kranjsko, Muzejskega društva za Slovenijo in Historičnega društva za Kranjsko, šk. 1, fasc. 1, Rokopisni fragmenti (c)
Epitom iz »Liber glossarium«. Stična (?), zadnja četrtina 12. stoletja

D raco marinuſ. aculeoſ in
brachiſ habenſ. J draconiſ.
D raconiteſ. gemma excerebro

Deset obrezanih folijev iz enega slovarskega kodeksa so uporabili za ovitke računskih knjig, ki so bile hranjene v arhivu mestne hiše vLjubljani. Jože Šorn[282] je leta 1892 objavil popis fragmentov in opisal nekaj okoliščin; navedel je, da je na petih računskih knjigah iz 17. in 18. stoletja (ena iz leta 1673, dve iz leta 1710 in dve iz leta 1711) najti kot ovitke čez platnice pergamentne folije. Mestni svetnik Vončina[283] mu je knjige posodil za daljše obdobje in dovolil, da jih je snel, omenja tudi poškodbe in mestoma slabo čitljivost. Šorn navaja, da pergamentni foliji merijo 20 x 17 cm.[284]

Sledovi pregibov in zareze za trakove kažejo, da je vsak kos predstavljal približno eno četrtino nekdanjega ovitka čez trde in tenke platnice knjig, ki so bile približno enakih velikosti. Za ovitke so uporabili razgrnjene bifolije, ki so jih razrezali po veznikih, pa tudi sicer imajo foliji obrezane margine.

Pergament je (sedaj) precej trd, zapis je zlasti v zgornjih in spodnjih vrsticah v dobršni meri poškodovan zaradi pregibov čez karton, večja izpostavljenost obrabi in prahu pa je povzročila, da so nekatere vrstice besedila nečitljive. Besedilo je urejeno v dva stolpca, tako da je prva črka gesla zapisana v verzalnem stolpcu, notranji stolpci so ožji od zunanjih, široki so približno 50/55 mm, zunanji pa 60–63 mm, med njima je približno 15 mm razmika. Ugotoviti je mogoče, da je bila notranja margina široka 11–15 mm, zunanja približno 35 mm, spodnja pa 42–46 mm; nikjer ni ohranjena zgornja margina. Ker so foliji široki okoli 165 mm, bi slovar

282 Jože Šorn (1855–1912), klasični filolog.
283 Ivan Vončina (1849–1924).
284 Šorn, Glossarien fragmente, str. 100–117; Dolinar, Kološa, Trpin, *Rokopisi*, str. 17; Golob, *Srednjeveški kodeksi iz Stične*, str. 202–203.

lahko bil napisan na folijih, visokih približno 240–270 mm; kodeks bi potemtakem meril 240/270 x 165 mm. Zrcalo je slepo, večkrat potegnjeno z močnim pritiskom. Ohranilo se je 22–24 vrstic na stran, vrstična višina je 6,2 mm.

Slovarsko delo je napisano v poznoromanski minuskuli, ki je nekoliko ožena in se slogovno ujema z oblikovanjem črk, kakršne poznamo kot delo Bernarda, Gregorjevega mojstra in kopista Izidorjevih *Etimologij*. Kar je ostalo od *Liber glossarium*, je delo vsaj treh kopistov, ki pripadajo isti paleografski šoli in istemu času, vendar je širina črk in nagnjenost različna. Različni so tudi odtenki temnorjave do črne tinte, rdeča tinta je za ločilne oznake (kartuše, paragrafe), kadar se razlaga nadaljuje v spodnji vrsti, in za črko, ki označuje začetek novega sklopa ali zamika, dokončanje razlage na koncu vrstice spodnjega gesla ipd.

Na zgornjih vogalih je najti oznake z modrim barvnikom (19. stoletje) in novejše s svinčnikom, ki zaznamujejo fragmente od *a* do *k*, in tako ustrezajo vsebinskemu zaporedju.

Vsi fragmenti so bili očiščeni in poravnani v Centru za restavriranje in konzerviranje ARS.

V nadaljevanju so navedena gesla, zapisana na začetku vrstice (recto / r oz. verso / v strani), ne pa njim sledeče razlage in sinonimi. Črka ob zaporedni številki fragmenta se nanaša na rokopisno označeno zaporedje, ki je na vsakem foliju.[285]

I.(a)

Pergamentni fragment, restavratorsko očiščen in zglajen, 183 x 164 mm. r: *Cadula. frutta* ... *Calcofanus. gemma*. v: *Callitrices* ... *Camilla*.

II.(b)

194 x 165 mm. r: *Coetaneus. coevus* ... *Coma*. v: *Comediarius* ... *Concretum. coagulatum*.

III.(c)

189 x 166 mm. r: *Contubernales* ... *Cordapsus*. v: *Cordi* ... *Coticula. ubi* ...

285 Prim. Goetz, 1894, ki je upošteval najpomembnejše srednjeveške glosarje.

IV.(d)
168 x 161 mm. r: *Crassari corporis ... Crocitus.* v: *Crisoprassus ... Damium. sacrificium.*

V.(e)
157 x 140 mm. r: *Danubius ... Deditii.* v: *Deductum ... Delectat.*

VI.(f)
164 x 144 mm. r: *Delenificus ... Depreciatus.* v: *Depudescens ... Dialiton. Asindeton.*

VII.(g)
164 x 146 mm. r: *Dialeris. disputatio ... Digamus.* v: *Digitus ... Diremptum.*

VIII.(h)
186 x 165 mm. r: *Duellum ... Ebulus. herba.* v: *Ectasis ... Eger animo. egrotus. corpore.*

IX.(i)
162 x 136 mm. r: *Egida. scutum ... Elisam.* v: *Elisium ... Emicadium.*

X.(k)
158 x 144 mm. r: *Federa pactiones ... Fertum. oblatio.* v: *Ferrugineus ... Fiduciarius.*

121. SI AS 1080, Zbirka Muzejskega društva za Kranjsko, Muzejskega društva za Slovenijo in Historičnega društva za Kranjsko, šk. 1, fasc. 1, Rokopisni fragmenti (d)

Epitom iz »Abavus maior«. Stična (?), zadnja četrtina 12. stoletja

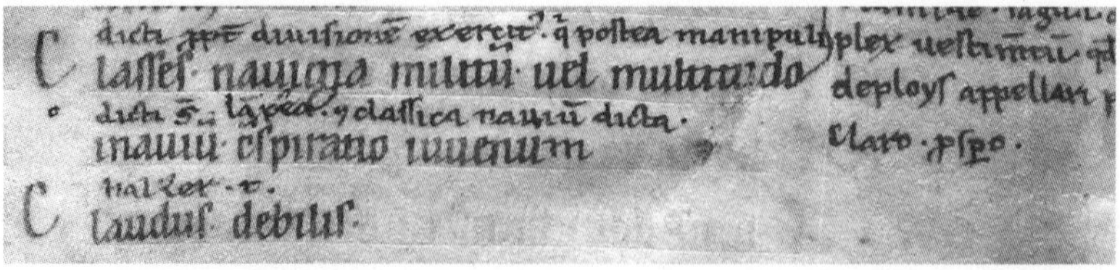

Deset obrezanih folijev je preostanek enega slovarskega kodeksa. Kot piše Šorn, je v arhivu mestne hiše v Ljubljani več računskih knjig ovitih v pergamentne folije, na petih računskih knjigah iz 17. in 18. stoletja (ena iz leta 1673, dve iz leta 1710 in dve iz leta 1711) pa so za ovitke uporabili folije iz glosarjev. Mestni svetnik Vončina je Šornu knjige posodil za daljše obdobje in dovolil, da je snel pergamentne ovitke s knjig. V članku navaja, da pergamentni foliji merijo 20 x 17 cm. – Šorn je navedel številne izraze in glose, a opozarja, da samo tiste, ki jih ne vsebuje *Corpus Glossariorum Latinorum* Georga Goetza[286] ali pa so tudi drugače zanimive.[287]

Zaradi sledov pregibov, ki so ostali na mestih prvotnih hrbtov, poševno odrezanih vogalov pri zavihih in zarez za vezalne trakove, je mogoče reči, da je vsak kos predstavljal približno eno četrtino nekdanjega ovitka čez platnice knjig. Glede na temnejše robove pri zavihih je videti, da so bile platnice tenke, najbrž iz lepenke. Sedaj so ovitki razrezani po veznikih in zaradi zavihov imajo prirezane vogale.

Pergament je precej trd, zapis je marsikdaj površinsko poškodovan do nečitljivosti. Besedilo je prepisalo več rok; zrcalo niha, urejeno je v dva stolpca, s tem da prva črka stoji v verzalnem stolpcu, pisno polje se zaradi obstranskih glos spreminja. Zrcalo je slepo, večkrat potegnjeno z močnim pritiskom. Na vsako stran so napisali gesla v 27–32 vrsticah, vrstična višina za gesla je 6,5 mm, pri medvrstičnih in obstranskih glosah je približno 2,3 mm. Medtem ko je večina medvrstičnih glos namenjena

286 V tem času je Šorn imel na razpolago šele 3 zvezke od 7, ki so izšli do leta 1901.

287 Šorn, Glossarien fragmente, str. 100–117; Dolinar, Kološa, Trpin, *Rokopisi*, str. 17; Golob, *Srednjeveški kodeksi iz Stične*, str. 202–203.

vpisovanju sinonimov in pojasnjevanju, so obstranske glose dopolnila, zapisane so nove besede, ki jih v slovarskih stolpcih ni najti.[288] Glose so sočasne ali le malo poznejše; največkrat so latinske besede pojasnjene in dopolnjene z drugimi latinskimi, nekaj je besed v grščini in hebrejšičini, nemščina pa je predvsem namenjena neposrednemu prevodu latinskih besed.[289] Glose je treba šteti kot dokazilo, da so ta slovar uporabljali v študijske namene.

Slovarska gesla so zapisana v oženi poznoromanski minuskuli različnih rok, eden od prepisovalcev sicer ni znan iz drugih stiških prepisov (značilna je izrazito ožena pisava in nenavadna zanka pod črko *g*). Glavno besedilo je zapisano v različnih odtenkih rjave tinte; z modrim svinčnikom so pozneje podčrtali nekatere besede in napisali so oznake z rimskimi številkami, ki so jih pozneje, ob obrezovanju folijev, poškodovali. Foliji so s svinčnikom oštevilčeni od 1 do 10, kar ustreza vsebinskemu zaporedju.

Vsebino je Šorn identificiral in, kakor pravi, se obstranske glose ujemajo z zapisi v rokopisu Pariz, Bibliotèque Nationale, lat. 7640, nemške interpolacije pa v rokopisu London, British Library, Ms. Addit. 18379, nekatere glose so povzete po Euheriju Lyonskem.

Vsi fragmenti so bili očiščeni in poravnani v Centru za restavriranje in konzerviranje ARS.

V nadaljevanju so navedena gesla, zapisana na začetku vrstice, ne pa njim sledeče razlage.

I.(1)

Pergamentni fragment, restavratorsko očiščen in zglajen, 205 x 147 mm. r: *Captio ... Carpit.* v: *Carptim. sparsim ... Cataste. genus.*

II.(2)

235 x 168 mm. r: *Cathedra. doctrina ... Cautus. Acauende.* v: *Cautio ... chilliasta.*

---

288 Kakor je videti, gre malone brez izjeme za latinsko-latinsko besedilo in glose nimajo kontekstualnega značaja. Gl. Striker, *Definitorische Vorklärungen*, 1, str. 26.

289 Nad *Civilem quercum qua civium custodes* piše *civicus, geburlicher*; nad *Clementia* piše *gnada*, nad *Figura* je *bilidi* itd.

III.(3)

232 x 146 mm. r: *Chithinus ... Cinthia. feba luna.* v: *Cingulum ... Citerius ...*

IV.(4)

203 x 180 mm. r: *Cythara ... Cladere.* v: *Clauso ... Choreb mons ...*

V.(5)

229 x 180 mm. r: *Farthura ... Fabre.* v: *Fabre factum ... Falcarius.*

VI.(6)

197 x 171 mm. r: *Ferruginem ... Fienno.* v: *Finoni ... Fine.*

VII.(7)

190 x 146 mm. r: *Fingens ... Flagitium.* v: *Flagrantia ... Flueniat...*

VIII.(8)

230 x 147 mm. r: *Frumentum ... Fulgidum.* v: *Fulgora ... Funus.*

IX.(9)

187 x 182 mm. r: *Propudium ... Prostituta. meretrix.* v: *Pretendit ... Prunellum...*

X.(10)

188 x 147 mm. r: *Ragana ... Rabba.* v: *Rachana... Rari nantes.*

122. SI AS 1080, Zbirka Muzejskega društva za Kranjsko, Muzejskega društva za Slovenijo in Historičnega društva za Kranjsko, šk. 1, fasc. 1, Rokopisni fragmenti (e)
Gradual za cistercijanski red. Alzacija (?), 2. polovica 12. stoletja

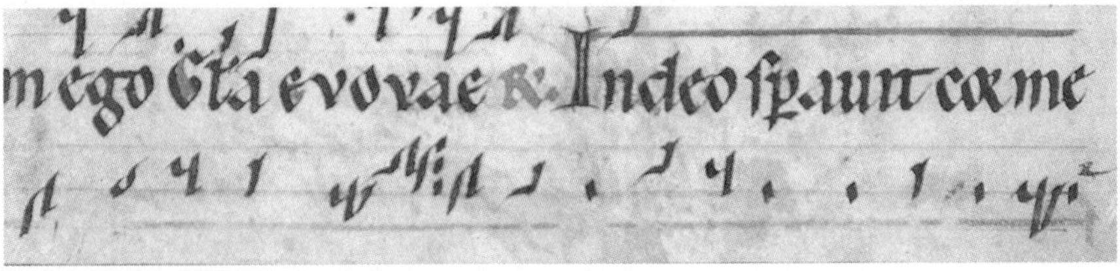

Cistercijanski gradual[290] se je ohranil kot delni rokopis; verjetno izvira iz samostana Stična. Prišel je v zbirko Deželnega muzeja za Kranjsko Rudolfinum: na vsakem foliju je odtisnjen pečat z napisom *Krainisches Landesmuseum RUDOLFINUM. Laibach.* Poznejši je pečat *Drž. arhiv Ljubljana.*

Ohranilo se je 59 folijev, kar je približno ena tretjina nekdanjega obsega. Njihovo izvirno zaporedje je ugotovljivo na temelju romanske foliacije v rimskih številkah na zgornjem delu verso strani. To so fol. 37 in 44, 46–51, 54–59, 60–68, 71–74, 85–92, 93–100, 102–108, 109–116, 130–131. Zapis je v rimskih številkah in v oranžno-rdeči tinti, s kakršno je tudi potegnjena črta za ton f; štiri črte so narisane z rumeno, rjavo, oranžno-rdečo in rjavo tinto. Notacija je cistercijanska.[291]

Največji del graduala teče od *Ne derelinquas me* (37r) do *Venientes autem* (116v).[292]

Več folijev ima manjše sekundarne poškodbe (zatrganine, vreznine, packe), foliji 71–74 so na spodnjem zunanjem vogalu zaradi glodalcev resneje poškodovani do roba pisnega polja, na folijih 85–100 so te poškodbe

290 Dolinar, Kološa, Trpin, *Rokopisi*, str. 17 in 19; Golob, *Srednjeveški kodeksi iz Stične*, str. 40 dalje, 202, sl. 26, 32, 74; Snoj, Pompe, *Pisna podoba glasbe*, str. 58.
291 Snoj, Pompe, *Pisna podoba glasbe*, str. 58; Chrysogonus Waddel je v zasebnem pismu notacijo označil za »tipično notacijo iz Metza«, s čimer je imel v mislih značilnosti regije, ne pa osredotočenost na paleografske poteze specifično cistercijanskega samostana Villers-Bettnach pri Metzu, ki ga je ustanovil leta 1134 Henrik Spanheimski in bil pozneje njegov opat.
292 Popoln in približno sočasen *Graduale cisterciense* je München, BSB, clm 2541 (temporalni del) – 2542 (sanktoralni del), iz Aldersbacha, datiran ok. 1200; melodija *Fac meum domine* (*Feria sexta*) je v münchenskem rokopisu na fol. 49v, v ljubljanskem fragmentu pa na 44v.

obsežnejše, trije foliji so obstriženi zaradi globoko segajočih poškodb. Pergament je mestoma mehak, sivkaste oz. sivkasto-peščene barve, vendar enakomerne kakovosti od začetka do konca. Ker je tanek, se pogosto na drugi strani vidi iniciale oz. poteze s češnjevo rdečo tinto. Kodeks je meril 298 x 194 mm; strani so vseskozi enako oblikovane, tako da pisno polje meri 220 x 135 mm in so širine prostih robov približno enake na vseh folijih (zgornja margina = 16 mm, notranja = 22 mm, zunanja = 38 mm, spodnja = 56 mm.). Na strani je po 9 glasbenih enot, vsaka meri 26 mm.

Pisava je izgubila romansko zaobljenost in je nekoliko koničena; gradual je delo dveh prepisovalcev in (verjetno) enega nevmatorja. Nekaj je dopolnil in liturgičnih navodil, tako sočasnih kot poznejših, ki so na marginah, vendar zaradi pomanjkljivosti lahko ugotovimo, da je bil prvotni knjižni blok krepko zmanjšan, vsaj 20 mm po širini. Poleg številnih manjših inicial, ki jih krasi samo drugobarvna pika ali drugobarvna vijuga, je še vedno 59 inicial, ki so praviloma tribarvne, izrisane v kombinacijah češnjevo rdeče, svetlomodre in svetlozelene tinte, kar je značilno cistercijanska barvna lestvica iz časa, ko je veljala asketska zapoved. Iniciale imajo silhuetne listne zaključke, visoke so pa od ok. 50 do 55 mm. Medtem ko je rdeča nekoliko oranžnega odtenka uporabljena za foliacijo in notno črto, so za iniciale in liturgične oznake uporabili rdečo tinto v češnjevem ali celo karminastem odtenku in ta je ponekod oksidirala. Menjava barv je zanimiva, ker dokumentira delovne faze.

Med dokazila, ki pričajo o nekdanjem videzu gradualnega kodeksa, je treba šteti tudi vrvice, ki so pripadale prvotni vezavi in so se ohranile v veznikih nekaterih leg (med foliji 48–49, 64–65, 88–89, 96–97, 104–105, 112–113). Knjigoveški vrezi, narejeni pred šivanjem, si sledijo v zaporedju: 0 – 24 – 55 – 123 – 186 – 252 – 298 mm. Prav tako so vreznine in druge poškodbe pred izdelavo rokopisa skrbno popravili in zašili (fol. 103: na razdalji 17 mm je 10 vbodov, ohranjena je izvirna nit). Prav tako so v preteklosti na večje vreznine ali zatrganine nalepili kose pergamenta in papirja, da bi preprečili širjenje poškodb (kat. 126, 130, 131, 132).

123. SI AS 1080, Zbirka Muzejskega društva za Kranjsko, Muzejskega društva za Slovenijo in Historičnega društva za Kranjsko, šk. 1, fasc. 1, Rokopisni fragmenti (f)
Misal. Avstrijsko delo, pred ali okoli 1300

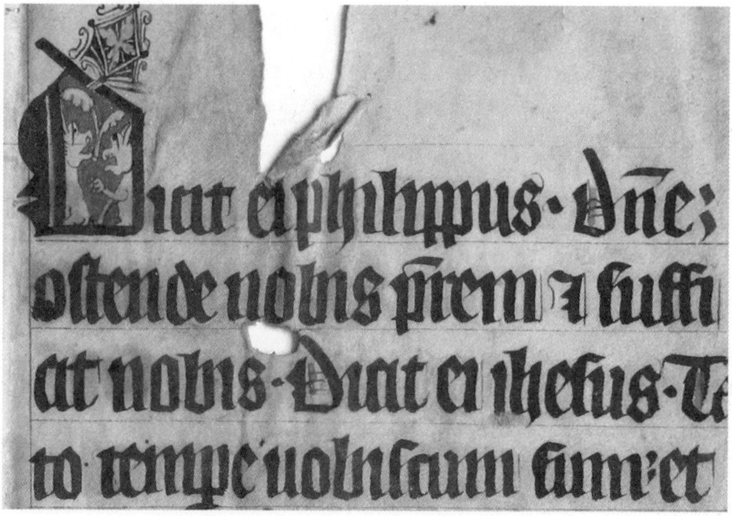

Na fragmentu je podpis »Konrad Črnologar«;[293] fragment je podaril Zgodovinskemu društvu za Kranjsko pred letom 1904, nato je prešel v Deželni muzej za Kranjsko.

Fragment odlikuje mehak in tenek pergament, po sledovih pregibov pa je bil očitno prost, nenalepljen ovitek čez sorazmerno tenko knjižno enoto s hrbtom, debelim 7–8 mm. Ta nosilec je meril vsaj 278 mm v višino in vsaj 130 mm v širino.

Gre za del folija iz misala, ki je neenakomerno obrezan in obtrgan. Na osnovi sedanjih dimenzij (278 x 178/210 mm) ni mogoče sklepati ne o videzu ali o dimenzijah prvotnega kodeksa. Reči je mogoče, da je bil misal pisan v dveh stolpcih, vsak je širok 88 mm, medstolpični prostor pa 15 mm; ohranjena je samo zgornja margina, v = 25 mm. Zrcalo je risano s tinto.

293 Konrad Črnologar (1860–1904), učitelj in zgodovinsko-topografski raziskovalec; Mal, SBL I, str. 110.

Besedilo je pisano v nekoliko oženi in malce zaobljeni knjižni gotici. Z rubriko *Inventione S. Crucis* je opredeljena maša na 7. maj. Videti je 22 vrstic, visokih 11,6 mm. Črke so mehko oblikovane, sorazmerno poenostavljenih oblik, loki so povezani in niso zlomljeni, *s-longa* je preprosto steblo s krivino na vrhu, *a* še ni zaprt z dvema očesoma, *g* ima odprto in plapolajočo zanko itd. Poleg tega so za čas ok. 1300 značilne lombarde s preprostim nitastim okrasom: ker so ozke, je notranje polje razdeljeno v več segmentov, ki jih je enostavneje oblikovati (zato so preprosti kvadrati), zunanji rob inicial obroblja nekaj vzporednih niti z različno velikimi izboklinami, »biseri z očesom«. Lombarde so ožene, napisane v rdeči ali modri tinti in z nitastim okrasom v kontrastnem nanosu. To so: *T(anto tempore*, v = 23 mm); *D(eus qui*, v = 25 mm); *P(retera quis*, v = 35 mm); *F(ratres confido de vobis*, v = 82 mm).[294] Ker so tudi stavčne začetnice okrašene z zobčasto letvijo, druge imajo polnila v obliki listnih šopov itd., je ta misal nastal v kakovostnem rokopisnem okolju. Uporabljena je zelo temna tinta, z rdečilom so zapisane liturgične oznake, notno črtovje, okrasne črtice v stavčnih začetnicah, ozadje za kadelo, manjše lombarde, nitast okras v modrih inicialah; v modri barvi so tri lombarde in nitast okras v iniciali s strukturo v rdeči barvi.

Na notranji strani se besede *Dicit ei Philippus. Domine ostende nobis* (Janez, 14:8) prično s kadelo, kjer sta v notranjem polju narisana v profilu psa pred rdečim ozadjem, iz kadele raste fantazijski šopek. Za začetnice in polnilo v kadelni iniciali je rdeča tinta sorazmerno kompaktna, za liturgične oznake je bolj lazurna.

124. SI AS 1080, Zbirka Muzejskega društva za Kranjsko, Muzejskega društva za Slovenijo in Historičnega društva za Kranjsko, šk. 1, fasc. 1, Rokopisni fragmenti (g)

Molitvenik. Avstrijska šola, 1. polovica 14. stoletja

294 Fingernagel, Roland, *Mitteleuropäische Schulen I*, kat. 53, sl. 169–172: Dunaj, ÖNB, Cod. 1524, Salzburg ok. 1300; kat. 37, sl. 132: Dunaj, ÖNB, Cod. 87, avstrijsko delo s konca 13. stoletja.

Starejša provenienca štirih manjših odrezkov ni znana, zapis na margini 2. odrezka *F III/1* se nanaša na starejšo zbirko; fragmenti so v papirnem ovitku, na katerem je zapisano »Pergamentni odrezki s pisavo iz 14. stoletja. 21/6 1892. Koblar«.[295] S tem je izpričano ime darovalca.

Pergamentni kosi so enake kakovosti, kar nakazuje, da so deli istega rokopisa; pergament je precej trd in na eni strani odrezkov so ostali ostanki lepila. Glede na sedanje oblike se zdi, da bi lahko služili kot hrbtne okrepitve med vezniki, čez katere so ovili prevleko. Ker so pergametni kosci večkrat preganjeni, površinsko poškodovani in je zapis okrnjen zaradi ostankov, je besedila nemogoče podrobneje opredeliti. Nosilec, na katerem so jih uporabili, ni znan.

Rokopis je bil po vsem sodeč zasebne rabe, ugotoviti pa je mogoče naslednje: besedila so zapisana v drobni knjižni gotici, v dveh stolpcih in vrstična višina je 4,6 mm, zelo veliko je okrajšav, kar še poudarja zasebni značaj. Zrcalo je narisano s tinto in se je mestoma ohranilo, tako da je po vsem sodeč imelo na zgornjem robu dvojno črto za živi naslov in druge legende, na spodnji margini za reklamante in kustode ter ob strani več navpičnih razdelkov za oštevilčenja, ki so vsebinsko strukturirala rokopis.[296]

Tinta je skoraj črna, z modro in rdečo so menjaje napisani paragrafi, lombarde so visoke nekaj več kot dve vrstici in merijo 110–120 mm; nitast okras je vedno kontrastne barve glede na telo črke. V notranjem polju inicial (*Q, C, P, A, S, T*) je droben fleuronné v polžastem ali ušesastem slogu, iz inicial se vertikalno izraščata dve niti, ki se povežeta v ozko zanko.

Prvotne velikosti rokopisa ni mogoče ugotoviti, a glede na širino dveh stolpcev, medstolpičnega prostora, zunanje in notranje margine je rokopis meril po širini 215 mm, torej smemo domnevati, da je bil visok okoli 300 mm.

I.

Fragment meri v širino 142 mm, višina ni enakomerna, največ je 81 mm. Ohranjenih je 12 vrstic besedila in lombardi *C(oncede)* in *Q(uod tum).*

---

295 Anton Koblar (1854–1928), zgodovinar, duhovnik in politik.

296 Podobno ureditev razkriva nekoliko poznejši rokopis, zdaj Maribor, NŠA, Ms 40; gl. Golob, *Na pergamentu in papirju*, sl. na str. 16; podroben opis: Kos, Stelè, kat. 112, str. 118–189.

II.
Fragment meri 142 x 65 mm, ohranjena je predvsem zunanja margina, odrezano je tik ob robu besedila, tako da je ob inicialah le nekaj črk: *P(retera)* in *A(d)*.

III.
Fragment meri 145 x 70 mm, ohranjen je kos zgornjega dela folija ob zunanjem robu. Inicial ni.

IV.
Fragment meri 57 x 147 mm; ob rdeči iniciali *T(ercio qua...)* je še iniciala *S* v modri, a je besedilo površinsko poškodovano.

125. SI AS 1080, Zbirka Muzejskega društva za Kranjsko, Muzejskega društva za Slovenijo in Historičnega društva za Kranjsko, šk. 1, fasc. 1, Rokopisni fragmenti (h)
Evangelij po sv. Luki. Avstrijska šola, 2. tretjina 14. stoletja

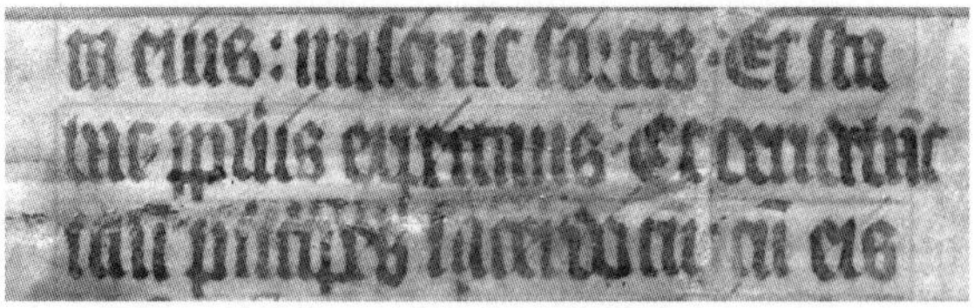

Fragment meri 47 x 258 mm in je del folija z dvostolpičnim zrcalom. Vsak stolpec je širok 71 mm, zunanja margina 65 mm, notranja 35 mm, medstolpični prostor pa 15 mm. Na delu zunanje margine je svetlejše polje zaradi nalepljene etikete. Ohranilo se je po šest vrstic besedila z vsakega stolpca v vrstični višini 7,6 mm Zaradi pregibov in polepljanja je mogoče prepoznati na levem stolpcu verz ... *dimisit autem illis eum qui propter homicidium* ... (Luka 23:25).

Pisava je dobro oblikovana in vseskozi enakomerna. Knjižna gotica, ki kaže slog, blizu avstrijskim rokopisnim šolam, je zaznamovana z ozko oblikovanimi črkami, ki so koničene (*a, b, e, h, o, m, n* itd.), značilna je šesterokotna oblika (*b, d, o*), stebla pa se le malo dvigajo ali spuščajo, okrogli *r* ima sredinsko potezo napisano skoraj do spodnje črte, visoki *s* ima kratek lok in se ne povezuje z drugimi črkami, črki *a* in *s* pa sta zaprti. – Če je odlični skriptorij v Kremsu okoli 1333 nakazal pisavo podobnega sloga (le da so minimi dosledno posneti in nekoliko upognjeni),[297] je bil ta slog precej razširjen v širšem avstrijskem prostoru.[298]

Fragment je bil nalepljen na knjigo s plosko oblikovanim hrbtiščem širine 22 mm.

Na notranji strani je še vedno lepilo, zaradi česar je fragment tog.

Uporabljena je rjava tinta z nekoliko sivkastim odtenkom. Okrasnih prvin ni.

126. SI AS 1080, Zbirka Muzejskega društva za Kranjsko, Muzejskega društva za Slovenijo in Historičnega društva za Kranjsko, šk. 1, fasc. 1, Rokopisni fragmenti (i)
Misal. Avstrijsko-češko delo, 2. polovica 14. stoletja

Fragment je bil nalepljen na spodnjem zunanjem robu fol. 109r delnega rokopisa, evidentiranega kot »cistercijanski gradual« (kat. 122), domnevno v rabi v cistercijanskem samostanu Stična.

Pravokotni kos pergamentni trak je nepravilne oblike, meri 59 x 86/89 mm; videti je pet oz. sedem vrstic besedila z višino 7,4 mm. Vrstice niso poravnane. Gre za mašno knjigo, vendar ne v popolni obliki, saj so prazniki suspenzivno navedeni. Na sprednji strani beremo iz božične liturgije

297 Fingernagel, Roland, *Mitteleuropäische Schulen II*, kat. 120, sl. 366–376: Dunaj, ÖNB, Cod. 1174, verjetno Krems, ok. 1333–1334.
298 Fingernagel, Roland, *Mitteleuropäische Schulen II*, kat. 127, sl. 403: Dunaj, ÖNB, Cod. 1203, rokopis iz Sankt Pöltna, ok. 1341; kat. 128, sl. 405: Dunaj, ÖNB, Cod. Ser. n. 2742, rokopis je opredeljen kot nižjeavstrijsko delo pred 1349.

navodilo *per octavam innocentiis*, na hrbtni strani, kjer je precej ostankov škrobnega lepila, pa je rubricirano ime *sv. Sholastike*.

Pisava razkriva oseben slog, nemara je preostanek zapisa, narejenega za osebno oporo ali v naglici. Tako je zgornji lok črke *a* zelo visok in včasih zaprt z dodatno potezo, okrogli *r* je videti kot številka 2, *c* je napisan z dvema potegljajema, zgornja stebla *b, h, l* imajo dodatno potezo na levo stran, da je videti nekoliko viličasto razdeljeno, kratki *s* je na koncu besed nekoliko okroglen, *e* pa ima ozko in poševno oblikovano zanko itd. Poleg tega, da gre nedvomno za individualno oblikovan rokopis, kažejo poteze nekaj skupnih prvin z rokopisi iz štajerskega in češkega okolja v 2. polovici 14. stoletja.[299]

Pergament je dobre kakovosti, tinta pa je precej razredčena.

127. SI AS 1080, Zbirka Muzejskega društva za Kranjsko, Muzejskega društva za Slovenijo in Historičnega društva za Kranjsko, šk. 1, fasc. 1, Rokopisni fragmenti (j)
Platnica knjige tržaškega vicedoma Andreasa Pace. Trst (?), 1359

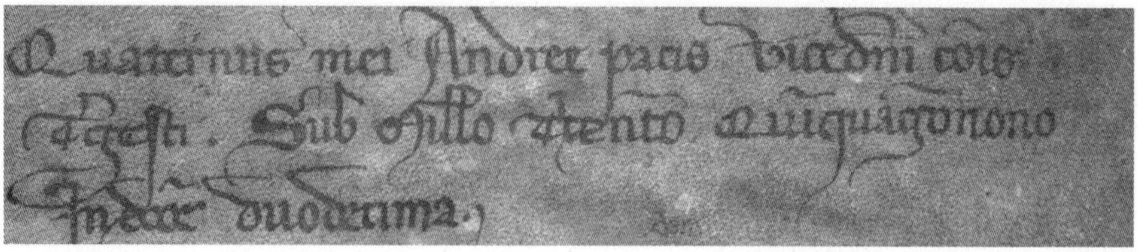

Pergamentni folij, ki je bil sprednja platnica knjige tržaškega vicedoma (Andreas Pace)[300] in je datiran z letnico 1359, je zaradi izpostavljenosti zunanjim vplivom zelo trd, precej naguban in temen. Bil je platnica knjige, ki jo napis imenuje »dvanajsti indeks«; brez knjižnega bloka ni možna podrobnejša opredelitev vsebine.

Dimenzije pergamentnega folija so sprva bile 324 x 215 mm, zaradi poškodb je folij ponekod manjši. Na notranji strani je polepljen s papirjem

299 Mairold, *Die datierten Handschriften in der Steiermark*, npr. kat. 80, sl. 76: Admont, BSB, Cod. 589, rokopis je nastal v Admontu med 1376 in 1380; kat. 275, sl. 70 – kolofon: Vorau, BSB, Cod. 339, rokopis je datiran 1363.

300 Dolinar, Kološa, Trpin, *Rokopisi*, str. 20.

in po vsem sodeč bi mere platnic ustrezale tudi dimenzijam knjižnega bloka.

Na zgornjem delu piše *Quaternis mei Andree pacis vicedomi comitis tergesti. Sub (a.) millo trecento quinquagonono. Index duodecima. LVIIII.* Z velikostjo in krepkimi potezami je posebej poudarjena rimska številka 59. Ob strani je risba moškega za pisalnim pultom (od vrha klobuka do talne črte je 107 mm). To je risba pišoče osebe, ki nima portretnih potez in je ne moremo šteti za poskus avtoportreta.

Ker je naslov oz. opredelitev vsebine zgolj funkcionalne narave, ni na platnici nobenih kodikoloških prvin, ki bi nakazovale strukturno ureditev.

Vicedom Andreas Pace je bil v Trstu po službeni dolžnosti prisoten pri več ključnih dogodkih, tako ga najdemo med osebami, ki so imenovane »sapienti signori« in so jih izbrali za pregled novega mestnega statuta v letu 1365.[301]

128. SI AS 1080, Zbirka Muzejskega društva za Kranjsko, Muzejskega društva za Slovenijo in Historičnega društva za Kranjsko, šk. 1, fasc. 1, Rokopisni fragmenti (k)

Češki cestopis. Francosko delo, ok. 1410

Pet fragmentov je Historičnemu društvu za Kranjsko podaril neznani ljubitelj oz. najditelj (verjetno v poznem 19. stoletju). Pergamentni kosi so bili uporabljeni za okrepitev knjižne vezave neke knjige, in sicer so z njimi polepili hrbtišče in vogale platnic. Zato je en kos večjih dimenzij, štirje pa bistveno manjših. Vsi so enake kakovosti, na eni strani so »porcelansko« gladki, na drugi žametastega otipa.

301 Mainati, *Croniche*, str. 107– 108.

Prvotnih dimenzij celote, ki je tradicionalno imenovana Češki cestopis,[302] ni mogoče ugotoviti. Celota je verjetno nastajala kot del svetovne karte, kot *mappa mundi*, ki ni smela manjkati na uglednem dvoru. – Glede na zavihe na konceh večjega fragmenta se zdi, da je hrbtišče ovite knjige merilo po višini približno 315 mm. Vsi fragmenti so sestavljali večjo risarsko kompozicijo z vključenimi legendami, risbe so v enaki tehniki (*grisaille*) izdelane s srebrno iglo in dopolnjene z grafitnim pisalom, večkrat so obrisi poudarjeni s črno tinto. Uporabljeni so manjši nanosi modre barve in rdeča tinta.

Vsi fragmenti so restavratorsko očiščeni in poravnani (1995).

I.

Fragment, s katerim je bil okrepljen hrbet, je neenakomerno obrezan oz. obtrgan in največje mere so 108 x 363 mm. Sestavljen je iz štirih plasti, vrhnje, na kateri so risbe, ter treh podlepljenih papirnih in pergamentnih kosov. Na sprednji strani se to vidi kot ravno potekajoča senca po dolžini risbe (nad linijo reke). Podlepljeni kosi so široki 55 oz. 45 oz. pribl. 37 mm. Ta fragment je sedaj obrezan za pribl. 20 mm. Ker reliefna sled robov knjižnega hrbta ni na sredini, so iz sredine pomaknjene tudi hrbtne okrepitve; očitno je odrezan tudi ozek del z zavihi (na ohranjenem delu je širok 18–22 mm).

Na tem fragmentu je narisanih vsaj enaindvajset posvetnih, grajskih ali utrdbenih stavbnih celot; nekatere risbe dajejo vtis shematičnosti in zaznamujejo določene lokalitete; ta risar, ki ni daleč od sočasnega češko-avstrijskega knjižnega slikarstva, je po vsej verjetnosti na temelju sporočenih opisov ustvaril posamezne shematične predstavitve arhitekture ali kraja z arhitekturo, ki pa je lahko zgolj utrjeni stolp. Postavljene so na obeh straneh modrega traku, ki z napisom *fl. Albius* zaznamuje reko Labo (v nemščini Elba); napisi ob narisanih arhitekturah so zabrisani oz. površinsko poškodovani, ker se tinta z zglajeno pergamentni površino ni sprijela, prebrati pa je mogoče besedo *Vilna* ob sklopu, ki ponazarja palacij sredi obzidja, na enem vogalu je okrogel stolp, na drugem pa vhodni kvadratni stolp.[303]

Na levem delu fragmenta je doprsna upodobitev kralja pod baldahinom,

---

302 Golob, Fragment »Češkega cestopisa« in Orozijev mojster, str. 219–232; Höfler, O tako imenovanem »češkem cestopisu«, str. 17–31; Golob, *S črnilom in zlatom*, str. 343–345.
303 Mindaugas, *Lithuania*, str. 7; Černijus, *Lietuvos valdovo*, str. Iv.

v roki drži lilijevo žezlo. Zdi se, da se črke ob njem sestavijo v legendo *hic (Winc)ziczl(aus),*[304] torej bi upodobitev utegnila predstavljati češkega kralja Vaclava IV. (1378–1419). Ta detajl je odlično delo, upodobitev kralja bi lahko pripisali knjižnemu slikarju, ki je sodeloval pri *Bibliji za Jeana de Sy,*[305] a ne smemo pozabiti, da je bil Orozijev mojster tudi dober portretist, ki je sicer avtor največjega arhitekturnega sklopa na tem fragmentu.[306]

Drugih napisov ob arhitekturnih upodobitvah ni mogoče razvozlati, ime *Stahobor* ali *Strahobor,* ki je napisano v bližini Prage, bi se lahko nanašalo na osebo – Strahobor je bil znameniti predstojnik benediktinskega samostana v Pragi, znanega kot Emavs ali »Na Slovanech«, torej bi s precejšnjo mero dvoma povezali osebo in arhitekturo. Napis ob največjem sklopu s cerkvenim poslopjem pa je preostanek imena, ki je sprva bil *Wi(sse)hra(d).* Grajski sklop bi utegnil pomeniti Vyšehrad, Višegrad, stari grad čeških vojvod in kraljev, ki mu je kralj Vaclav IV. v povsem osebni odločitvi namenil večji pomen kot Pragi. Katedralo vidimo narisano kot nedokončan arhitekturni sklop; ker so ob koncu 14. stoletja pozidali samo vzhodni del in južna vrata katedrale, je utemeljena domneva, da je risar poznal resnični videz višegrajske stolnice ali pa bil poučen o gradbeni fazi. To je delo knjižnega slikarja, ki ga poznamo pod zasilnim imenom Orozijev mojster[307] in je bil umetnik z izpiljenim kompozicijskim znanjem in odlično risarsko tehniko. Veliki grajski sklop na tem fragmentu in njegova veduta Troje sta nesporno delo iste roke.

Vzdolž zgornjega roba fragmenta je večje polje razlite rdeče tinte, kar bi lahko bil razlog, da zemljepisna karta ni bila dokončana. Pod tinto je izginilo nekaj narisanih poslopij, čez pa je vtisnjen vzorec z dvojno polžasti vitico, pogosto v rabi med mojstri pariškega knjižnega slikarstva po sredini 14. stoletja.

---

304 Za identifikacijo napisa je zaslužna Zdenka Hledíkova, Karlova univerza v Pragi.

305 Prim. Meiss, *French painting*, str. 20, 141, 152, 315, sl. 298, 301, 377, 583. Avril, *L'Enluminure du XIV siècle*, str. 28, sl. XI. Pomembna je tudi bližina (!) Andréja Beauneveauja, ki je v *Psaltru za Jeana de Berry* ustvaril zaporedje portretov modrih mož.

306 Dobro primerjavo glede portreta postaranega kralja nudi rokopis Tours, BM, Ms 973, fol. 2r.

307 Ime je dobil po slikarskem okrasu Orozijevega rokopisa (Paulus Orosius, *Historiae adversus paganos*), sedaj Philadelphia, Museum of Art, ms 45-65-I. Tudi o njem Meiss, *French painting*, zlasti I., str. 62–64.

II.–V.
Štirje pergamentni fragmenti, s katerimi so oblepili vogale knjige, so nepravilni šesterokotniki in spominjajo na prisekane piramide; označeni so po vodilnem motivu.

Fragment z motivom leva: najdaljši rob 80 mm, nasproti ležeči rob meri 35 mm. Edini prepoznaven element je zadnji del levovega trupa z zvitim repom.

Fragment z motivom jelena: najdaljši rob meri 96 mm, vrhnji pa 34 mm. Videti je sprednji del jelena (od konice smrčka do vrha rogov meri 35 mm), ki je otovorjen z dvema omotoma.

Fragment s spodnjim delom grajskega sklopa: najdaljši rob meri 81 mm, vrhnji 31mm.

Fragment z delom kovinskega oklepa in delom strojnega pripomočka: najdaljši rob meri 90 mm, vrhnji rob pa 32 mm.

129. SI AS 1080, Zbirka Muzejskega društva za Kranjsko, Muzejskega društva za Slovenijo in Historičnega društva za Kranjsko, šk. 1, fasc. 1, Rokopisni fragmenti (l)
Klosterneuburška evangeljska pripoved. Kranj, med 1410 in 1414

Pet fragmentov z odlomki pripovedne biblije (*Historienbibel*), znane kot *Klosterneuburška evangeljska pripoved,*[308] je iz zbirke Muzejskega društva za Kranjsko. Rokopis je bil sprva v lasti župnika Kolomana von Mannswerd, pozneje v arhivu župnijske cerkve v Kranju. V 17. ali 18. stoletju so bifolije uporabili za prevleke mestnih računskih knjig. Na zunanjo stran ovitkov so kaligrafirano napisali *Stättschreibers;* v vsak zvezek mestnih knjig so vpeljali trakove za zavezovanje, zato so v fragmentih zareze.

308 Siller, Die "Krainer Marienklage", str. 219–232. Golob, Aurhaymovi fragmenti, str. 423–435.

Pet obrezanih bifolijev je iz istega kodeksa, ki je prvotno meril vsaj 400 x 285 mm; fragmenti so približno enake velikosti. Pisno polje je izvirno merilo približno 282 x 185 mm, fragmenti so obrezani tako, da vsakič manjka 5 do 7 vrstic besedila. Na vsakem fragmentu je videti tri stolpce besedila in del četrtega, vsak je širok pribl. 85 mm, medstolpični prostor meri 17 mm. Zgornje margine zaradi obrezanosti ni videti na nobenem fragmentu; notranja margina meri 40 mm, zunanja 56 mm, spodnja 77 mm. Praviloma je ohranjenih 37 vrstic, ki so visoke 6,4 mm, po višini manjka 5 do 7 vrstic. Primarnih kodikoloških prvin ni mogoče ugotoviti.

Besedilo je pripisano anonimnemu avstrijskemu verzifikatorju z zasilnim imenom Österreichischer Bibelübersetzer in delo je v strokovni literaturi navedeno kot *Klosterneuburger Evangelienwerk*. Znanih je 22 prepisov (celotnih, delnih – z izborom odlomkov – in fragmentov).[309] Predloga, ki jo je imel Heinrich Aurhaym na razpolago, je pripadala starejši verziji, v kateri je, tako kot na fragmentih iz Kranja, imenovan »ubogi Wolffart.«

Besedilo je prepisal in dodal lombarde z nitastim okrasom Heinrich Aurhaym. Pisava je knjižna gotica in sicer v slogu, v kakršnem je Aurhaym prepisal prvo polovico *Moralij o Jobu* Gregorja Velikega (fol. 1r–99r);[310] črka *a* je škatlasto zaprta v dva razdelka, *m* in *n* imata zašiljeno povezana stebla, *g* nima zanke, ampak ravno potezo, končni *s* se konča z nitasto potezo navzgor, kar daje črki »nos«, *s-longa* je povezana z naslednjo črko itd.[311] Vse besedilo je prepisano z rjavo tinto, z rdečo tinto so zapisane ali poudarjene rubrike, paragrafi, okrasne poteze v stavčnih začetnicah, nitasti okras v nekaterih inicialah ter avtorjevi nagovori.
Vsi fragmenti so bili očiščeni in poravnani v Centru za restavriranje in konzerviranje ARS.

I.

Pergamentni fragment, 318 x 460 mm, ovit okoli knjige z dimenzijami 295 x 198 x 32 mm. Vsebino odlomka navaja Siller, str. 222, št. 1 in 2: r:

309 Starejšo redakcijo zastopa rokopis avstrijske izdelave, hranjen v Schaffhausnu, Stadtbibliothek, Gen. 8, pasaže kranjskih fragmentov so tako rekoč identične. O tem rokopisu gl. Roland, Klosterneuburger Evangelienwerk, kat. 250.

310 Ljubljana, NŠA, Ms 10.

311 Aurhaym je s paleografskega vidika zanimiv, ker je v njegovem opusu (sedaj 12 enot) najti več tipov pisav.

... *vnser herre het also ... Die ander chlag*; v: ... *herren vnd (hiez) in zu .... Pylati ha(us)...*

Na zunanji strani je svetlejše polje, kjer je bila prvotno etiketa (150 x 185 mm). Inicial ni.

II.

Pergamentni fragment, 320 x 465 mm, ovit okoli knjige z dimenzijami 295 x 200 x 26 mm. Vsebino odlomka navaja Siller, str. 222, št. 3 in 4: r: *gel geslagen ward ... posen geleichet*; v: *vnserm herren zder rechten ... sand Lucas daz in der ain.*

Na zunanji strani je zlata iniciala *D* (v = 20 mm), z modrim nitastim polnilom v notranjem polju, niti vzdolž besedila so zabrisane; na notranji strani sta dve iniciali, zlata iniciala *U* (v = 20 mm) je brez nitastega okrasa, iniciala *N(un habt ir gehort*, v = 20, z žličastim nitastim vzorcem vred skoraj 90 mm) je bila pokrita z enim slojem zelene barve, dobro je viden obris in fleuronniran vzorec.

Na zunanji strani je na mestu nekdaj nalepljene etikete (140 x 188 mm) ostalo svetlejše polje.

III.

Pergamentni fragment, 321 x 465 mm; ovit okoli knjige z dimenzijami 300 x 200 x 28 mm. Za vsebino odlomka gl. Siller, str. 222–223, št. 5 in 6. r: *sich. Aber der ander bechert sich ... wand ich sich*; v: *zegelauben daz die zwen ... gewanhait do nam Symeon.*

Na zunanji strani je bila etiketa (140 x 188 mm); na spodnjem robu desnega stolpca je modra lombarda *A(uch schreibt*, v = 20 mm, z rdečim nitastim okrasom vred 70 mm). Na notranji strani ni nobene iniciale.

IV.

Pergamentni fragment, 312 x 457 mm, ovit okoli knjige z dimenzijami 295 x 200 x 25 mm. Vsebino odlomka navaja Siller, str. 223, št. 7 in 8. r: *ward ir nu hie .... Ewangeli. Aber wie* ; v: *han. Doch getra .... Getorsten tuen. Auch*

Na zunanji strani je na polju hrbtnega pregiba zlata iniciala *D* (v = 20 mm), z modrim nitastim okrasom, ki zaradi izpostavljenosti obrabi skorajda ni viden. Na notranji strani je svetlozelena iniciala *D* (v = 17 mm, z rdečim nitastim vzorcem vred skoraj 90 mm); pokrita je bila z enim slojem zelene barve, dobro je viden obris in fleuronniran vzorec.

Na zunanji strani je svetlejše polje na mestu nekdaj nalepljene etikete (140 x 188 mm).

V.

Pergamentni fragment, 315 x 465 mm, ovit okoli knjige z dimenzijami 295 x 203 x 28 mm. Vsebino odlomka navaja Siller, str. 223, št. 9 in 10. r: *gruben sein iung ... ienz in die stain*; v: *sel zder helle vnd ... deinen worten wierdest du.*

Na zunanji strani je ostalo svetlo polje na mestu nekdaj nalepljene etikete (142 x 185 mm).

130. SI AS 1080, Zbirka Muzejskega društva za Kranjsko, Muzejskega društva za Slovenijo in Historičnega društva za Kranjsko, šk. 1, fasc. 1, Rokopisni fragmenti (m)

Misal. Srednjeevropska šola, 15. stoletje

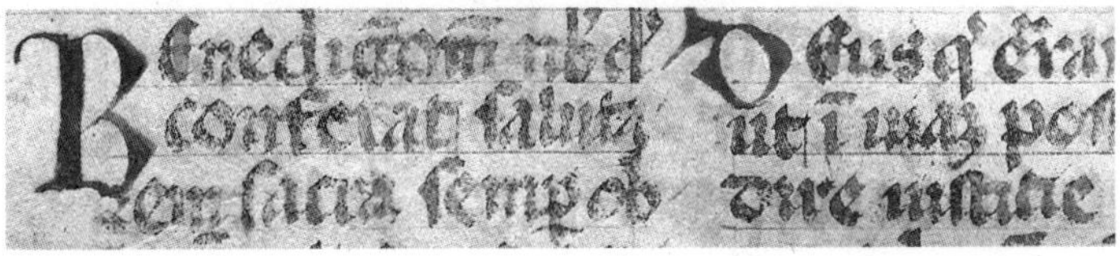

Fragment je nalepljen na spodnjem zunanjem vogalu fol. 56v delnega rokopisa, evidentiranega kot cistercijanski gradual (kat. 122), domnevno v rabi v cistercijanskem samostanu Stična. Gre za kos pergamenta, ki so ga nalepili čez daljšo zatrganino, ki gre iz vogala proti srednjemu delu folija in jo je dobro videti na drugi strani; za popravilo so se odločili, da ne bi prišlo do večjih poškodb, izvršeno pa je bilo pred letom 1784, ko je bil samostan razpuščen.

Fragment je pravokotne oblike, meri 52 x 109 mm; videti je malo več kot sedem vrstic besedila iz rokopisa majhnih dimenzij. Zapisano je v dveh stolpcih, široka sta 37–39 mm, med njima je 7 mm širok medstolpični prostor; videti je tri margine, ki po vsem sodeč niso bile obrezane: zgornja meri 14 mm, notranja (leva) 16 mm, zunanja (desna), kjer besedilo na koncu vrstic ni poravnano, pa 10–14 mm. Širina pisnega polja znaša 81 mm, višina vrstic pa 5,4 mm. Če da meritev zrcala po širini naslednje vrednosti: 0 – 16 – 55 – 62 – 99 – 109 mm, je bil rokopis prvotno visok kakih 150–170 mm.

Površinsko nekoliko poškodovano besedilo; v levem stolpcu beremo *Benedicat nobis Deus* ..., v desnem pa *Deus, qui errantintibus, ut in viam possint reddire justitiae* ... in je del maše na 15. navadno nedeljo.

Glede na majhne dimenzije in sicer lep, ne pa izstopajoče kakovosten prepis, gre morebiti za del misala, ki je bil kot »žepnica« namenjen pastirski službi v podružnici.

131. SI AS 1080, Zbirka Muzejskega društva za Kranjsko, Muzejskega društva za Slovenijo in Historičnega društva za Kranjsko, šk. 1, fasc. 1, Rokopisni fragmenti (n)
Misal. Južnonemška šola, 15. stoletje

Fragment je nalepljen na spodnjem desnem vogalu fol. 45r delnega rokopisa, evidentiranega kot cistercijanski gradual (kat. 122), domnevno v rabi v cistercijanskem samostanu Stična.

Pergamentni kos je nalepljen le na recto strani, na verso pa je videti precejšnjo zarezo ali razpoko nepravilne oblike, ki bi se lahko pri listanju graduala povečala in povzročila, da bi se kos folija odtrgal. Nedvomno gre za restavratorski poseg iz časa pred letom 1784, ko je bil samostan razpuščen in knjižnica razdeljena.

Fragment je nepravilne pravokotne oblike 85 x 37 mm; videti je štirinajst vrstic besedila z vrstično višino 4,9 mm. Vrstice niso popolne, na sredini je rubrika *In die sancto pentecostes,* kar je del mašne knjige.

Po kakovosti pergamenta in pisnih medijev sodeč je šlo za lep izdelek južnonemške rokopisne delavnice.

132. SI AS 1080, Zbirka Muzejskega društva za Kranjsko, Muzejskega društva za Slovenijo in Historičnega društva za Kranjsko, šk. 1, fasc. 1, Rokopisni fragmenti (o)
Pontifikal. Avstrijska (dunajska?) pisna šola, ok. 1493

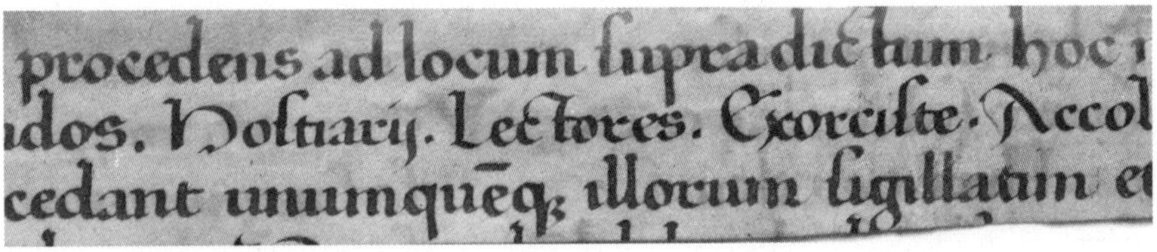

Fragment je bil pred časom nalepljen na spodnjem robu strani fol. 113r delnega rokopisa, evidentiranega kot cistercijanski gradual (kat. 122), domnevno v rabi v cistercijanskem samostanu Stična.[312]

Pergamentni trak je nepravilne pravokotne oblike, d = 74 mm, v = 18 / 25 mm; vidijo se dobre tri vrstice besedila z višino 6,3 mm. Na sprednji strani beremo: ... *Diaconus procedens ad locum supradictum* ... do ... *illorum sigillatum et*[. Na hrbtni strani, ki ni tako dobro ohranjena, pa: ... *Fulgure et tempestate* ... do ... *sanguine tuo redemptum*.
Pri fragmentu je pomembna paleografska in kvalitativna izenačenost z rokopisom, znanim kot *Formular cistercijanskega reda*; ta rokopis je bil v samostanu Stična (a so si ga pa sposodili v cistercijanskem samostanu Kostanjevica), zdaj Ljubljana, NUK, Ms 32.[313] Rokopis je datiran z letom 1493 (številke so vpisane v okvir uvodne iniciale),[314] kar daje oporo tudi za datacijo tega pontifikalnega fragmenta. Pomembno, referenčno delo pa je *Gesta Friderici*, Dunaj, ÖNB, Cod. 403, za ogrskega kralja Matijo Korvina. Pisava je opredeljena kot italianizirana humanistika, z značilno estetiziranimi oblikami ter duktusom, ki določa razmerje med debelejšimi in tanjšimi potezami.[315]

Pergament je odlične kakovosti, enako črna in rdeča tinta, ki je nekoliko oksidirala.

312 Nekdanjo lego tega fragmenta je videti v: Golob, *Srednjeveški kodeksi iz Stične*, sl. 26.
313 Kos, Stelè, *Srednjeveški rokopisi v Sloveniji*, str. 34–35.
314 Golob, *S črnilom in zlatom*, str. 258, sl. na str. 259.
315 Ta pisava je bila na dunajskem in budimpeštanskem dvoru cenjena kot izraz italijansko stiliziranega humanizma; gl. Sieveking, *Der Meister des Wolfgang-Missale*, str. 190.

SEZNAM OSEBNIH IN KRAJEVNIH IMEN

SEZNAM NAVEDENIH ROKOPISOV

LITERATURA

Kratice

BN = Bibliothèque Nationale
BM = Bibliothèque Municipale
BSB = Bayerische Staatsbibliothek
FSL = Frančiškanski samostan Ljubljana
NŠAL = Nadškofijski arhiv Ljubljana
NŠAM = Nadškofijski arhiv Maribor
NUK = Narodna in univerzitetna knjižnica
ÖNB = Österreichische Nationalbibliothek
SKL = Semeniška knjižnica Ljubljana
UB = Universitätsbibliothek
UK = Univerzitetna knjižnica
ZAL = Zgodovinski arhiv Ljubljana
GW = Gesamtkatalog der Wiegendrucke
PL = Patrologia latina
VL = Verfasserlexikon

Spletni viri

'Trento: Biblioteca capitolare': http://www1.cpdl.org/wiki/index.php/Trent_codices (dostop 17.5.2018).

'jacobus de voragine': http://www.thelatinlibrary.com/voragine/georgio.shtml (dostop 17.5.2018)

'Handschriftensammlungen.Slowenien': http://manuscripta.at/m1/hs_detail.php?ID=1761(dostop 11.3.2018)

'Handschriftensammlungen.Slowenien' http://manuscripta.at/m1/hs_detail.php?ID=1762 (dostop 15.3.2018)

'Gesamtkatalog der Wiegendrucke': http://www.gesamtkatalogderwiegendrucke.de/ (dostop 17.3.2018)

http://www.kansalliskirjasto.fi/extra/bulletin/article1.html (dostop 13.8.2012) 'antiphonale missarum sextuplex': cantusindex.org/id/004676 (dostop 17.4. 2018).

Bibliografija

Andrejka, Rudolf: Raigersfeld, Franc Henrik. *Slovenski biografski leksikon, III*. Ljubljana: Slovenska akademija znanosti in umetnosti, str. 14.

Asseman, Joseph S.: *Ephraem Syri opera omnia quae extant (etc.), III*. Roma: apud Joannem Mariam Henricum Salvioni, 1746.

Avguštin, Avrelij: *Divi Aurelii Augustini Hipponensis Episcopi. Opus continens enarrationes in psalmos (etc.)*. Antverpiae: Gymnicus, 1662.

Avguštin, Avrelij: *S. Aurelii Augustini Hipponensis episcopi Opera omnia. Patrologia latina XXXIII*. Parisiis: J.-P. Migne, 1861.

Avguštin, Avrelij: *S. Aurelii Augustini Hipponensis episcopi Opera omnia. Patrologia latina XXXVII*. Parisiis: J.-P. Migne, 1865.

Avguštin, Avrelij: *S. Aurelii Augustini Hipponensis episcopi Opera omnia. Patrologia latina XXXIX*. Parisiis: J.-P. Migne, 1867.

Avril, François: *L'Enluminure du XIV siècle à la cour de France*. Paris: Éditions du Chêne, 1978.

Axters, Stephanus Gerard: Bijdragen tot de inventarizering van de Imitatio-handschriften: Addenda en dubia. *Nederlands archief voor kerkgeschiedenis* 56, 1975, str. 141–158.

Axters, Stephanus Gerard: *De imitatione Christi. Een handschrifteninventaris bij het vijfhonderste verjaren van Thomas Hemerken van Kempen (Schriftenreihe des Kreises Kempen-Krefeld 27)*. Kempen: Kreis Kempen–Krefeld, 1971.

Baroffio, Giacomo: Graduale di Cividale, VII. 6. *I Libri dei patriarchi. Un percorso nella cultura scritta del Friuli medievale* (ur. Cesare Scalon). Udine: Centro Pio Paschini, 2014, str. 178–179.

Beda Častitljivi: *The Complete Works of Venerable Bede: Commentaries on the Scriptures /Commentaria in Scripturas Sacras* (ur. John Allen Giles). London: Whittaker and co., 1844.

Beier, Christine: *Die illuminierten Handschriften und Inkunabeln der Universitätsbibliothek Graz: Die Illuminierten Handschriften 1400*

bis 1550, 1–2. Wien: Österreichische Akademie der Wissenschaften, 2010.
Beier, Christine: Missalien massenhaft. Die Bämler-Werkstatt und die Augsburger Buchmalerei im 15. Jahrhundert. *Codices manuscripti*, 48/49, Juni 2004, Textband: str. 55–72, Bildband: str. 67–78.
Bergmann, Rolf, Stefanie Stricker: *Die althochdeutsche und altsächsische Glossographie : ein Handbuch*. Berlin: Walter de Gruyter, 2009.
Bernard iz Clairvauxa: *Sancti Bernardi Claraevallensis Opera omnia (etc.)*. Parisiis: Petri Aubouyn, 1690.
Bianchini, Giuseppe Maria: *Evangeliarium Quadruplex Latinae Versionis Antiquae Seu Veteris Italicae*. Romae: Antonio de Rubeis, 1749.
Bierbrauer, Katharina: *Die vorkarolingischen und karolingischen Handschriften der Bayerischen Staatsbibliothek*. Wiesbaden: Reichert 1990.
Bischoff, Bernhard: Benedictine Monasteries and the Survival of Classical Literature. *Manuscripts and Libraries in the Age of Charlemagne* (ur. Michael Gorman). Cambridge: Cambridge University Press, 1994, str. 134–160.
Bischoff, Bernhard: Frühkarolingische Handschriften und ihre Heimat. *Scriptorium* 22, 1968, str. 306–314.
Bischoff, Bernhard: Libraries and Schools in the Carolingian Revival of Learning. *Manuscripts and Libraries in the Age of Charlemagne* (ur. Michael Gorman). Cambridge: Cambridge University Press, 1994, str. 93–114.
Blomevenna, Petrus: *Enchiridion sacerdotum in quo ea quae ad divinissimam eucharistiam & sacratissimae missae officium attinent facili ac plano quodam stylo tractantur*. Colonia Agrippina: Johannes Dorstius, 1532.
Bloomfield, Morton W.: *Incipits of Latin Works on the Virtues and Vices, 1100–1500 A.D. Including a Section of Incipits of Works on the Pater Noster. The Mediaeval Academy of America Publication 88*. Cambridge (Mass.): The Mediaeval Academy of America, 1979.
Breviarium Monastico-Benedictinum. Novissimis Officiis Auctoritate Apostolica Hactenus Approbatis Locupletatum Ad Majorem Dei Gloriam etc. 3: Pars Hiemalis. Vindobonae: Typ. Congr. Mechitaristicae, 1843.

Brunius, Jan: Medieval Manuscript Fragments in Sweden: A Catalogue Project. *Interpreting and Collecting Fragments of Medieval Books* (ur. Linda L. Brownrigg, Margaret M. Smith). Los Altos Hills: Anderson-Lovelace & The Red Gull Press, 2000, str. 157–165.

Bryn, Richard: Gerard van Vliederhoven. *Verfasserlexikon II*. Berlin – New York: de Gruyter, 1980, stp. 1217–1221.

Budrys, Romualdas, Irena Vaišvilatė: *Lithuania: Culture and history. An informative exhibition marking 100 years of Lithuania in History*. Vilnius: Lithuanian Art Museum, 2008.

Corpus iuris canonici. Editio Lipsiensis secunda. Pars prior: Decretum magistri Gratiani. (izd. Emil Ludwig Eichter, Emil Friedberg). Lipsiae: officina Bernhardi Tauchnitz, 1879 (repr. Union, NJ: The Lawbook exchange, Ltd., 2000).

Černius, Remigijus: *Lietuvos valdovo žodis pasauliui: atveriame mūsų žemę ir valdas kiekvienam geros valios žmogui*. Vilnius: Lietuvos dailės muziejus, 2018.

Daniel, Hermann Adalbert: *Thesaurus hymnologicus sive Hymnarium canticum sequentiarum circa annum etc., II*. Lipsiae: sumptibus E. Anton, 1844.

Derolez, Albert: Codicologie ou archéologie du livre? Quelques observations sur la leçon inaugurale de M. Albert Gruijs à l'Université catholique de Nimègue. *Scriptorium* 27-1, 1973, str. 47–49.

Derolez, Albert: *The Palaeography of Gothic Manuscript Books. From the Twelfth to the Early Sixteenth Century*. Cambridge: Cambridge University Press, 2003.

Deshausses, Jean: *Le sacramentaire grégorien. Ses principales formes d'après les plus anciens manuscrits. Le sacramentaire, le supplement d'Aniane, I-III. Spicilegium Friburgense, 16*. Fribourg: Editions Universitaires Fribourg Suisse, 1971–1982.

Distelbrink, Balduinus: *Bonaventurae scripta authentica dubia vel spuria critice recensita. Subsidia scientifica franciscalia 5*. Roma: Istituto storico cappuccini, 1975.

Dolinar, France, Vladimir Kološa, Drago Trpin: *Rokopisi Arhiva Republike Slovenije. (Katalogi, zvezek 10)*. Ljubljana: Arhiv Republike Slovenije, 1990.

Dular, Anja: The Ljubljana Bookbinders of the Sixteenth and Seventeenth Centuries. *Bookbindings. Theoretical Approaches and Practical Solutions. Bibliologia. Elementa ad librorum studia pertinentia, 45.* (ur. Nataša Golob, Jedert Vodopivec Tomažič). Turnhout: Brepols, 2017, str. 51–66.

Evzebij iz Vercellija: *Sancti Eusebii episcopi Vercellensis Opera Omnia (etc.). Patrologia latina XII.* Parisiis: excudebat Vrayet, 1845.

Fingernagel, Andreas, Martin Roland: *Mitteleuropäische Schulen I (ca. 1250–1350). Bd. 1–2. Die illuminierten Handschriften der Österreichischen Nationalbibliothek, Reihe I, Band 10.* Wien: Verlag der Österreichischen Akademie der Wissenschaften, 1997.

Fingernagel, Andreas, Martin Roland: *Mitteleuropäische Schulen II (ca. 1350–1410). Österreich – Deutschland – Schweiz. Bd. 1–2. Die illuminierten Handschriften der Österreichischen Nationalbibliothek, Reihe I, Band 11.* Wien: Verlag der Österreichischen Akademie der Wissenschaften, 2002.

Fischer, Rupert: *Offertoriale triplex cum versiculis.* Sablé-sur-Sarthe: Abbé de Saint-Pierre-de-Solesmes, 1985.

Franz, Adolph: *Die Messe im deutschen Mittelalter. Beiträge zur Geschichte der Liturgie und des religiösen Volkslebens.* Freiburg im Breisgau: Herder, 1902.

Fulgencij iz Ruspe: *Sancti Fulgentii episcopi Ruspensis (etc.) Opera omnia. Patrologia latina LXV,* Parisiis: J.-P. Migne, 1867.

Gantar, Kajetan: Šorn, Jože. *Slovenski biografski leksikon, IV.* Ljubljana: Slovenska akademija znanosti in umetnosti, 1980, str. 669.

Germania Benedictina. 2. Die Benediktinerklöster in Bayern (ur. Josef Hemmerle). Augsburg: Winfried-Werk, 1970.

Gesamtkatalog der Wiegendrucke, Leipzig: K. W. Hiersemann, 1925–2016.

Goetz, Georgius: *Corpus glossariorum latinorum*, Vol. V. Lipsiae: In aedibus G. H. Teubneri, 1894.

Golec, Boris: Slovensko uradovalno besedilo iz druge polovice 17. stoletja. *Loški razgledi* 56, 2009, str. 13–32.

Golob, Nataša: *Srednjeveški kodeksi iz Stične. XII. stoletje.* Ljubljana: Slovenska knjiga, 1994.

Golob, Nataša: Johannes von Werd de Augusta – potujoči iluminator? *Gotika v Sloveniji. Nastajanje kulturnega prostora med Alpami, Panonijo in Jadranom: akti mednarodnega simpozija, Ljubljana, Narodna galerija, 20.–22. oktober 1994 = Gotik in Slowenien. Vom Werden des Kulturraums zwischen Alpen, Panonnien und Adria: Vorträge des internationalen Symposiums, Ljubljana, Narodna galerija, 20.–22. Oktober 1994 = Il gotico in Slovenia. La formazione dello spazio culturale tra le Alpi, la Pannonia e l'Adriatico : atti del convegno internazionale di studi, Ljubljana, Narodna galerija, 20–22 ottobre 1994* (ur. Janez Höfler). Ljubljana: Narodna galerija, 1995, str. 387–395 oz. 397–402.

Golob, Nataša: Fragment »Češkega cestopisa« in Orozijev mojster. *Vita artis perennis: ob osemdesetletnici akademika Emilijana Cevca* (ur. Alenka Klemenc). Ljubljana: Založba ZRC SAZU, 2000, str. 219–232.

Golob, Nataša: *Srednjeveški rokopisi iz Žičke kartuzije (1160–1560).* Ljub-
ljana: Narodna galerija, 2006.

Golob, Nataša: *Manuscripta: knjižno slikarstvo v srednjeveških rokopisih iz Narodne in univerzitetne knjižnice v Ljubljani.* Ljubljana: Narodna galerija – Filozofska fakulteta, 2010.

Golob, Nataša: Aurhaymovi fragmenti Klosterneuburške evangeljske pripovedi. *Patriae et orbi: essays on Central European art and architecture / Študije o srednjeevropski umetnosti. Festschrift in Honour of Damjan Prelovšek / Jubilejni zbornik za Damjana Prelovška* (ur. Ana Lavrič, Franci Lazarini, Barbara Murovec). Ljubljana: Založba ZRC, 2015, str. 423–435.

Golob, Nataša: *Na pergamentu in papirju. Rokopisi in tiski iz mariborskih zbirk. Vodnik po razstavi* (*Ljubljana, Narodni muzej, 7. december 2017 – 8. februar 2018*). Ljubljana: Narodni muzej, 2017.

Golob, Nataša: S črnilom in zlatom. Srednjeveško knjižno slikarstvo iz slovenskih zbirk. Ljubljana: Cankarjeva založba, 2017.

Golob, Nataša: *Srednjeveški in renesančni rokopisi: materiali, strukture, predstavitve.* Ljubljana: Znanstvena založba Filozofske fakultete Univerze v Ljubljani, 2017.

Golob, Nataša: Srednjeveški pergamentni fragmenti v knjižnih vezavah. *Zgodovinski časopis* 71, št. 1/2, 2017, str. 70–104.

Gregor Veliki: *Divi Gregorii Papae in omnes libros Veteris et Novi testamenti expositio (etc.).* Romae: Vincentius Luchinus, 1557.

Gregor Veliki: *Le quaranta omelie di S. Gregorio papa sopra li evangeli. Volume terzo* (izd. Gaetano Venturini). Brescia: S. Carlo N., 1821.

Gregor Veliki: *Opera D. Gregorii papae, huius nominis Primi, cognomento Magni, omnia quae extant (etc.).* Venetiis: Froben, 1564.

Grotefend, Hermann: *Taschenbuch der Zeitrechnung des deutschen Mittelalters und der Neuzeit.* Hannover: Hahnsche Buchhandlung, 1991[13].

Gspan, Alfonz, Josip Badalić: *Inkunabule v Sloveniji / Incunabula quae in Slovenia asservantur.* Ljubljana: Slovenska akademija znanosti in umetnosti, 1957.

Gspan, Alfonz: Taufferer, Maksimilijan Anton. *Slovenski biografski leksikon, IV.* Ljubljana: Slovenska akademija znanosti in umetnosti, 1980, str. 16.

Güntherová, Alžbeta, Ján Mišianik: *Stredoveka knižná malba na Slovensku*. Bratislava: Tatran, 1961.

Guyot, Bertrand-Georges: La 'Dieta salutis' de Jean Rigaud. *Archivum Franciscanum Historicum* 82, 1989, str. 360–393.

Haapanen, Toivo: *Verzeichnis der mittelalterlichen Handschriftenfragmente in der Universitätsbibliothek zu Helsingfors. I. Missalia.* Helsinki: Helsinki University Library (Publications of the Helsinki University Library IV), 1922.

Haapanen, Toivo: *Verzeichnis der mittelalterlichen Handschriftenfragmente in der Universitätsbibliothek zu Helsingfors. II. Gradualia, lectionaria missae.* Helsinki: Helsinki University Library (Publications of the Helsinki University Library VII), 1925.

Haapanen, Toivo: *Verzeichnis der mittelalterlichen Handschriftenfragmente in der Universitätsbibliothek zu Helsingfors. III. Breviaria.* Helsinki: Helsinki University Library (Publications of the Helsinki University Library XVI), 1932.

Haebler, Konrad: Makulaturforschung. *Zentralblatt für Bibliothekswesen* 25, 1908, str. 535–544.

Haidinger, Alois: *Katalog der Handschriften des Augustiner Chorherrenstiftes Klosterneuburg. Teil 1: Cod. 1 – 100.* Österreichische Akademie der Wissenschaften, phil.-hist. Klasse, Denkschriften 168. *Veröffentlichungen der Kommission für Schrift- und Buchwesen des Mittelalters II, 2,1.* Wien: Österreichische Akademie der Wissenschaften, 1983.

Haidinger, Alois: Studien zur Buchmalerei in Klosterneuburg und Wien von späten 14. Jahrhundert bis um 1450. Wien (tipkopis disertacije), 1980.

Hamburger, Jeffrey, Béatrice Hernand, Karl-Georg Pfändtner, Robert Suckale, Gude Suckale-Redflesen: *Bilderwelten. Buchmalerei zwischen Mittelalter und Neuzeit. Katalogband zu den Ausstellungen in der Bayerischen Staatsbibliothek vom 13. April 2016 bis 24. Februar 2017.* Luzern: Quaternio Verlag, 2016.

Heikkilä, Tuomas: Research on parchment fragments. *The National Library of Finland Bulletin* 2012. http://www.kansalliskirjasto.fi/extra/bulletin/article1.html [dostop 13.8.2012]

Hensbergius, Vincentius: *Viridiarium Marianum septemplici Rosario varijs Exercitijs, Exemplis vt Plantationibus per amoenum (etc.).* Antverpiae: apud Gasparem Bellerrum, 1615.

Hermann, Hermann Julius: *Die deutschen romanischen Handschriften. Beschreibendes Verzeichnis der illuminierten Handschriften in Österreich, VIII. Band: 2. Die illuminierten Handschriften und Inkunabeln der Nationalbibliothek in Wien. II. Band.* Leipzig: Karl W. Hiersemann, 1926.

Hesbert, René-Jean: *Antiphonale Missarum sextuplex d'après le graduel de Monza et les antiphonaires de Rheinau, du Mont-Blandin, de Compiègne, de Corbie et de Senlis.* Roma: Verlag Herder, 1985.[3]

Hesbert, René-Jean: *Corpus antiphonalium officii*, Freiburg/Breisgau 1963, vol. 1, resp. 343.

Hesbert, René-Jean: *Corpus antiphonalium officii.* Roma: Herder, 1965.

Hieronim: *S. Eusebii Hieronymi Stridonensis Presbyteri (etc.) Opera omnia. Patrologia Latina XXX,* Parisiis: s.n. 1846.

Hilg, Hardo: *Die Handschriften des Germanischen Nationalmuseums zu Nürnberg, II.* Wiesbaden: Harrasowitz, 1986.

Höfler, Janez, Gorenjski prispevki k najstarejši glasbeni zgodovini na Slovenskem. *Kronika. Časopis za slovensko krajevno zgodovino* XIV, 1966, št. 2, str. 91–100.

Höfler, Janez: Še enkrat o tako imenovanem »češkem cestopisu« v zbirki Arhiva Republike Slovenije. *Acta historiae artis Slovenica* 6, 2001, str. 17–31.

Homiliae, hoc est sermones sive conciones ad populum etc., Coloniae: Eucharius Cervicornus,1539.

Hrabanus Maurus: *B. Rabani Mauri Fuldensis Abbatis et Moguntini aechiepiscopi (etc.) Opera omnia. Patrologia latina CXI,* Parisiis: J.-P. Migne, 1864.

Hranitzky, Katharina, Veronika Pirker-Aurenhammer, Susanne Rischpler, Martin Roland und Michaela Schuller-Juckes & Christine Beier, Andreas Fingernagel, Alois Haidinger: *Mitteleuropäische Schulen V (ca. 1410 – 1450). Die Illuminierten Handschriften und Inkunabeln der Österreichischen Nationalbibliothek. Veröffentlichungen zum Schrift- und Buchwesen des Mittelalters. Reihe I, Band 14.* Wien: Verlag der Österreichischen Akademie der Wissenschaften, 2012.

Huglo, Michel: *Les sources du plain-chant et de la musique médiévale (Variorum Collected Studies Series, 800).* Aldershot: Ashgate, 2004.

Hundsbichler, Helmut: Puzzles aus Fragmenten? Rekonstruktion als Verstehens-Frage. *Fragmente. Der Umgang mit lückenhafter Quellenüberlieferung in der Mittelalterforschung* (ur. Christian Gastgeber, Christine Glassner, Kornelia Holzner-Tobisch, Renate Spreitzer). Wien: Verlag der Österreichischen Akademie der Wissenschaften, 2010, str. 21–34.

Hurm, Otto: Zusammenhänge zwischen Gotischer Textur und Gotische Choralschrift. *Gutenberg-Jahrbuch* 48, 1973, str. 37–43.

Janez Zlatoust: *Joannis Chrysostomi Opera omnia* (izd. Bernardus de Mont-
faucon), Tomus decimus. Parisiis: Petit-Montrouge: 1837.

Janez Zlatoust: *Johannes Chrysostomus: Opera praestantissima: Graece* (izd. Bernard de Montfaucon, Friedrich Wilhelm de Lomler). Rudolphopolis: Fröbel, 1837.

Janko, Anton: Zwei Wigalois–Fragmente aus Ljubljana. *Acta neophilologica* 15, 1982, str. 3–15.
Jenni, Ulrike, Maria Theisen unter Mitarbeit von Karel Stejskal: *Mitteleuropäische Schulen III (ca. 1350–1400). Böhmen – Mähren – Schlesien – Ungarn. Mit Ausnahme der Hofwerkstätten Wenzels IV.und deren Umkreis. Bd. 1–2. Die illuminierten Handschriften der Österreichischen Nationalbibliothek, Reihe I, Band 12.* Wien: Verlag der Österreichischen Akademie der Wissenschaften, 2004.
Jeudy, Colette: A Glossed Manuscript of Priscian's Institutio, Vatican. MS Reg. Lat. 1578. *Intellectual Life in the Middle Ages, Essays Presented to Margaret Gibson* (ur. Lesley Smith – Benedicta Ward). London and Rio Grande: The Hambledon Press, 1992, str. 61–69.
Jožef Flavij: *Iosephi Iudei historici praeclara opera De antiquitatibus libri viginti etc. De Iudaico bello libri septem, De antiqua Iudeorum origine contra Grecos & Manethonem aegyptium* (izd. Robert Goullet, François Regnault, Jean Petit, Nicolas Dez Prez), Parisiis: in vico divi Iacobi sub intersignio lilii aureii, 1514.
Kehrein, Joseph: *Lateinische Sequenzen des Mittelalters: aus Handschriften und Drucken.* Mainz: Florian Kupferberg, 1873.
Kidrič, France: Erberg Jožef Kalasanc. *Slovenski biografski leksikon, I*. Ljubljana: Zadružna gospodarska banka, 1925–1932, str. 162–166.
Kidrič, France: Gallen Franc. *Slovenski biografski leksikon, I*. Ljubljana: Zadružna gospodarska banka, 1925–1932, str. 199.
Kittang, Atle: Authors, Authorship, and Work: A Brief Theoretical Survey. *Modes of Authorship in the Middle Ages* (izd. Slavica Ranković). Toronto: Pontifical Institute of Mediaeval Studies, str. 17–29.
Klemm, Elisabeth: *Die illuminierten Handschriften des 13. Jahrhunderts deutscher Herkunft in der Bayerischen Staatsbibliothek. Katalog der illuminierten Handschriften der Bayerischen Staatsbibliothek in München, Band 4.* Wiesbaden: Harrasowitz, 1998.
Koblar, France: Toman, Lovro. *Slovenski biografski leksikon, IV.* Ljubljana: Slovenska akademija znanosti in umetnosti, 1980, str. 100–102.
Koppitz, Hans-Joachim: Büchervernichtungen. Die negative Seite der Buch- und Bibliotheksgeschichte. *Gutenberg-Jahrbuch* 68, 1993, str. 343–355.

Kos, Milko, Francè Stelè: *Srednjeveški rokopisi v Sloveniji / Codices aetatis mediae manu scripti qui in Slovenia reperiuntur.* Ljubljana: Umetnostno-zgodovinsko društvo, 1931.

Kos, Milko: Odlomki stiškega nekrologija iz 15. stoletja. *Glasnik Muzejskega društva za Slovenijo* 19, 1938, str. 63–69.

Lackner, Franz: *Katalog der Streubestände in Wien und Niederösterreich. Nichtarchivalische mittelalterliche Handschriften und Fragmente in Korneuburg, Mistelbach, Retz, St. Pölten, Tulln, Waidhofen an der Thaya, Weitra, Wien, Wiener Neustadt und aus Privatbesitz. 1–2. Veröffentlichungen der Kommission für Schrift- und Buchwesen des Mittelalters II, 5, Denkschriften 272.* Wien: Österreichische Akademie der Wissenschaften, 2000.

Ladner, Pascal: *Iter Helveticum. Les manuscrits liturgiques de Genève. Spicilegia Friburgensis. Subsisdia 19, Partie V.* Fribourg, Ėditions universitaires, 1990.

Lectionarium cisterciense authoritate Reverendissimi D.D. abbatis cisterciensis generalis editum (etc.). Parisiis: Fredericus Leonardus, 1711. urn:nbn:de:bvb:12-bsb10496362-9.

Lexikon der antiken christlichen Literatur (ur. Siegman Döpp, Wilhelm Geerlings). Freiburg – Basel – Wien: Verlag Herder, 1999.[2]

Liber sacramentorum Romanae ecclesiae (izd. Henry Austin Wilson). Oxford: Clarendon Press, 1894.

Lieftinck, Gerard Isaäck: La nomenclature de l'écriture livresque de la période dite gothique. *Nomenclature des écritures livresques du IXe au XVIe siècle: Premier Colloque international de Paléographie Latine, Paris 28–30 avril 1953* (ur. Bernhard Bischoff, G. I. Lieftinck, Giorgio Batelli). Paris: CNRS, 1954, str. 15–32.

Hödl, Ludwig: *Repertorium der lateinischen Sermones des Mittelalters für die Zeit von 1350–1500.* Münster: Aschendorff, 2001.

Mainati, Giuseppe: *Croniche ossia memorie storiche sacro-profane di Trieste.* Venezia: Tipografia Picotti, 1817.

Mairold, Maria: *Die datierten Handschriften der Universitätsbibliothek Graz bis zum Jahre 1600. 1–2. Katalog der datierten Handschriften in lateinischer Schrift in Österreich. Band VI.* Wien: Verlag der Österreichischen Akademie der Wissenschaften, 1979.

Mairold, Maria: *Die datierten Handschriften in der Steiermark ausserhalb der Universitätsbibliothek Graz bis zum Jahre 1600. 1–2. Katalog der datierten Handschriften in lateinischer Schrift in Österreich. Band VII.* Wien: Verlag der Österreichischen Akademie der Wissenschaften, 1988.

Mal, Josip: Črnologar Konrad. *Slovenski biografski leksikon, I* (ur. Izidor Cankar, Franc Ksaver Lukman in dr.). Ljubljana: Zadružna gospodarska banka, 1925–1932, str. 110.

Meiss, Millard: *French painting in the time of Jean de Berry. The late fourteenth century and the patronage of the duke*, London – New York: Phaidon, 1967.

Miklavčič, Maks: Rasp, Janez Jurij. *Slovenski biografski leksikon, III*. Ljubljana: Slovenska akademija znanosti in umetnosti, 1959–1960, str. 31.

Miklavčič, Maks, Jože Dolenc: *Leto svetnikov, I–IV.* Ljubljana: Zadruga katoliških duhovnikov, 1968 – 1973.

Mlinarič, Jože: *Kostanjeviška opatija 1234–1786.* Kostanjevica na Krki: Galerija Božidar Jakac, 1987.

Mlinarič, Jože: *Stiška opatija 1136–1784.* Novo mesto: Dolenjska založba, 1995.

Moorsom, Robert Maude: *A Historical Companion to Hymns Ancient and Modern* (etc.). London Quarterly Review 1903, str. 139–140.

Nanni, Matteo, Daniel Spehr: *Ein Kleid aus Noten. Mittelalterliche Choralhandschriften als Bucheinbände.* Basel: Schwabe, 2014.

Nared, Andrej: Fragment prepisa pastoralnega vodila Gregorja Velikega – najstarejši dokument v slovenskih arhivih. *Arhivi – zakladnice spomina*. Ljubljana: Arhiv Republike Slovenije, 2014, str. 66–67.

Nared, Andrej: Zbirka Muzejskega društva za Kranjsko, Muzejskega društva za Slovenijo in Historičnega društva za Kranjsko, 12.–19. stol. Signatura fonda: AS 1080, Arhivski popis. Ljubljana: Arhiv Republike Slovenije, 2004.

Neddermeyer, Uwe: Radix studii et speculum vitae. Verbreitung und Rezeption der ‚Imitatio Christi' in Handschriften und Drucken bis zur Reformation. *Studien zum 15. Jahrhundert. Festschrift für E. Meuthen I. Zeitschrift für Geschichtswissenschaft* 1994, str. 457–481.

Nilgen, Ursula: Frankreich. *Geschichte der Buchkultur. 4/2. Romanik* (ur. Andreas Fingernagel). Graz: ADEVA, 2007, str. 109–168.

Oeser, Wolfgang: Das ‚a' als Grundlage für Schriftvarianten in der gotischen Buchschrift. *Scriptorium* 25, 1971, str. 25–45.

Orderik Vital: *Ordericus Vitalis Angligenae Historiae ecclesiasticae libri tredecim, ex veteris codicis* (etc.), II. (izd. Augustus le Prevost). Parisiis: Julius Renouard et socios, 1838.

Otto, Friedrich W.: *Commentarii critici in codices bibliothecae Academicae Gissensis graecos et latinos philologicos et medii aevi historicos ac geographicos: cum appendice critica variarum lectionum et quorundam carminum latinorum medii aevi, nunc primum e codicibus editorum.* Gissae: Heyer 1842.

Peter Komestor: *Saeculum XII. Adami Scoti canonici regularis ordinis praemonstratensis opera omnia... accedunt Magistri Petri Comestoris Historia scholastica...* Patrologia latina CLXXXXVIII. Parisiis: J.-P. Migne, 1855.

Petré, Fran: Uršič, Jernej. *Slovenski biografski leksikon, V*. Ljubljana: Slovenska akademija znanosti in umetnosti, 1982, str. 308.

Pickwoad, Nicholas: The Interpretation of Bookbinding Structure. An Examination of Sixteenth-Century Bindings in the Ramey Collection in the Pierpont Morgan Library. *The Library, Sixth Series* XVII, no. 3, September 1995, str. 209–249.

Pickwoad, Nicholas: The Use of Fragments of Medieval Manuscripts in the Construction and Covering of Bindings on Printed Books. *Interpreting and Collecting Fragments of Medieval Books* (ur. Linda L. Brownrigg, Margaret M. Smith). Los Altos Hills: Anderson-Lovelace & The Red Gull Press, 2000, str. 1–20.

Polec, Janko: Lukančič Janez Gotthard pl. Hertenfels. *Slovenski biografski leksikon, I*. Ljubljana: Zadružna gospodarska banka, 1925–1932, str. 685.

Powitz, Gerhard: Datieren und Lokalisieren nach der Schrift. *Bibliothek und Wissenschaft* 10, 1976, str. 124–136.

Prisciani Grammatici Caesariensis Institutionem Grammaticarum Libri XVIIII (ur. Martin Julius Hertz), Lipsiae: B. G. Teubner, 1855.

Prosper Akvitanski: *S. Prosperi Aquitani, S. Augustini discipuli, S.*

Leonis papae notarii, Opera omnia. Patrologia latina LI, Parisiis: J.-P. Migne, 1861.
Ptolemaj: *Claudii Ptolemaei Pelusiensis Alexandri omnia quae extant opera ... Almagesti seu magnae compositionis mathematicae opus etc.* Basiliae: apud Henricum Petrum, 1541.
Roland, Martin: Klosterneuburger Evangelienwerk. *Gotik. Geschichte der bildenden Kunst in Österreich, 2* (ur. Günter Brucher). München – London – New York, 2000, kat. 250.
Rosarivo, Raúl M.: Goldene Proportionen des ‚Psalterium' von Fust – Schöffer. *Gutenberg-Jahrbuch* 33, 1958, str. 53–58.
Rudolf, Rainer: Ars moriendi. *Forschungen zur Volkskunde 39*. Köln – Graz: Böhlau Verlag 1957.
Rüthing, Heinrich: Johannes von Braunschweig – Grubenhagen (Johannes de Brunsvig). *Verfasserlexikon IV*. Berlin – New York: De Gruyter, 1983, stp. 548–550.
Schneider, Karin: *Paläographie und Handschriftenkunde für Germanisten. Eine Einführung*. Tübingen: Niemeyer, 1999.
Schneyer, Johannes Baptist: *Repertorium der lateinischen Sermones des Mittelalters für die Zeit von 1150–1350, 1–11*. Münster: Aschendorff, 1969–1990.
Schröckh, Johann Matthias: *Christliche Kirchengeschichte, I*. Leipzig: Engelhart Benjamin Schwickert, 1772^2.
Sermones quadragesimales (izd. Andres de Valdigna). Valencia: Joseph de Orga, 1806.
Sieveking, Hinrich: *Der Meister des Wolfgang-Missale von Rein. Zur österreichischen Buchmalerei zwischen Spätgotik und Renaissance*. München: Prestel, 1986.
Siller, Max: Die „Krainer Marienklage": Fragmente des „Klosterneuburger Evangelienwerks" im Nationalarchiv von Laibach (Collectanea I). *Jugoslawien – Österreich: literarische Nachbarschaft (Innsbrucker Beiträge zur Kulturwissenschaft. Germanistische Reihe Bd. 28*, 1986, str. 219–232.
Skeb, Matthias: Rufin von Aquileia. *Lexikon der antiken christlichen Literatur* (ur. Siegman Döpp, Wilhelm Geerlings). Freiburg – Basel – Wien: Verlag Herder, 1999, str. 536–537.

Snoj, Jurij, Gregor Pompe: *Pisna podoba glasbe na Slovenskem / Music in Slovenia throughout aspect of notation*. Ljubljana: Založba ZRC SAZU, 2003.

Spilling, Herrad: Beobachtungen zur Arbeitswese der Schreiber des Passionale, Wien, ÖNB, Cod. 420. *Scriptorium. Wesen. Funktion. Eigenheiten. Comité international de paléographie latine, XVIII. Kolloquium, St. Gallen 11.–14. September 2013* (ur. Andreas Nievergelt, Rudolf Gamper, Maria Bernasconi, Birgit Ebersperger, Ernst Tremp). München: Bayerische Akademie der Wissenschaften in Kommission beim Verlag C.H. Beck München, 2015, str. 467–488.

Stanonik, Janez: *Ostanki srednjeveškega nemškega slovstva na Kranjskem*. Ljubljana: Univerza v Ljubljani, 1953.

Stegenšek, Avguštin: Lavantinski škofijski muzej. *Ljubitelj krščanske umetnosti* I/1, 1914.

Stopar, Ivan: *Arhitektura predromanike in romanike v Sloveniji*. Ljubljana: Slovenska matica, 2017.

Stricker, Stefanie: Definitorische Vorklärungen. *Die althochdeutsche und altsächsische Glossographie. Ein Handbuch*. 1–2 (ur. Rolf Bergmann, Stefanie Stricker). Berlin – New York: Walter de Gruyter, 2009, str. 20–32.

Stricker, Stefanie: Zeitliche Verteilung der Glossenhandschriften. *Die althochdeutsche und altsächsische Glossographie. Ein Handbuch*. 1–2 (ur. Rolf Bergmann, Stefanie Stricker). Berlin – New York: Walter de Gruyter, 2009, str. 123–175.

Svetina, Anton: Vončina, Ivan. *Slovenski biografski leksikon, V*. Ljubljana: Slovenska akademija znanosti in umetnosti, 1980, str. 577.

Šlebinger, Janko: Koblar, Anton. *Slovenski biografski leksikon, I*. Ljubljana: Zadružna gospodarska banka, 1925–1932, str. 478–479.

Šorn, Jože: Glossarien Fragmente des Städtischen Archivs zu Laibach. *Mittheilungen des Musealvereins für Krain* V, 1892, str. 100–117.

The Liturgy Documents. Volume Four. The Parish Worship, Devotions, Formation and Cathesis. Chicago: United States Conference of Catholic Bishops, 2013.

Thomson, Rodney M.: *Catalogue of the Manuscripts of the Lincoln Cathedral Chapter*. Cambridge: Brewer, 1989.

Tomaž Kempčan: *De imitatione Christi libri quatuor. Edizione critica* (izd.

Tiburzo Lupo). Città del Vaticano: Libreria Editrice Vaticana, 1982.
Tomaž Kempčan: *Opera omnia des Thomas von Kempen, 1–3* (izd. M. J. Pohl). Freiburg im Breisgau: Herder, 1904.
Ušeničnik, Franc: Obrednik oglejske cerkve v ljubljanski škofiji / De sacris Aquileiensis Ecclesiae ritibus, qui vigebant olim in diocesi Labacensi. *Bogoslovni vestnik* IV, 1924.
van Geest, Paul, Erika Bauer, Burghart Wachinger: Thomas Hemerken von Kempen. *Verfasserlexikon IX*. Berlin – New York: de Gruyter, 1995, stp. 862–882.
Vizkelety, András: Fragmentenforschung: Ein Beitrag zur regionalen Rezeptionsgeschichte mittelalterlichen Schrifttums. *Fragmente. Der Umgang mit lückenhafter Quellenüberlieferung in der Mittelalterforschung* (ur. Christian Gastgeber, Christine Glassner, Kornelia Holzner-Tobisch, Renate Spreitzer). Wien: Verlag der Österreichischen Akademie der Wissenschaften, 2010, str. 71–75.
Vodopivec, Jedert, Miloš Budnar, Primož Pelicon: Application of the PIXE method to organic objects. *Nuclear instruments and methods in physics research. Section B, Beam interactions with materials and atoms* Vol. 239, 2005, str. 85–93.
Vodopivec, Jedert, Stanka Grkman: Karolinški fragment »Cura pastoralis«. *Vračanje izvirnih podob: restavratorski posegi*. Ljubljana: Zavod za varstvo kulturne dediščine, 2004, str. 186–187.
Wackernagel, Philipp: *Das deutsche Kirchenlied von der ältesten Zeit bis zu Anfang des XVII. Jahrhunderts, I*. Leipzig: Teubner, 1864.
Waddel, Chrysogonus: *The Primitive Cistercian Breviary (Staatsbibliothek zu Berlin; Preussischer Kulturbesitz, Ms. Lat. Oct. 402) with Variations from the »Bernardine« Cistercian Breviary. Spicilegium Friburgense 44*. Freiburg: Herder, 2007.
Wolf, Jürgen: Psalter und Gebetbuch am Hof: Bindeglieder zwischen klerikal-literater und laikal-mündlicher Welt. *Orality and Literacy in the Middle Ages. Essays on a Conjunction and its Consequences in Honour of D. H. Green* (ur. Mark Chinca, Christopher Young). *Utrecht Studies in Medieval Literacy, 12*. Turnhout: Brepols, 2005, str. 139–167.
Ziegler, Charlotte: *Martinus Opifex. Ein Hofminiator Friedrichs III.* Wien: Verlag Schroll, 1988.

MEDIEVAL MANUSCRIPTS AND MANUSCRIPT FRAGMENTS

Archives of the Republic of Slovenia

The present survey of the medieval manuscripts and manuscript fragments kept by the Archives of the Republic of Slovenia includes 132 entries. Although occasionally referred to in various articles, exhibition catalogues, and books, these manuscript fragments have hitherto never been the main focus of a separate study and have only been researched briefly, usually in order to serve other subject matter. The compilation of this inventory is the first attempt at focusing solely on recording this particular type of material kept in a public collection. While the fragments found as binding material in printed books are predominantly remnants of manuscripts that have nothing in common with the medieval history of Carniola (but rather with the location where such books were printed and bound), the fragments needed and used for book covers or spine reinforcement by bookbinders working at Carniolan monasteries, parish offices, seigniories, and manors all came from nearby locations and are now for the most part included in the manuscript collection of the Archives of the Republic of Slovenia. Since such fragments are really the only remaining material proof of the existence of the original dismantled manuscripts, they should be studied carefully so as to provide researchers an opportunity to take these remnants from the past and piece them together into a reconstructed unit and, by so doing, to gain insight into the original manuscripts and obtain historically and culturally based data on the manuscripts themselves, the particular library, the manuscripts' creators and the readers of such manuscripts. The whole process can actually be described as anthropology of medieval books.

Having examined all the fragments, we can safely identify many of them as originally part of manuscripts that were compiled for various monasteries across the former land of Carniola. The codicological and paleographical features of some of the fragments from the second half of the twelfth century prove them to be the remnants of manuscripts written at the Cistercian monastery of Stična during the abbacy of Folknand († 1180) – a discovery that considerably increases the list of manuscripts produced at the Stična monastery (Nos. 32, 33, 38, 39, 43, 69, 75, 83, 104, 108, 110, 118, 119, 120, 121). The thorough examination of the fragments also revealed that several of them were obtained from manuscripts originating in various locations across Austria and southern Germany, and that the ones created in Carniola share palaeographic resp. stylistic similarities with those created throughout the territory of the Eastern Alps.

Particularly important among the examined fragments are the ones that contain parts of the Aquileian Pre-Tridentine liturgy. The most logical conclusion we can draw in relation to such fragments is that these locally-specific liturgical books were copied in Carniola, where there were also model books of manuscripts and texts for special missals available, but for the time being we are unable to prove any definite connections. However, if we take into account the number of parish churches and castle chapels that existed across Carniola already around the year 1000 and which must surely have had possession of at least basic liturgical books, our assumption as to copyists working in this environment becomes quite probable.

Irrespective of the process of production, the original manuscripts must have been used in Carniola for at least a certain period of time during the Middle Ages. From the late sixteenth to eighteenth centuries manuscripts that were no longer used or needed were gradually handed over to various bookbinders, particularly to those in Ljubljana. Judging from the book bindings of that time, we may conclude that church dignitaries and nobility, when in need of writing material for their administrative purposes, began to buy ready-made notebooks and bound volumes. The bookbinders in Ljubljana obtained manuscripts from the surrounding areas and cooperated closely with their customers.

The examined manuscript fragments were created between 850 and 1500. About a third of them are liturgical in nature, many of them dating back to the time when the Pre-Tridentine liturgy based on the Aquileian Rite was practiced in Carniola. Included among such liturgical works are missals, breviaries, and lectionaries, as well as almost thirty musical manuscripts and liturgical manuscripts with notation, the earliest of which can be traced back to the twelfth century. There are twenty-one fragments from the Bible and the fairly good state of preservation of some of them seems to point to the possibility that the original codices were dismantled and then reused not because they had suffered any serious damage, but rather because the printed Bible had become more easily accessible and had replaced the older manuscripts. Fragments with biblical excerpts and citations point to theological and religious texts, quotations can be found in sermons, prayer books, homiliaries, legendaries, and elsewhere. Befitting the character of a medieval library, there are many explanations of the biblical texts in the works of Saint Augustine, Saint Gregory the Great, Bede the Venerable and others. Particularly interesting among the more than twenty such fragments are the ones carrying parts of the *Klosterneuburger Evangelienwerk* (No. 129), preserved as five trimmed folios. Also preserved as fragments are parts of three historical texts that we had not known existed as manuscripts: *Antiquitates Judaicae* by Josephus Flavius, copied at the Stična monastery prior to 1200 (No. 75), *Historia scholastica*, written by Petrus Comestor (No. 36), and *Historia ecclesiastica* by Orderic Vitalis, an Italian manuscript from around the year 1100 (No. 6). Unexpected discoveries include the finding of a fragment of Ptolemy's *Almagest* (No. 37) from the early thirteen century in Latin. Grammar is represented by a bifolio from Priscian's *Institutiones grammaticae* (No. 19), as well as by a group of twenty folios from two dictionary works containing interlinear and marginal comments (Nos. 120 and 121) – another important testimony to the intellectual life in monastic environments.

Several of the examined fragments contain traces of illumination, especially of initials, which appear more frequently after 1100. Another example of a work of art in the true sense of the word are the five fragments identified as belonging to a map of Central Europe; this remnant of the former *Mappa mundi*, traditionally called the "Bohemian Roadmap", indicates the cooperation of several illuminators, among whom the masterly hand of the excellent Orosius Master particularly stands out.

Biblioteka – Bibliotheca
17
Manuscripta et fragmenta
1

SPREJETO NA SEJI IO PREDSEDSTVA
SLOVENSKE AKADEMIJE ZNANOSTI IN UMETNOSTI
DNE 17. 9. 2018

SREDNJEVEŠKI ROKOPISI IN ROKOPISNI FRAGMENTI
ARHIV REPUBLIKE SLOVENIJE
Nataša Golob

Urednik
Peter Štih

Recenzenta
France M. Dolinar
Andrej Nared

Prevajalka povzetka
Alenka Hren

Fotografinja
Lucija Planinc

Oblikovanje in prelom
Studio Jančič

Izdala in založila
Slovenska akademija znanosti in umetnosti
Arhiv Republike Slovenije

Tisk
Dravski tisk, d.o.o., Maribor

Naklada
400 izvodov

CIP - Kataložni zapis o publikaciji
Narodna in univerzitetna knjižnica, Ljubljana

091(497.4Ljubljana)"653"

GOLOB, Nataša, 1947-
Srednjeveški rokopisi in rokopisni fragmenti : Arhiv Republike Slovenije / Nataša Golob ; [prevajalka povzetka Alenka Hren ; fotografinja Lucija Planinc]. - Ljubljana : Slovenska akademija znanosti in umetnosti : Arhiv Republike Slovenije, 2018. - (Biblioteka / Slovenska akademija znanosti in umetnosti = Bibliotheca / Academia scientiarum et artium Slovenica, ISSN 1408-6344 ; 17. Manuscripta et fragmenta ; 1)

ISBN 978-961-268-056-5 (Slovenska akademija znanosti in umetnosti)
1. Arhiv Republike Slovenije
297240576